生成式AI 赋能教育

原理与实践

苏福根 龚 超 王 冀 张志国 等◎著

电子工业出版社
Publishing House of Electronics Industry
北京·BEIJING

内 容 简 介

本书以深入浅出的语言，聚焦于技术如何重塑教学方式、学习路径、家庭教育、学校生态与教育治理，全面剖析了 AIGC 对教育体系的深远影响。本书既关注教师在人工智能辅助下如何重构专业能力，也探讨学生如何发展 AI 时代必备的学习力与判断力，同时指出家庭在数字时代育人的新定位与挑战。此外，书中还深入分析学校应如何实现从封闭系统向开放协同教育生态的转型，以及政府如何通过前瞻性治理促进教育公平与创新。

无论你是奋战在一线的教育工作者、关注子女成长的家长、探索未来职业路径的学生，还是致力于教育改革的政策制定者和科技从业者，都能在本书中找到启发与方向。这是一本面向未来的教育读本，也是一本为当下每一位身处教育变革中的人撰写的实用指南。

图书在版编目（CIP）数据

生成式 AI 赋能教育 ： 原理与实践 ／ 苏福根等著.

北京 ： 电子工业出版社，2025. 10. -- ISBN 978-7-121-51246-9

Ⅰ. G40-057

中国国家版本馆 CIP 数据核字第 2025GT3399 号

责任编辑：李　冰

印　　刷：大厂回族自治县聚鑫印刷有限责任公司

装　　订：大厂回族自治县聚鑫印刷有限责任公司

出版发行：电子工业出版社

　　　　　北京市海淀区万寿路 173 信箱　　邮编：100036

开　　本：787×1092　1/16　印张：14　字数：358.4 千字

版　　次：2025 年 10 月第 1 版

印　　次：2025 年 10 月第 1 次印刷

定　　价：59.80 元

凡所购买电子工业出版社图书有缺损问题，请向购买书店调换。若书店售缺，请与本社发行部联系，联系及邮购电话：（010）88254888，88258888。

质量投诉请发邮件至 zlts@phei.com.cn，盗版侵权举报请发邮件至 dbqq@phei.com.cn。

本书咨询联系方式：libing@phei.com.cn。

编委委员

（排名不分先后）

前言 / Preface

近年来，生成式 AI（Generative Artificial Intelligence）的迅猛发展正深刻改变着教育的图景。生成式 AI 不仅能够回答问题、撰写文章，甚至能在某些创造性任务上达到或超越普通人的水平，传统教育观念与方法因此受到巨大冲击。教育工作者面对这场变革，既感到期待又觉得忧虑：一方面，生成式 AI 为个性化学习、智能助教、教学效率提升提供了全新的机遇；另一方面，它也带来了学术诚信、内容可信度、数字鸿沟等挑战。因此，辩证地看待生成式 AI，善加引导、趋利避害，才能真正让 AI 成为未来教育变革的积极力量。

传统教育体系下标准化的教学难以照顾个体差异，教师面临的职业倦怠与压力也日益突出。生成式 AI 为解决这些问题提供了契机。通过生成式 AI，教育有望从知识灌输模式转向以学习者为中心，真正实现个性化、差异化教育，使教育更加公平、高效与创新。然而，要充分释放生成式 AI 的潜力，教育理念、教学方法和评价体系都需要进行重构，使生成式 AI 服务于人的成长，而非喧宾夺主。

在 AIGC（Artificial Intelligence Generated Content）时代，教师角色正经历深刻转型。过去教师主要扮演知识传授者的角色，但如今学生获取知识的方式更为便捷，教师已不再是学生获取知识的唯一源头。教师的职能正从传统的传授者转向学习的促进者与引导者，需要更多地关注学生的学习动机、学习深度与成效，培养学生的自主学习和批判思考能力。教师正逐渐转变为"教练"和"学伴"，指导学生在海量信息中提炼并应用知识。

此外，教师也成为技术整合者和协作创新者。生成式 AI 为教师提供了丰富的工具，包括自动生成教案、课件与练习题，实时分析学情反馈，从而帮助教师更有效地实现因材施教。这要求教师具备较高的信息素养和技术整合能力，能够灵活应用 AI 工具优化教学设计。同时，教师之间的跨学科协作、校内外协同也变得日益重要。在 AIGC 时代，教师必须以开放的心态与技术人员、同行共同创新，形成协作型的教学文化。

教师的专业能力也因此面临更高要求：除了掌握学科知识和传统教学法，教师还必须学习数字时代的新技能，包括 AI 技术、数据分析能力和创新教学设计等。教师需要不断主动学习、参与培训和研讨，持续更新技能，以适应这种角色重塑。在未来，教师将不仅仅是课堂的讲授者，更是教学设计师、AI 应用专家，以及学生成长的引路人，与智能助手协作共进，共同实现"因材施教"的理想状态。

生成式 AI 对学生学习同样产生了革命性的影响，正改变着学生"学什么"和"怎么学"的基本模式。个性化学习正逐步成为现实：传统课堂上的"一刀切"模式正被"定制化"的学习路径所取代。AI 技术能实时分析学生的学习轨迹与弱项，动态调整学习内容和难度，实现个性化培养。这种差异化教育体验大大提高了学生的学习效率和参与感，使过去少数富裕家庭才能享受的个性化辅导成为普通学生都能享有的机会。

学生的学习方式也正经历着深刻变革，逐渐从过去被动听讲、记笔记、机械记忆的模式，转向以积极探索、互动交流和创造实践为核心的新型学习模式。例如，在 AI 技术支持下，学生可以进入历史情境或虚拟实验室，以沉浸式的"做中学"方式直观地掌握知识；也可以与"AI 助手"互动交流，通过不断提出问题、探讨思路，逐步培养起自主的问题意识与解决问题的能力。在 AIGC 时代，提出好的问题比获取标准答案更为重要，因此，教育工作者应更加注重培养学生提问的能力，以及批判性地审视 AI 生成内容的素养。这种转变意味着批判性思维和信息素养将成为学生必备的核心能力，他们需要学会分析和判断 AI 输出内容的逻辑性、真实性与价值取向，进而养成理性思考与独立辨别的习惯。

生成式 AI 也带来了新的风险。部分学生可能产生"认知惰性"，过度依赖生成式 AI，削弱其自主思考与实践能力。为防范这种倾向，教育界正采取积极措施。例如，小学阶段禁止学生独自使用开放式内容生成功能，教师可在课内适当使用辅助教学；初中阶段可适度探索生成内容的逻辑性原理；高中阶段允许结合技术原理开展探究性学习。技术越先进，越需要教育坚持初心，确保学生在使用生成式 AI 提高学习效率的同时，不失去独立思考、创新求真的精神。未来教育应注重"学会学习"，教会学生与 AI 协作、持续更新自我、解决新问题。

家庭教育在 AIGC 时代也面临着转型的压力。如今孩子大多是数字原住民，家长的教育方式需要适应新变化。家长既要做守护者，监督孩子合理使用生成式 AI、防范隐私风险和过度依赖，也要成为积极的引路人，指导孩子科学地使用 AI 工具。家长可将生成式 AI 引入亲子学习场景，与孩子共同探索知识，在互动中培养批判思维。当孩子出现沟通障碍或沉迷网络等问题时，家长也可以借助智能工具获得科学有效的建议。"生成式 AI+家庭教育"正在成为一种新的趋势，这类技术既能赋能父母，又能强化家庭情感沟通。但家长仍需避免完全依赖技术，高质量的亲子陪伴与价值观传递依旧不可替代。

总体来看，生成式 AI 促使家庭教育从传统管束模式转向开放与协作模式。家长需要引导孩子培养数字素养和正确的价值观，并注意自身数字技能的提升，避免与孩子之间产生数字鸿沟。家庭、学校与社会协同，才能将孩子培养成为能驾驭 AIGC 时代的健康、安全的下一代公民。

学校教育也因生成式 AI 而发生了系统性变革。传统课堂的时空界限逐渐消失，生成式 AI 使全球化课堂和跨文化学习成为现实。学校的组织形式更加弹性、多元，线上 AI 个性化教学和线下互动探究相结合的混合式教学将成为主流。课程设置也将更加跨学科和灵活，以培养学生解决复杂问题的综合能力。

教育资源的生产与分配方式也在改变。生成式 AI 降低了教学内容的生产成本，教材教案能快速生成并本地化，偏远地区也能获得优质教学资源，促进教育公平。教育生态的角色分工更加多元，学校、企业和社会力量联合参与教育创新，形成更加开放、多元、活力充沛的智慧教育生态。但也需建立相应的规范与评价机制，保证技术和资源的安全性与适切性，走向开放有序的新平衡。

教育治理体系也需跟进，以规范和引导生成式 AI 在教育中的健康发展。治理者应建立健全监管与评估体系，监督 AI 技术服务企业的数据使用与模型训练，保护学生权益。同时加强校内管理制度建设，开展科普培训，提高全体师生的数字素养。治理的根本目的在于确保技术始终服务于教育的根本任务——立德树人。

我们必须认识到，生成式 AI 对教育最大的风险并非技术本身，而是我们对变革的恐惧和迟疑。勇于拥抱变革，将 AI 作为工具而非目的，教育才能实现真正的飞跃，个性化学习、教师角色重塑、学生终身学习能力的养成，都将成为现实。生成式 AI 正是通向教育未来的一把"金钥匙"，如何善用它，考验着每一位教育参与者的智慧与担当。

本书第 1 章聚焦生成式 AI 的技术演进与教育。本章梳理了 AI 在教育领域的发展路径，勾勒出从早期辅助教学工具到当下生成式 AI 赋能教育的全景图，并介绍了 AIGC 的定义与关键特征。进一步探讨了生成式 AI 如何突破传统教育的壁垒，创造全球化、个性化的学习机遇。同时，本章还深入分析了 AIGC 对教育变革的推动作用，包括对教育模式的重构、人才培养标准的再定义，以及在各教育阶段的应用实践与具体案例，促进读者的全方位理解。

第 2 章着眼于 AIGC 时代下如何全面赋能教育实践，尤其是在课程设计、标准与评估体系，以及教育生态建设上的革新。具体案例展现了生成式 AI 如何实现教育资源的多元化创新，以及跨学科创新。同时，本章提出了评估 AIGC 质量的 ARC 框架及 CARE 法则，强调了 AIGC 时代教育生态共建的重要性，指出多方协同治理是实现教育持续优化与健康发展的关键路径。

第 3 章以审慎视角，集中讨论 AIGC 时代的挑战与治理。首先，本章探讨了生成式 AI 辅助下传统课堂的互动模式，引发对技术依赖与自主思考之间的平衡问题。本章探讨了伦理与社会层面的问题，包括就业岗位重塑、生成式 AI 心理陪伴与伦理责任等内容。同时也提出了监管与治理层面的现实问题，如隐私安全、学术诚信、知识产权保护与国际合作等，这些挑战需要教育界和监管部门协同解决。

第 4 章从教师视角出发，系统展示了生成式 AI 如何助力教师能力的全面更新与重建。章节按照教学前、中、后的逻辑顺序，分别阐述生成式 AI 如何实现教案自动生成、个性化教学资源的定制、课堂教学互动的提升，以及课后智能辅导与数据分析。此外，本章特别关注教师如何引导学生正确、有效地使用生成式 AI，避免"技术滥用"问题，并提供了教师自我成长与专业发展新路径的建议，突出强调了教师的主动赋能与价值坚守。

第 5 章从学生视角出发，分析生成式 AI 如何重塑学生的学习生态。在基础教育阶段，生成式 AI 能够激发学生兴趣，实现个性化学习路径的构建；在职业教育中，则表现为技能训练与就业适应的精准匹配和实训场景模拟；高等教育阶段则聚焦于科研创新与批判性思维的培养，促进跨学科知识的融合创新。

第 6 章关注 AIGC 时代的家庭教育重构，阐述家长如何适应 AIGC 时代并转变自身角色，从传统的看护者升级为与孩子共同探索学习的伙伴。本章展示了家长如何借助生成式 AI，更有效地进行作业辅导、阅读互动、学习规划，并在家庭中营造丰富的交互式、游戏化与探索式的学习场景。同时分析家庭、学校与社会三方协作，共同托举孩子成长的重要性。

第 7 章从学校管理与运营视角出发，探讨如何更好地在教育实践中布局和应用生成式 AI。本章详细论述了学校如何在管理服务、教学评估、科研及专业设置中有效融入生成式 AI，强调学校应当积极拥抱变革、重视安全与风险管理，做到监督与创新的有效平衡，为校园生态提供全面的、前瞻性的策略建议。

附录 A 和附录 B 分别从技术工具 DeepSeek 的原理与实践，以及政府治理视角给出了详细的快速入门与政策分析流程，强调教育领域提示词优化的具体实践策略，并提出政府利用生成式 AI 赋能教育治理服务的方法。

全书通过技术解读、案例分析、理论探索和实践建议，为教育者、管理者、家长及学生提供了应对 AIGC 时代的方法框架与实用指南，以期待帮助每一位参与者在时代的浪潮中，找到适合自身角色的发展路径，共同推动教育迈向更高效、更公平、更具创造力的未来。

在本书的撰写与出版过程中，得到了多家单位和众多专家们的大力支持与帮助。在此，我们谨向所有提供指导与帮助的单位和专家表示由衷的感谢。

目录 / Contents

第 1 章

生成式 AI 的技术演进与教育

1.1　人工智能赋能教育：从技术演进到 AIGC 全景

1.1.1　人工智能赋能教育之路

你是否想象过，如果有一台神奇的机器能助你挥洒笔墨，你的文采会更上一层楼？若有一款智能助手为你解开数学的奥秘，你的数学造诣可能会更进一步？假如有一个贴心的向导能引领你穿越英语的丛林，你的语言能力可能会突飞猛进？

这些遐想，仿佛来自奇幻世界，然而，生成式 AI 正将这些梦幻变为现实。生成式 AI，以其独特的创造力，正悄然改变着我们的教育方式，助力我们在学习的海洋中乘风破浪。在这个科技日新月异的时代，人工智能在教育领域的渗透越来越深，为教育的革新与演进注入了源源不断的动力。在这个变革的时代，生成式 AI 将为我们的学习之旅开辟无限可能。

人工智能赋能教育的起源故事，如同古老的传奇，流淌着时代的热血与梦想，其根源可追溯至风云激荡的上世纪中叶。那是一个科技与思想都在掀起惊涛骇浪的年代，科技如同初升的太阳，照亮了人类对未知世界的渴望。

在那样的时代背景下，有一群心怀抱负、目光远大的科学家和工程师，他们如同勇敢的航海家，扬帆起航，踏上了一次前所未有的探索之旅。他们心中有一个共同的疑问：我们能否将人类的智慧，如同璀璨的星辰，镶嵌在冰冷的机器之中？

正是这充满挑战与未知的探索，如同播下一颗种子，孕育出了如今枝繁叶茂的人工智能领域。这颗种子，汲取了人类的智慧与汗水，在科技的沃土中生根发芽，终于长成了参天大树，为我们这个时代带来了前所未有的变革与可能性。

1956 年，在新罕布什尔州的达特茅斯学院，一场聚集了计算机科学和认知科学先锋们的会议，悄然开启了人工智能的探索之路。自那时起，人工智能在教育领域的应用历经数十年的发展，已然成为现代教育改革的重要推力。达特茅斯会议标志了人工智能的诞生，尽管那时的技术还不成熟，但它却为后续的智能化教学埋下了种子。早期的人工智能研究主要集中在模拟人类认知的基础能力，如逻辑推理，模式识别和问题解决等。教育学家们对这些技术在教育领域的潜力充满憧憬，逐渐尝试用计算机程序来辅助教学。然而，由于技术限制，这一时期的应用多局限于智力游戏和简单的教学程序。

进入 20 世纪 70 年代，智能导师系统逐渐兴起，这是教育领域中人工智能技术第一次落地应用。智能导师系统的核心是通过分析学生的表现数据，实时调整教学策略，为学生提供个性化的反馈和指导。这样的系统在那时已展现出个性化学习的潜力。教育者开始意识到，智能化的系统可以根据学生的学习进度和掌握情况来调整内容，让每位学生都能按需学习，最大程度地发挥其学习潜力。虽然当时的技术无法支持复杂的实时交互，但这项技术为未来的个性化教育奠定了基础。

在 20 世纪 80 年代末至 20 世纪 90 年代，人工智能技术进入了一个关键的阶段——神经网络的复兴。神经网络的概念其实早在 20 世纪中期就已提出，但由于计算能力不足，它并未得到广泛应用。随着计算能力的提升，神经网络逐渐成为人工智能研究的主流之一。神经网络的引入为教育领域带来了更强的分析和预测能力。此时的教育人工智能系统不仅可以根据学生的学习情况进行个性化调整，还可以在大规模数据的基础上，更为精确地预测学生的表现和需求。神经网络的运算能力使得自适应学习成为可能。这样的系统在追踪学习进度、评估学习效果上表现出色，为教育管理和个性化教学提供了科学依据。

进入 21 世纪，随着大数据的崛起，教育中的人工智能应用迎来了新的发展契机。数据驱动的学习分析迅速成为教育研究和实践中的热点。可汗学院和 Coursera 等在线教育平台率先应用学习分析技术，通过追踪学生的在线学习行为，优化课程设计，提供个性化内容推荐。大数据技术不仅能记录和分析学生的每一个学习行为，还可以用于预测学生的学习效果和未来表现。学习分析技术使得教育从以往的"经验判断"逐步走向"数据支持"的精确化和科学化。通过分析学生的行为数据，教育者可以获得更深刻的洞察，为每位学生量身定制学习计划，从而提升学习效果。这一技术在促进个性化教育方面具有重要意义，但也带来了一些隐私和道德方面的挑战。

人工智能在教育中的另一大转折点发生在 2020 年，即生成式 AI 的快速发展。生成式 AI，如 DeepSeek 等模型，使得教育中的人机交互进入了一个全新境界。生成式 AI 不仅可以根据问题生成相应的解答，还可以帮助学生进行创意写作、情景模拟，甚至回答复杂的学术问题。它们的应用使得教育资源和支持得到了前所未有的扩展。学生们不再局限于教师的指导，可以通过人工智能获得多种角度的解释与帮助。生成式 AI 的引入，不仅丰富了教学资源，还促进了学生的创造力。

然而，这些强大的技术也带来了新的挑战——生成式 AI 模型在生成内容时会出现"幻觉"现象，即模型会在信息不足的情况下生成不准确甚至错误的信息。这一问题使得生成式 AI 在教育中的应用需要更为谨慎，教育者需要时刻关注生成内容的可靠性，防止学生受到误导。

生成式 AI 在教育中的应用不仅体现在内容生成上，更在于个性化学习的进一步推进。基于生成式 AI 的系统可以为学生提供更加个性化的学习路径，使得学习不再是一刀切的模式，而是因材施教的个性化方式。对于不同学生，生成式 AI 可以根据他们的兴趣、学习习惯、掌握情况等提供量身定制的学习内容。教育者可以通过生成式 AI 来实现更多样化的教学方式，激发学生的学习兴趣和创新思维。此外，生成式 AI 还可以为教师提供高效的辅助工具，如自动批改作业、生成教学材料等，大大减轻了教师的工作负担。

然而，生成式 AI 在教育中广泛应用的同时也带来了信息准确性和学术诚信的问题。由于人工智能生成的内容并不总是正确的，学生可能会因为缺乏辨别能力而被误导。因此，教育者需要在引导学生使用生成式 AI 时加强批判性思维的培养，让学生具备独立思考的能力。

总的来看，人工智能在教育领域的应用不断深入，从最初的智能导师系统到如今的生成式 AI，每一步的发展都带来了教育模式的革新。教育者不仅可以利用 AI 技术为学生提供更加丰富的学习资源，还能通过数据分析优化教学效果，提升教育质量。

未来，随着人工智能技术的进一步发展，教育的个性化、精确化和智能化将会越来越明显。但与此同时，人工智能在教育中的应用也将面临一系列挑战，例如隐私保护、道德伦理和学术诚信等问题。因此，教育者在使用人工智能技术时需要权衡利弊，在提升教育效果的同时，保持对技术的警惕性，确保技术真正服务于教育的初心。

1.1.2　打破教育壁垒：创新平台如何创造全球学习新机遇

全球教育正经历一场深刻的变革，技术正成为打破传统教育体制和资源限制的关键驱动力。随着在线学习平台的不断创新，学生的学习方式和评估方式发生了巨大变化。今天的学生不仅仅依赖于传统课堂，而是可以通过互动式、个性化和全球协作的方式，获得更广泛的教育资源。这种变革不仅仅是技术的进步，更是对教育公平的一次深刻突破。

在传统教育系统中，学生的学习往往受到课堂人数、教师资源、教材等限制，且学术评估大多依赖于标准化考试。然而，随着在线学习平台的崛起，教育已不再局限于教室的四壁之内。学生能够根据自己的兴趣和进度选择课程，在线平台通过创新的辅导和评估体系，提供了更灵活、更个性化的学习路径。例如，平台可以通过实时辅导和全球协作，帮助学生弥补知识空白，同时培养学生跨文化沟通和合作能力。

此外，创新的评估方式打破了单一考试成绩的局限。通过同行评议和互动式反馈，学生不仅能证明自己在帮助他人和参与学习过程中的贡献，还能获得学术成绩的认证。这种全面的评价体系为走非传统教育路径的学生提供了更多机会，也推动了全球教育资源的平衡分配。

过去，非传统路径的学生，如家庭学校或在线学习的学生，其学术成就往往难以得到传统教育体系的认可。然而，在线平台所提供的创新评估方式和全球高校的认可，为这些学生提供了更多的机会。学生可以根据自己的需求和兴趣，灵活选择学习内容，打破了传统教育模式中时间、空间和资源的限制。

总的来说，随着教育技术的不断进步，生成式 AI 展现了一个全新的教育生态。它不仅可以解决全球教育资源不平等的问题，还通过灵活的学习模式和创新的评估体系，为全球学生提供了更多的机会。这种教育模式的崛起，不仅是对传统教育的挑战，更是推动教育公平、提升教育质量的重要一步。

1.1.3　什么是 AIGC

AIGC（Artificial Intelligence Generated Content）即人工智能生成内容，是指通过生成式 AI 自动创作的文本、图像、音频、视频等内容。这些内容通常是机器基于用户输入、需求或指定主题生成的，一般不需要人工干预。

- 文本生成：AIGC 在文本生成方面的应用最为广泛。从创意写作到新闻报道，再到用户交互的聊天机器人，AIGC 能够生成符合用户需求的各种文本内容，甚至能进行深度对话，像人类一样与用户互动。

- 图像生成：通过生成式 AI，用户可以根据文本提示词（prompt）生成符合需求的图像。

- 音频生成：生成式 AI 不仅能生成文本和图像，还能合成语音。现有技术已经能够将文本转化为自然流畅的语音，且质量非常接近人声。此外，语音克隆技术可以对目标说话人的声音进行模仿，广泛应用于智能助手和配音等领域。

- 视频生成：视频内容生成是 AIGC 的一大亮点，尤其是在广告、电影预告片等创作领域。通过生成式 AI，用户可以生成高质量的视频片段，极大地提高了内容生产的效率和创意表现力。

AIGC 不同于传统的内容创作方式，例如，专业生成内容（Professional Generated Content，PGC）和用户生成内容（User Generated Content，UGC）。

PGC 是由专业的创作者、团队或公司生成的内容，通常具有较高的质量和专业性。PGC 模式的优势在于其产出的内容质量较高，符合特定的标准和目标，例如，新闻报道、学术文章、专业评论等，往往需要专业知识和经验来创作。因此，PGC 内容能够为受众提供准确且深入的信息，但其缺点是创作过程需要大量时间和人力成本，制作周期较长，且难以满足大规模、高频次的内容需求。

与 PGC 不同，UGC 是由普通用户生成的内容。例如，社交媒体上的帖子、博客文章、视频分享等。UGC 的优势在于可以激励用户参与创作，提高内容生产的效率，并且能够产生更多样化的视角和创意。由于 UGC 通常由非专业人士创作，其质量差异较大，创作水平和创意水平不一，因此内容的质量和深度可能不如 PGC。然而，UGC 能够降低内容创作的门槛和成本，在需要大量内容时具有优势。

AIGC 结合了 PGC 和 UGC 的优点，它能够根据预定的规则或算法自动生成内容。与 PGC 相比，AIGC 能够在更短的时间内生产大量高质量的内容，同时又能弥补 UGC 内容质量参差不齐的不足。

AIGC 广泛应用于文本生成、图像创作、音频合成等领域。通过自然语言处理（Natural Language Processing，简称 NLP）、对抗生成网络（Generative Adversarial Networks，简称 GAN）等技术，生成式 AI 可以根据输入的指令创作出符合用户需求的内容，在教育、商业和娱乐领域展现出巨大的潜力。

在 20 世纪 50 年代，人工智能研究尚处于萌芽阶段，但 AIGC 的基本概念已经初步展现。1957 年，希勒（Hiller）和艾萨克森（Isaacson）完成了世界上首部由计算机创作的音乐《伊利阿克组曲》（Iliac Suite）。这一里程碑不仅开启了计算机艺术创作的新篇章，也为后来的人工智能生成内容提供了宝贵的经验与思路。1966 年，人工智能早期代表性成果——人机交互机器人伊莉莎（ELIZA）诞生。伊莉莎通过模式匹配和智能短语搜索答案，虽然没有实现深层的语义理解，但其结构和工作原理却成为了现代 AI 技术灵感的重要源泉。20 世纪 70 年代初，哈罗德·科恩（Harold Cohen）通过他创建的用于生成绘画的计算机程序 AARON，创作并展出了由人工智能生成的画作。PGC、UGC 和 AIGC 的对比如表 1-1 所示。

表 1-1　PGC、UGC 和 AIGC 的对比

特点	PGC	UGC	AIGC
创作者	专业创作者、团队或公司	普通用户	人工智能算法、机器学习模型
创作质量	质量高、专业性强，符合特定标准和目标	质量差异较大，取决于用户的创作水平和能力	质量高，但依赖于训练数据和算法，复杂任务中可能存在局限性
创作速度	制作周期较长，依赖人工输入和审核	创作速度快，用户可随时创作内容	简单任务中创作速度极快，复杂任务中可能受计算资源和算法复杂度的限制
成本	较高，需要专业人员和资源投入	较低，用户可以低成本创作	初始开发和训练成本高，但规模化应用后边际成本低
创作内容的多样性	内容多为专业性强的领域，如学术、新闻等	内容多样，涵盖各种兴趣和个人创意	多样性较强，可根据输入生成各种类型的内容，如文本、图像、音频等
可扩展性	难以大规模生产内容，制作周期长	可大规模生产内容，但质量差异大	可大规模生产内容，但需解决算法优化、数据安全和伦理问题
代表性应用	新闻报道、学术文章、专业评论、行业报告等	社交媒体帖子、博客文章、视频分享等	文本生成、图像生成、音频合成、视频生成、医疗影像生成、教育内容生成等
优势	质量高，符合行业标准，适用于专业领域	成本低、快速、创造力丰富、激励用户参与内容创作	高效、质量可控、可定制、适应性强，能够快速生产多样化内容
缺点	需要大量时间和人力成本，制作周期长，创新性受限	内容质量参差不齐，可能缺乏深度和专业性	依赖于算法，可能生成虚假信息，存在伦理和版权问题，复杂任务中逻辑一致性不足

随着技术的进步，AIGC 逐步进入了第二个阶段。此时，海量数据库的可用性和计算设备性能的大幅提升，使得 AIGC 逐渐具备了实用性。人工智能创作出的内容开始向现实生活中渗透，诸如《路》（The Road），世界上第一部完全由人工智能创作的小说等创作作品应运而生。在这个阶段，微软等公司展示了全自动同声传译系统，能够高精度地翻译语言，这一技术的出现也使得 AIGC 在实际应用中的前景愈加明朗。然而，技术上的瓶颈仍然制约了其创造力的进一步发挥，生成内容的多样性和质量受到一定限制。

进入 21 世纪，AIGC 正式迈入了快速发展的第三阶段。2014 年之后，GAN 的提出标志着生成式 AI 的飞跃，它能够利用现有数据生成图片，并通过对抗性训练提高生成内容的逼真度，进一步拓展了图像生成的应用范围。

随着深度学习和神经网络技术的不断突破，生成式 AI 逐渐从单一的图像生成走向了多模态内容的生成。2022 年，OpenAI 发布了名为 ChatGPT 的聊天机器人模型，它不仅能理解人类的语言，还能够像人类一样生成高质量的文本。ChatGPT 的发布掀起了 AIGC 应用的热潮，其月活跃用户在短短两个月内便突破了 1 亿，并迅速积累了更大的用户基础，证明了其巨大的市场潜力。

1.1.4　解锁生成式 AI 的关键特征

生成式 AI 的最核心特性之一是 NLP。与传统 AI 通常依赖规则驱动、固定算法进行语言处理不同，生成式 AI 通过深度学习模型能够理解、生成人类语言并与人类进行复杂的互动。这种技术使得生成式 AI 不仅能够完成基本的文本翻译和信息提取，还能生成全新的句子、段落，甚至是整篇文章。

生成式 AI 的另一大特征是其强大的上下文理解能力。在传统人工智能中，尤其是基于规则的系统，通常只能处理单一、片段化的信息，对于复杂的上下文往往难以把握。而生成式 AI 通过深度神经网络，能够理解和维持较长的上下文关系。这使得它能够记住对话历史，并基于上下文的连贯性生成相关的内容。在教育中，生成式 AI 能够实时调整学习内容，并根据学生的理解能力和兴趣定制后续学习路径。例如，如果学生在某个数学问题上遇到困难，生成式 AI 能够自动调整问题难度，甚至提供额外的练习，帮助学生逐步提高。这种上下文理解的优势，使得生成式 AI 在教育领域成为一个高度灵活、智能的教学工具。

生成式 AI 的持续学习与自我优化能力，也使其区别于传统算法。传统人工智能在面对新数据时需要人工干预和更新，而生成式 AI 可以通过接收新的数据和反馈，持续优化其模型，不断提高其能力和精准度。此外，生成式 AI 还具备基于数据的自我改进能力，在教育领域，它可以根据师生行为数据的变化自动更新，从而提供更高效、更精准的服务。

另外，与传统人工智能的单一任务处理能力相比，生成式 AI 拥有强大的多任务处理能力。传统人工智能通常针对特定任务进行优化，但生成式 AI 可以同时执行多个任务，并根据不同的需求灵活切换，这为教育领域中的跨学科建设提供了强大的支持。

生成式 AI 的高度自适应（Adaptive）使其在教育等个性化服务中优势尤为突出。传统的教育工具通常只能提供固定的学习路径，而生成式 AI 则能够根据学生的学习进度、理解能力和兴趣，动态调整内容，使得学习更加个性化。例如，生成式 AI 能够根据学生在数学、语言等科目中的表现，自动调整问题的难度，避免因内容过于简单或复杂而影响学习进度。这种自适应能力确保了每位学生都能够在适合自己的挑战水平上持续成长，提升学习效果。

总结而言，与传统人工智能相比，生成式 AI 能够在更复杂、更动态的环境中提供智能支持，并在提升效率、创造力和个性化服务方面发挥作用。随着技术的不断发展，生成式 AI 的能力将越来越大，未来它将成为推动各行各业发展的关键力量。

1.2　AIGC 赋能教育：变革、机遇与人才重塑

1.2.1　从计算器到生成式 AI：教育技术的变革与赋能

在过去的几十年中，教育领域经历了多次技术变革，每一次技术的引入都在不同程度上改变了学习和教学的方式。从计算器的引入到今天的生成式 AI，技术的进步正是教育进步的一部分。历史告诉我们，技术在赋能教育而不是削弱教育。

计算器曾被视为一种具有争议的教育工具。起初，许多教师担心它会削弱学生的基本算术能力。然而，随着科学计算器和图形计算器的普及，它们在提升计算效率、

激发学生对数学的兴趣，以及支持高阶数学学习方面发挥了重要作用。计算器不仅没有削弱学生的数学技能，反而使他们能够集中精力解决更为复杂和抽象的问题，摆脱烦琐的手工计算。

今天，生成式 AI 的兴起再次引发了类似的争议：它是否会削弱学生的批判性思维、创造力和自我学习的能力？然而，历史经验表明，当技术得到恰当整合时，它不会取代教育的核心能力，反而能成为学习的强大盟友。生成式 AI 与计算器有着惊人的相似之处：它们都提供了强大的工具，能够减轻学生的负担，帮助他们更高效地进行学习，进而将学习焦点转向更高层次的思维和技能。

这些技术并不会替代学生的思考和学习，而是赋能学生，使他们能够以更高效的方式进行学习。例如，当学生面对复杂的数学问题时，他们可以利用生成式 AI 给出的解释和提示快速找到解决方法，而不是仅仅依赖教科书上的文字解释。这种辅助作用不仅增强了学习的有效性，还促进了学生自主学习和思考的能力。

技术的应用不仅是教育工具的更新换代，更是教育理念的更新与发展。正如计算器使学生从烦琐的计算中解放出来，专注于数学的深层次理解，生成式 AI 也使学生能够在更短的时间内获取个性化的学习资源和反馈，进而集中精力进行高阶思维训练和创造力提升。技术与教育的结合并非单纯的工具使用问题，而是教育理念的进化——从注重技能训练到注重思维发展，从标准化教学到个性化学习。

面对生成式 AI 的兴起，我们应当理性看待这一技术的潜力和挑战。历史的经验告诉我们，教育技术的进步是势不可挡的，而如何在教育中恰当地整合这些技术，发挥其最大效益，将是我们面临的关键任务。教育者、家长和学生应共同努力，充分利用生成式 AI 带来的机会，推动教育的不断进步和革新。

1.2.2　从流水线到创新工坊：AIGC 时代的教育重构与创造力觉醒

教育的本质从来都不应该局限于知识的传递。随着社会和科技的快速发展，知识的更新速度越来越快，传统工业时代的教育体系难以应对这一变化。因此，教育的重点应转向如何培养学生的独立思考、创新能力，以及批判性思维等核心素养。这一转变要求教育不仅关注学生获得知识的能力，还要关注学生在获取知识的过程中，如何发展情感、价值观和社会责任感。

过去，在教育的殿堂里，学生们如同匠人般，通过无数次的锤炼和记忆的积累，来雕琢自己的技能。在编程的世界里，他们需要将语法的规则、基础的代码片段，如同古老的咒语一般，一字一句地刻印在心。教育的模式，是一种对已知知识的虔诚传承，强调记忆的牢固和解题的标准，如同在固定的轨道上行驶的列车，虽稳但缺乏变通。这种教育，如同一把双刃剑，虽能磨砺出熟练的技艺，却也无形中束缚了创造的翅膀，让思维在既定的框架内徘徊。

如今，随着生成式 AI 等技术的崛起，教育的面貌发生了翻天覆地的变化。机器接手了重复性的劳作，学生们得以从繁重的记忆负担中解放，将他们的智慧和热情投入到更高层次的逻辑构思与创新实践中。在这个新时代，教育的目标已经不再只是知识的传递，而是激发学生们内心的创造活力，培养他们提出新问题、探索未知领域的能力。

在 AIGC 时代，教育正经历深刻变革，个性化学习成为主流。AI 技术能够根据学生的学习进度和兴趣，提供定制化的学习内容和实时反馈，极大地提升了学习效率。这种精准的教育模式，是传统教育无法比拟的。

在新时代下，教育的重点从知识传授转向能力培养。学生需要掌握批判性思维、创新能力、问题解决能力，以及持续学习的能力。教师的角色从知识传授者转变为引导者，鼓励学生提出自己的问题，并通过讨论和实践寻找解决方案，而非依赖标准答案。

实践和项目式学习的重要性也日益凸显。学生通过实际项目应用所学知识，培养解决实际问题的能力。例如，编程课程可以让学生参与真实的软件开发项目，而不仅仅是编写简单的代码片段。这种方式不仅加深了学生对知识的理解，还培养了学生团队合作和项目管理的能力。

与此同时，跨学科思维成为未来教育的关键。传统教育模式将学科分割，导致学生缺乏综合解决问题的能力。未来的教育应鼓励跨学科融合，例如在编程课程中融入数学、物理等学科知识，帮助学生理解编程背后的逻辑和原理。这种跨学科的学习方式，能够培养学生的全面思维能力，应对复杂问题。

总之，AIGC 时代的教育必须摒弃传统的死记硬背模式，更加注重创新能力、实践能力和跨学科思维的培养。只有这样，学生才能在快速变化的技术环境中保持竞争力，成为未来的创新者和领导者。

1.2.3 AIGC 时代下人才的重新定义

AIGC 时代的迅猛发展正在深刻影响全球的生产方式、创新模式，以及社会结构。人工智能不仅改变了人们获取知识的方式，还重塑了人才的定义，以及社会对核心能力的认知。

传统的人才观随着社会的变迁而不断演化。在农业、工业和信息社会中，人们通常将人才视为那些能够掌握专业技能、积累大量知识，并具备解决复杂问题能力的个体。例如，在信息社会，计算机工程师、医生、金融分析师等职业依赖于长期的知识积累和经验总结，教育模式也以知识传授为核心，强调应试能力和技术训练。

在 AIGC 时代，AI 技术已经能够高效完成基础性的分析、归纳和知识处理任务，这使得教育的重心和人才培养的目标发生了根本性转变。在传统教育中，知识的积累和重复性技能的掌握曾是核心竞争力，但在人工智能的辅助下，这些基础能力的重要性可能会有所减弱。相反，更高层次的能力——如创新思维、问题提出能力、跨学科整合能力——正成为人才的核心竞争力。教育必须适应这一趋势，重新设计教学目标和培养模式。

在 AIGC 时代，生成式 AI 可以生成大量内容，但它无法主动创造全新的思想和理念。因此，创新思维成为人才的核心能力之一。教育的目标应从单纯的知识传递转向创造力的激发。具体而言，教育者需要注意以下几点。

- 鼓励发散性思维：通过开放性问题、头脑风暴和创意项目等，培养学生的想象力和创造力。例如，在科学课上，教师可以引导学生设计全新的实验方案，而不是仅仅重复已有的实验步骤。

- 培养批判性思维：学生需要学会质疑现有知识，提出新的假设和可能性。例如，在历史课上，教师可以鼓励学生从不同角度解读历史事件，提出自己的见解。

- 提供创新实践机会：通过创客空间、创新竞赛和跨学科项目，让学生将创意付诸实践。例如，学校可以组织学生参与科技创新大赛，鼓励他们开发解决实际问题的原创方案。

在信息爆炸的时代，提出正确问题的能力比单纯解决问题更为重要。人工智能可以快速处理海量信息，但识别关键问题、定义问题的边界和方向，仍然需要人类的洞察力和判断力。教育应注重培养学生的问题意识和提问能力。

- 培养问题意识：教师可以通过案例教学和情景模拟，帮助学生学会从复杂信息中识别关键问题。例如，在经济学课程中，教师可以引导学生分析现实中的经济现象，并提出值得研究的问题。

- 训练提问技巧：通过提问训练和讨论课，学生可以学会如何提出有深度、有价值的问题。例如，在文学课上，教师可以鼓励学生针对文本提出开放性问题，并展开讨论。

- 鼓励探索未知领域：教育应鼓励学生跳出固有框架，探索未知领域。例如，在科学教育中，教师可以引导学生关注前沿科技，提出尚未解决的问题。

在 AIGC 时代，跨学科思维和整合不同领域知识的能力，成为人类相较人工智能的关键优势。人工智能擅长在特定领域内完成任务，但跨领域的知识整合和创新仍需要人类的综合能力。教育应注重培养学生的跨学科思维。

- 设计跨学科课程：学校可以开设融合多学科知识的课程。例如，将编程与艺术结合的数字艺术课程，或将生物学与工程学结合的生物工程课程。这种课程设计可以帮助学生建立跨学科的知识框架。

- 推动项目式学习：通过跨学科项目，学生可以将不同领域的知识应用于解决实际问题。例如，学生可以参与环保项目，结合地理学、化学和社会学的知识，提出综合性的解决方案。

- 培养系统思维：教育应帮助学生学会从整体视角看待问题，理解不同学科之间的关联。例如，在社会科学课程中，教师可以引导学生分析社会问题的多维度影响因素，培养系统思维能力。

AIGC 时代的教育，正在经历从知识传递到能力培养的深刻转型。教育者需要重新设计教学目标和方式，帮助学生掌握这些关键能力，为他们在未来的竞争中奠定坚实基础。只有这样，学生才能在人工智能与人类协作的新时代中脱颖而出，成为推动社会进步的创新者和领导者。

1.2.4 AIGC 时代如何培养提出好问题的能力

正如前文所述，如果一个人没有扎实的知识储备、清晰的逻辑思维，即使面对最先进的生成式 AI，也很难提出真正有价值的问题，更无法从生成式 AI 的反馈中获得深层次的启发。

为什么提出好问题比获取答案更重要？

问题的质量决定了答案的深度。生成式 AI 并不是一个"万能回答机"，而是一个基于概率计算的知识整合系统。它的回答取决于输入的问题内容、提问者提供的上下文信息，以及问题本身的逻辑清晰度。如果一个问题模糊不清、没有重点，生成式 AI 只能给出泛泛的回答，缺乏针对性和深度。例如，如果我们对生成式 AI 提问："人工智能如何改变教育？"这个问题过于宽泛，它只能给出一个大致的概述。但如果问题更具体，比如"人工智能在 K-12 教育阶段如何优化个性化学习路径？"这样的问题限定了范围，使得生成式 AI 可以提供更加具体、有针对性的分析。

此外，问题的水平反映了一个人的思维能力。很多时候，我们能问出什么问题，比能得到什么答案更能决定我们能否真正理解一个概念。科学研究中的重大突破，往往不是因为得到了一个完美的答案，而是因为提出了一个全新的问题。

爱因斯坦曾说："如果我有一个小时来解决一个问题，我会花 55 分钟思考问题本身，5 分钟思考解决方案。"这说明，真正的智慧不在于直接寻找答案，而是找到值得思考的问题。

如何培养提出好问题的能力？

提出好问题是一种需要刻意训练的能力，而不只是依靠天赋。以下几个方面可以帮助我们提高提问能力，从而更好地利用生成式 AI。

（1）掌握专业知识，建立认知框架

在不同的专业领域，提出高质量问题的前提是对该领域有扎实的认知框架。没有基本的知识积累，就无法识别关键问题，也无法对生成式 AI 的回答进行有效评估。例如，在医学领域，一个没有基础知识的人可能只会问"如何治疗感冒？"但一位医生可能会问："在免疫功能正常的成人患者中，使用抗生素治疗病毒性呼吸道感染是否会影响肠道微生物群？"这种问题不仅更具体，而且涉及了关键的医学概念。因此，专业知识是高质量提问的基石，只有掌握了领域内的核心概念，才能提出具有深度的问题。

（2）运用批判性思维，避免表面化提问

批判性思维是区分浅层问题和深层问题的关键能力。很多时候，人们提出的问题只是对已知信息的重复，而非真正有价值的探索。例如，在生成式 AI 伦理领域，一个浅层问题可能是："生成式 AI 会不会取代人类工作？"而一个更深入的问题是："在不同的社会经济环境下，生成式 AI 的普及如何影响劳动市场结构？"后者的问题不仅考虑了生成式 AI 的影响，还将其放在了具体的社会背景中进行分析，使得答案更具现实参考价值。提高批判性思维的方法包括以下几点。

- 多角度思考问题：换个视角去审视问题，看看是否有更深层次的影响因素被忽略。

- 提出假设并验证：先自己思考一个可能的答案，再利用生成式 AI 来验证，避免被动接受信息。

- 挑战已有结论：不要满足于生成式 AI 给出的第一层答案，而是进一步追问："为什么？""是否还有其他可能的解释？""这种观点是否适用于所有情况？"

（3）善用上下文，提高问题的可回答性

一个好的问题通常具备清晰的上下文，使生成式 AI 能够基于特定的信息背景进行推理。例如，如果我们问生成式 AI："如何优化供应链管理？"这个问题可能太过泛化，生成式 AI 会给出一系列常见的策略，如库存管理、物流优化等。但如果问题是："对于一家以电商为主、SKU 数量超过 10 万的公司，在面对季节性需求波动时，如何优化供应链？"这个问题提供了明确的背景信息，使得生成式 AI 可以针对具体情况提供更有价值的建议。因此，在提问时，尽可能提供明确的上下文信息，以提高生成式 AI 的回答质量。

（4）多轮对话，层层深入

生成式 AI 的一个优势是可以进行多轮对话，而不是一次性问答。因此，在与生成式 AI 交互时，我们可以采用逐步深入的方法，而不是一次性提出过于庞大的问题。

> **举 例**
>
> 问一个基础问题："人工智能在教育中的主要应用有哪些？"
>
> 进一步缩小范围："在个性化学习方面，生成式 AI 如何适应不同学生的学习风格？"
>
> 继续深入挖掘："目前生成式 AI 个性化学习的主要技术瓶颈是什么？如何克服？"

通过这种方式，我们可以逐步引导生成式 AI 输出更深入、更有针对性的答案，而不是停留在表层信息上。

在 AIGC 时代，信息的获取不再是主要挑战，真正的挑战是如何找到值得探索的方向，并利用生成式 AI 深挖问题的本质。无论是学术研究、商业应用还是个人成长，提出好问题的能力，决定了我们在 AIGC 时代的竞争力。掌握这一能力，不仅能让我们更高效地利用人工智能，还能培养独立思考和创新能力，让我们在信息爆炸时代保持领先。

在未来，人与人工智能的关系将更加紧密。人工智能不会取代人类，而是成为人类的"智能助手"。但是，只有会提出好问题的人，才能指引人工智能更好地工作，才能真正驾驭人工智能，使其成为拓展认知、加速创新的利器。因此，与其担心人工智能会取代什么职业，我们更应该思考：我们是否具备向人工智能提问的能力？我们是否能够利用生成式 AI 来探索真正重要的问题？掌握了这一能力，我们才能真正与人工智能并肩前行，共同创造更加智能、高效和富有创造力的未来。

1.3　生成式 AI 如何影响各级各类教育

1.3.1　生成式 AI 如何赋能高等教育

高等教育不仅是学生专业知识和技能培养的关键阶段，也是他们进入社会、开展学术研究和职业发展的重要起点。生成式 AI 通过其强大的数据处理、内容生成和个性化推荐能力，正在重塑高等教育的教学模式、课程设计、学术研究和学生辅导，推动高等教育向更加个性化、跨学科和智能化的方向发展。

生成式 AI 的核心优势在于其能够通过深度学习和大数据分析，生成符合特定需求的内容，并根据用户的行为和偏好进行个性化推荐。这种能力在高等教育中尤为重要，因为高等教育的学生通常已经具备一定的专业基础，他们的学习需求主要有以下几个方面。

- 个性化需求强烈：高等教育的学生通常已经明确了自己的专业方向和职业目标，因此他们对教育的需求更加个性化。

- 跨学科融合：随着学科边界的日益模糊，跨学科研究和学习变得越来越重要。

- 学术研究与创新：高等教育不仅是知识的传授，更是学术研究和创新能力的培养。

- 实践与理论结合：高等教育强调理论与实践的结合，尤其是在医学、工程等专业领域。

生成式 AI 的特点与上述这些内容高度契合，因此其可以成为推动高等教育变革的重要力量。

传统的课程设计往往依赖于教师的经验和直觉，而生成式 AI 则通过大数据分析和机器学习，能够更精准地评估课程的效果和学生的学习需求。例如，在研究方法课程中，AI 技术可以实时跟踪学生的学习进度，分析他们在不同研究方法上的掌握情况，并根据这些数据调整教学策略，推荐相关的学习资源，如参考书籍、研究论文或在线教学视频，帮助学生更好地理解和掌握难点内容。

此外，生成式 AI 还在跨学科课程设计中发挥了重要作用。随着学科边界的日益模糊，跨学科研究和学习变得越来越重要。生成式 AI 能够分析不同学科之间的知识链接，帮助学校设计出结合多个学科的课程。

在辅导与评估方面，生成式 AI 同样展现出了强大的潜力。作业批改等事务性工作往往费时耗力，而生成式 AI 则能够通过大数据和机器学习，以更为高效的方式进行评估，极大地提高教师的教学效率。

此外，生成式 AI 还在学习进度监控和实时反馈方面发挥了重要作用。以高等数学课程为例，教师可以使用生成式 AI 实时追踪学生的学习进度，评估他们在每个主题或概念上的理解和掌握程度，并根据这些信息，为学生提供个性化的学习建议。这种实时反馈和个性化建议不仅能够帮助学生更有效地学习，也能让教师及时了解学生的学习状况，从而更好地指导教学。

在需要大量实践操作的专业中，传统的实践教学往往需要投入大量的资源，而生成式 AI 则通过赋能虚拟现实和增强现实技术，为学生提供逼真的模拟环境。例如，在建筑学专业中，生成式 AI 可以创建三维建筑模型和模拟环境，让学生在虚拟环境中进行建筑设计和施工操作实践。这种虚拟实验室不仅节省了大量的教学资源，还为学生提供了更多的实践机会，使他们能够在安全、逼真的环境中进行学习和实践。

在医学专业中，生成式 AI 的应用同样令人瞩目。通过创建复杂的人体模型和疾病模拟环境，生成式 AI 为学生提供了虚拟的手术环境。学生可以在模拟环境中进行手术操作实践，了解并掌握手术的步骤和技巧。这种虚拟手术环境不仅大大降低了对真实病人做手术的风险，还为学生提供了宝贵的实践机会，帮助他们更快地掌握和精进手术技艺。

生成式 AI 正在为社会学研究和计算社会科学带来新的研究范式。通过自动化数据处理、社会现象预测和程序代码生成，生成式 AI 极大地提升了研究效率和深度，推动了社会学研究向数据驱动和智能化方向转型。

未来，随着生成式 AI 的不断发展和完善，其在高等教育中的应用将更加广泛和深入。这场静默的革命不仅改变了教育的形态，也为我们提供了一个全新的视角，去重新思考教育的本质和未来。在人工智能的赋能下，高等教育的未来将充满无限可能。

1.3.2　生成式 AI 如何重塑中等教育

随着 AIGC 技术的迅猛发展，AIGC 正在中等教育领域展现出巨大的潜力。在这一阶段，如何帮助学生发现自我、合理规划未来，已经成为现代教育的重要议题。生成式 AI 作为一种强大的工具，正在深刻地影响教育模式，推动个性化学习和创新思维的培养，并为教育带来前所未有的转型。

中学阶段的学生面临着专业选择的重大决策。然而，由于大多数学生对自己未来的兴趣和潜力尚不清晰，生成式 AI 可以分析学生的兴趣、学习成绩、性格等多维数据，为他们提供个性化的建议。

在中学阶段，一些学生开始接触探索性研究，如何将所学知识应用于实际问题是他们面临的挑战。在传统教育中，学生往往缺乏足够的资源和指导来进行深入的学术探索，而 AIGC 为这一挑战提供了突破性解决方案。借助生成式 AI 强大的信息处理能力，学生可以轻松筛选相关研究资料、获取最新科研动态，并通过智能推荐，找到相关领域的学术论文、研究成果、专家意见等，显著提高他们的学习效率。

在中学阶段，教师不仅面临知识传授的挑战，还需要帮助学生更好地规划未来、做出选择，更肩负着培养学生的批判性思维和独立能力的使命。在这种多重角色的背景下，生成式 AI 能够为中学教师提供强有力的支持，帮助他们提高工作效率、优化教学质量，并减轻烦琐的行政任务负担。

生成式 AI 还能够在教学过程中提供实时反馈，帮助教师识别学生学习中存在的薄弱环节，通过系统化的数据分析来了解学生在学习和心理上的发展。

更为重要的是，生成式 AI 可以为教师提供创意和资源支持，推荐符合学生兴趣和学习进度的教学资源，包括定制化的练习题、实验方案、学术文章等，极大地丰富了教师的教学工具箱。此外，生成式 AI 还能够辅助教师设计互动式课堂活动，提高课堂效率和学生参与感。

1.3.3　生成式 AI 如何变革初等教育

随着生成式 AI 的快速发展，教育领域正在经历深刻的变革。尤其在初等教育阶段，人工智能的应用潜力正在不断显现。生成式 AI 不仅能够提供个性化的学习资源，还能够激发学生的好奇心、想象力和探求欲。对于初等教育阶段的学生来说，培养好奇心是学习的动力源泉，而生成式 AI 恰恰能够为学生提供一个无限拓展的知识世界。通过与生成式 AI 的互动，学生可以在学习过程中提问并得到即时反馈，这种即时性和灵活性能够激发他们不断探索未知的兴趣。例如，在科学课堂上，学生通过与生成式 AI 对话，询问关于自然现象的原因，生成式 AI 能够根据学生的问题提供详细的解答，并进一步推荐相关的实验或资料，这种互动不仅帮助学生更好地理解复杂概念，还能激发他们对科学的兴趣和对未知世界的探索欲。此外，生成式 AI 的创造性能力也能够拓宽学生的想象力。比如，在写作或艺术创作的过程中，生成式 AI 可以根据学生的输入生成丰富多彩的故事情节或画面，激发学生的创意思维。通过与生成式 AI 的共同创作，学生可以体验到创作的乐趣，并在创作过程中不断碰撞出新的灵感。这种方式不仅锻炼了学生的创造性思维，还能帮助他们突破传统教育模式的局限，更加自由地表达自己的想法和感受。最重要的是，生成式 AI 让学生能够以他们自身的方式学习，并根据自己的兴趣和进展调整学习路径。这种灵活的学习方式能够让学生体验到从探索到发现的过程，帮助他们培养独立思考的能力和不断求知的态度。因此，生成式 AI 不仅是一个传递知识的工具，它还是激发学生好奇心和想象力的催化剂，让学生的学习不再局限于课堂教材，而是变成了一个充满探索和创新的过程。虽然生成式 AI 为教育带来了巨大的便利和机会，但在初等教育这一特殊阶段，学生的成长和发展特点使得生成式 AI 的应用也面临着更多挑战与反思。

初等教育阶段的学生通常处于认知、情感和社交发展的关键期，他们在学习过程中需要更多互动、支持和指导，而生成式 AI 能否在此过程中有效发挥作用，如何保障技术的应用不脱离教育的本质，是值得深入探讨的问题。

首先，初等教育阶段的学生正处于学习的初步阶段，他们的自我管理能力、学习动机和批判性思维尚在培养中。生成式 AI 的个性化学习功能可以为每位学生量身定制学习计划，根据学生的学习进度和兴趣提供相应的学习内容，这无疑为教学提供了新的可能。通过生成式 AI，学生可以在自己的节奏下学习，迅速掌握基础知识。然而，过于依赖生成式 AI 的自动反馈与教学内容推荐，可能会让学生失去主动学习的机会，导致他们缺乏自我探索和深度思考的能力。尤其是对于初等教育阶段的学生来说，培养学习兴趣、好奇心和解决问题的能力远比单纯获取知识更为重要。因此，在生成式 AI 辅助学习的过程中，教师的引导和激励作用显得尤为关键，生成式 AI 需要与教师的角色互补，而非取而代之。

其次，初等教育学生的情感和社交发展是他们成长过程中不可忽视的一部分。生成式 AI 在帮助学生学习的同时，是否能提供情感上的支持和鼓励？这一点尤其重要。在这个年龄段，学生正在学习如何与他人互动，如何表达自己的情感，并建立自信心。生成式 AI 虽然能够提供知识支持和反馈，但它在情感共鸣、社交互动和道德价值观塑造方面的能力有限。学生在学习过程中，除了知识的吸收，更需要来自教师和同伴的鼓励、关怀和心理支持。生成式 AI 无法替代人类教师与同学之间的互动，尤其是在学生面临挫折时，只有教师的鼓励和同伴的支持，才能帮助他们重拾信心。因此，尽管生成式 AI 能够提升教育效率和个性化体验，但其作用应该是补充性的，而不能占据主导地位。

初等教育阶段的学生在认知发展上具有较强的模仿学习能力，他们更倾向于通过与人互动、实践和经验来理解世界。生成式 AI 在这一阶段的应用必须慎重，因为它可能过度"简化"学习过程，限制学生的探索性思维和实践能力。举例来说，如果学生在使用生成式 AI 进行数学运算时，生成式 AI 能够即时给出答案，这固然是便利的，但如果学生没有自己动手思考的过程，长此以往，他们的逻辑思维和问题解决能力就可能无法得到有效锻炼。同样，生成式 AI 在语言学习中的应用也可能在某些情况下影响学生语言表达和沟通能力的培养，因为它不具备与人交流的情感和语境理解能力。因此，生成式 AI 的设计应该注重培养学生的思考能力和创造力，避免单纯依赖机器生成答案。

除了认知和情感发展，初等教育学生在社交技能的培养上也需要更多的关注。生成式 AI 虽然能够提供学习资源和教育内容，但它在促进学生与他人合作、沟通和共同解决问题的能力方面，显然无法与教师和同学之间的互动相比。通过小组合作、课堂讨论和角色扮演等活动，学生能够提高团队合作意识和社交能力，而这些是生成式 AI 所无法替代的。特别是对于初等教育阶段的学生来说，如何与他人互动、如何在集体中找到自己的角色，是他们成长过程中不可或缺的一部分。生成式 AI 可以在学习内容上提供帮助，但它无法替代这些人际交往，也无益于社交技巧的培养。

总之，生成式 AI 在初等教育中的应用充满了潜力，但我们也需要警惕其带来的过度依赖问题。生成式 AI 可以为学生提供个性化学习的机会，提升教学效率，但它绝不能替代教师在人文关怀、社交互动和批判性思维培养方面的作用。

教育的本质是帮助学生全面发展，而不仅是知识的传授。在这个过程中，生成式 AI 应该扮演辅助者的角色，帮助学生更好地学习和成长，而不是取代传统教育中的重要元素。因此，教育工作者在应用生成式 AI 时，应该更加注重平衡技术的便利性与学生全面发展的需求，确保技术的应用符合教育的本质。

1.3.4　生成式 AI 如何驱动职业教育

随着 AI 技术的迅猛发展，职业教育领域正迎来前所未有的变革。职业教育一直以"就业为导向"，但随着产业需求的快速变化与技术的不断更新，传统教育模式已难以满足现代社会对技能的多样化需求。生成式 AI 的出现，不仅提升了教育效率，更推动了教育理念、教学模式与产业协同机制的重构。通过技术赋能，AIGC 能够有效解决职业教育中长期存在的一些核心问题。

首先，职业教育面临的一大挑战是课程内容和教育体系跟不上技术进步和产业需求的步伐，造成学用脱节和就业困境。生成式 AI 通过大数据与智能分析，可以实时调整教育内容，确保课程与就业需求对接。生成式 AI 能够分析各行业的技术进展、市场需求及就业趋势，帮助教育机构根据行业标准更新课程内容。例如，制造业和人工智能等领域的技术更新速度较快，传统教育往往滞后，生成式 AI 通过动态更新课程体系，及时调整职业技能培训内容，帮助学生掌握最新行业技能，提升就业竞争力。

其次，生成式 AI 为职业教育带来了个性化教学的契机。传统的职业教育往往是"流水线式"的技能培训，缺乏灵活性和个性化。而生成式 AI 可以通过智能学伴系统，实时分析学生的学习轨迹、知识盲点和职业兴趣，为每位学生定制个性化学习路径。一些职业学院推出的生成式 AI，能够根据学生的学习情况，自动推送适合的学习资源和交互式练习题。这种个性化学习方案帮助学生弥补短板，提高其就业竞争力。

在课程更新方面，生成式 AI 通过结合行业知识图谱和大数据分析，帮助职业教育快速捕捉行业前沿技术和岗位需求，帮助其及时调整课程内容，缩短课程更新周期，显著提高了教学的时效性，为学生学以致用夯实基础。

生成式 AI 还促进了产教融合的深化。在传统职业教育中，校企合作多为单向输送人才，而生成式 AI 则推动了职业教育与产业的双向互动。职业院校可以根据企业的用人需求设计课程，并将企业的实际研发数据和技术成果转化为教学资源，帮助学生进行贴合市场的项目实践。一些产教融合平台，将产业数据引入专业教学当中，学生可以在真实行业数据支持下进行项目实践。通过这种模式，教育和产业形成了良性循环，企业提供技术资源促进了教育内容更新，教育提供的人才又推动了产业技术创新。

总的来说，生成式 AI 正在推动职业教育向智能化、个性化和生态化方向发展。通过智能化的教学系统、动态更新的课程内容，以及产教深度融合的模式，为职业教育带来了前所未有的变革。

第 2 章

AIGC 赋能下的课程建设、评估与生态

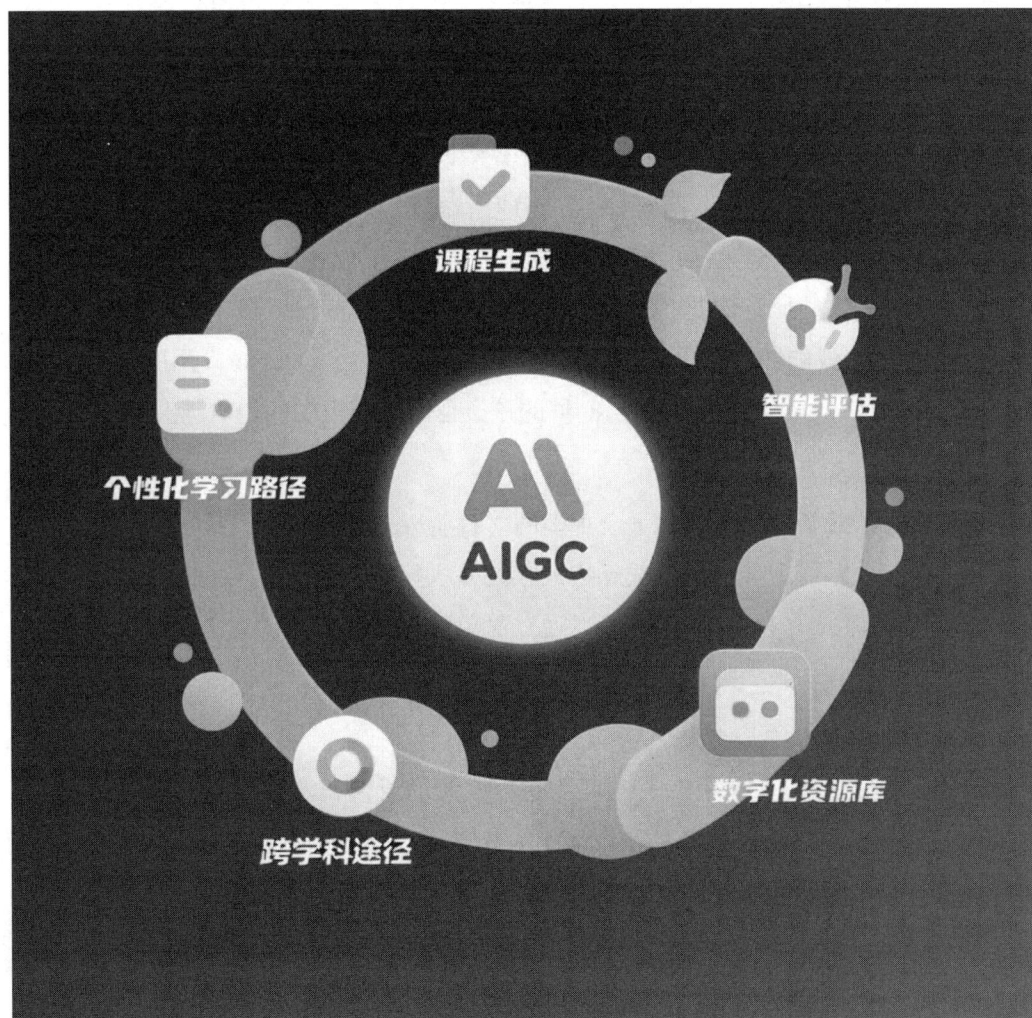

2.1　AIGC 重塑课程版图

2.1.1　人人皆可编程：来自 8 岁女孩对平台开发的启示

在今天的数字化时代，编程已不再是计算机科学家和工程师的专属技能。随着人工智能技术的不断发展，我们正迎来一个崭新的教育革命，编程技能也逐渐成为各行各业从业者的必备素质。一位 8 岁女孩通过 Cursor 平台，在 45 分钟内成功创建了一个聊天机器人，并且这一过程吸引了 180 万人在线观看，瞬间引发了广泛的社会关注。这一事件的背后，不仅展示了生成式 AI 工具在简化编程流程方面的巨大潜力，也揭示了生成式 AI 如何为儿童的编程学习打开全新的大门。

一些传统的编程语言由于语法复杂，往往让初学者望而却步。对于儿童来说，编程的概念更是难以理解。然而，随着像 Cursor 这样的生成式 AI 平台出现，编程变得更加直观和易于掌握。通过拖拽式的界面和可视化的编程元素，孩子们不需要了解复杂的代码语法，就能够创造出具有互动性的人工智能应用。Cursor 利用生成式 AI，让编程变得更具可操作性，即便是 8 岁的孩子也能够在短时间内掌握并实现他们的创意。

生成式 AI 赋予了传统编程平台更多的"智能"。通过 Cursor 平台，女孩仅需与人工智能对话，系统便能自动生成相应的代码并执行相应的任务。这样的便捷操作使编程不再是高深的学术任务，而是可以通过简单的交互完成的创意工作。对于很多孩子而言，这一过程中最大的收获就是他们不仅能够看到自己创作的成果，还能在动手实践中体会到编程带来的乐趣。

此外，生成式 AI 能够在编程过程中进行实时的反馈和调整，避免了传统编程中由于代码错误或理解偏差导致的困扰。在这种情况下，编程变得更具包容性，能够帮助更多孩子在尝试中收获成功，而非在困难面前止步不前。

这位 8 岁女孩能够在短短 45 分钟内开发出一个完整的聊天机器人，不仅是因为 AI 技术的加持，更重要的是人工智能激发了她的创造力。在传统编程中，创造力和逻辑往往是并行的，编程往往被看作是一项技术性强、需要严谨思维的任务。而在生成式 AI 的环境下，孩子们可以将更多的精力集中在创意的发挥上，而不必受限于编程的具体细节。这种简化的过程为他们提供了更为宽广的创造空间。

这个案例也反映了一个全球教育趋势——人工智能的普及化，它意味着人工智能工具不再是科学家或工程师的专属，而是每个孩子都可以尝试的应用。随着生成式 AI 的不断进步，越来越多的儿童将能够在早期教育阶段接触到编程、机器学习、自然语言处理等前沿技术，这对孩子们的未来发展将产生深远的影响。

生成式 AI 的出现，为教育界提供了一个全新的思路：编程不仅是一项技能，它还可以成为一种思维方式，帮助学生更好地理解和应对快速变化的世界。

2.1.2 异曲同工：从海滩童梦到设计流程之变

在过去，孩子们想要表达自己的想象力，主要依赖于手工绘画或口头描述，他们的想法往往受限于绘画技巧、时间和物理媒介。随着生成式 AI 的快速发展，这一情况正在发生根本性的变化。如今，人工智能可以成为孩子们创意表达的强大助手，使他们的想法能够在短时间内具象化、拓展和完善，甚至影响到建筑设计、工业设计等多个行业的创意流程。

在某个海滨城市，一个孩子在海滩上玩耍时，突发奇想，希望将这个海滩变成他心目中的海洋游乐园。在过去，他或许只能简单地画一张涂鸦，表达自己的愿景。如今，他可以利用生成式 AI，在短时间内创造出一百多张设计图，包括整个游乐园的鸟瞰图、建筑设计图、室内装潢图，甚至到桌椅、纪念币、建筑间的轻轨系统等。这种方式不仅提升了孩子的创作效率，也让他的创意得到更完整的呈现。

孩子的创作过程通常包括以下几个步骤。

- 构思和关键词提取：他首先想象出海洋游乐园的基本概念，并通过文本描述这些想法。例如，"蓝色的海洋主题乐园""拥有海底隧道的水族馆""海滩边的摩天轮""潜水主题的餐厅"等。

- 文本到图像的转换：他将这些描述输入到人工智能绘图工具，如 Stable Diffusion 或 Midjourney 等，生成式 AI 便能基于这些关键词生成一系列初步的概念图。

- 图像微调与迭代：初步的生成结果可能与孩子的想象不完全一致，因此他可以继续调整关键词，或通过生成式 AI 的微调功能修改细节，如颜色、材质、空间布局等。

- 细节深化：随着创作的深入，生成式 AI 可以帮助生成更具体的设计元素。例如，游乐园的标志、建筑的装饰、游乐设施的细节等。孩子可以不断调整和优化，使得最终的设计更加完整。

这种基于人工智能的创作方式不仅适用于儿童绘画，更能深刻影响建筑设计、工业设计等多个行业的创意流程。在传统的设计行业，建筑师、产品设计师往往需要经历漫长的手绘、建模、修正的过程，而 AIGC 的出现极大地提高了创意实现的效率和质量。

- 降低创作门槛，激发更多人参与：以往，建筑设计需要掌握专业的手绘技能、CAD 建模技巧，而现在，设计师可以通过 AIGC 快速生成初步概念，并基于生成式 AI 的输出进行调整和优化。这使得更多非专业人士也能参与设计过程中，让创意突破专业门槛。例如，一些城市规划项目可以借助生成式 AI 生成不同的城市布局方案，再由专家团队筛选最佳方案进行深入优化。

- 加速设计流程，提高生产力：在建筑设计领域，生成式 AI 可以帮助生成多种设计方案，设计师可以从中挑选最符合需求的方案进行深化。例如，在规划一个新的商业综合体时，设计师可以输入关键词，如"现代风格""绿色建筑""开放式公共空间"等，生成式 AI 就可以快速生成多种初步方案，节省大量手绘和建模的时间。随后，设计师可以基于生成式 AI 提供的方案进行调整，而不必从零开始。

- 促进跨学科合作：生成式 AI 还能打破不同学科之间的壁垒。例如，在建筑设计中，生成式 AI 不仅能生成建筑外观，还能模拟建筑内部的动线设计、采光效果、空气流通等细节。这使得建筑师、室内设计师、工程师等多个领域的专业人士能够更高效地协同工作。

- 从概念设计到细节优化：生成式 AI 不仅能应用于概念设计阶段，在细节优化阶段也能发挥作用。例如，设计师可以输入"玻璃幕墙+太阳能板"这样的关键词，生成式 AI 可以自动生成多种不同的玻璃幕墙设计方案，并计算不同方案的能耗效率，帮助设计师做出更可持续的决策。在室内设计中，生成式 AI 可以自动推荐符合客户需求的装潢风格、家具搭配等，减少了设计的试错成本。

AI 技术的进步，使得设计表达的门槛大幅降低，让更多人，甚至是儿童，能够将自己的想象力转化为具象的作品。从孩子创造的"海洋游乐园"到整个建筑设计行业的变革，AIGC 正在以一种前所未有的方式推动人类创造力的发展。未来，我们需要适应这一变革，让人工智能成为创意教育和设计行业中的得力助手，让每个人的想象力都能被充分释放。

2.1.3　当数学邂逅生成式 AI：从学习困境突围到研究新境开拓

近年来，生成式 AI 正在悄然改变数学教育与研究的方式。数学一直被认为是最严谨的学科之一，对逻辑推理、抽象思维和精确计算的要求极高。然而，随着人工智能技术的飞速发展，数学学习和研究的范式正在发生深刻变革。无论是在课堂上帮助学生理解复杂概念，还是在科研前沿辅助数学家进行高阶推理，生成式 AI 正在从一个被动的工具，逐渐演变成一个主动的学习伙伴和研究助手。

在数学教育领域，生成式 AI 的一个重要应用是提供个性化的学习体验。传统数学教学往往采用固定的课程安排，所有学生按照相同的节奏学习，然而，每位学生的理解能力、接受速度和兴趣点都不同，这种"千人一面"的教学模式难以满足个体需求。而生成式 AI 能够实时分析学生的学习进度，针对不同层次的学生提供个性化的指导。例如，当一个学生在理解统计学中的 p 值概念时遇到困难，生成式 AI 可以根据学生的背景知识调整解释方式，甚至可以提供具体的生活案例，如抛硬币或篮球投篮的概率，让抽象的数学概念更加直观易懂。

生成式 AI 的即时反馈机制也极大地提升了数学学习的效率。传统数学学习过程中，学生需要等待教师批改作业才能得到反馈，而生成式 AI 可以在学生提交答案的瞬间进行分析，指出错误，并提供详细的解析。例如，学生在解一道微积分题时，如果步骤错误，生成式 AI 可以一步步分析错误的来源，并提供纠正建议，而不是简单地给出一个正确答案。这种实时反馈让学生在错误发生的第一时间就能调整思路，从而提高学习效果。此外，生成式 AI 还能根据学生的答题数据分析其薄弱环节，并推荐相应的练习题，真正做到因材施教。

除了数学教育，生成式 AI 在数学研究领域的应用也日益受到关注，尤其是对高阶数学问题的辅助解答。著名数学家陶哲轩一直积极探索如何利用生成式 AI 推进数学研究，他认为生成式 AI 的计算能力和逻辑分析能力可以大幅提高研究效率。例如，在"等式理论计划"中，他与 AI 工具合作，在短短 57 天内完成了 4694 个 magma 等式之间超过 2200 万条蕴含关系的证明。这项成就不仅展现了生成式 AI 在大规模计算任务中的优势，也表明生成式 AI 能够有效地辅助数学家进行复杂推理和逻辑验证。

陶哲轩认为，人工智能在数学研究中的作用不仅限于计算和推理，它还可以帮助研究者发现新的数学模式和猜想。传统上，数学研究依赖于人的直觉和经验，而人工智能可以在庞大的数学结构中寻找隐藏的关系，并提出新的问题。例如，在数论和代数几何领域，人工智能可以分析大量数学对象之间的相互作用，从而发现之前未被注意到的规律。这种能力使得人工智能不仅是一个计算工具，而更像是一个"数学探索伙伴"，为数学家提供新的研究方向和灵感。

未来，随着生成式 AI 能力的不断提升，它将在数学领域扮演越来越重要的角色，帮助更多人突破数学学习的障碍，推动数学研究迈向新的高度。

2.1.4　生成式 AI：跨学科创新的新引擎

2024 年诺贝尔物理学奖和化学奖的颁发，标志着人工智能在科学领域的贡献得到了全球最高学术荣誉的认可。这一事件不仅是对人工智能技术本身的肯定，更是对其在科学探索中发挥赋能作用的深刻体现。

随着人工智能技术的不断发展，生成式 AI 以其强大的数据处理、知识整合和内容生成能力，正在成为推动跨学科研究的重要工具。它打破了传统的学科界限，促进了不同领域知识的融合与创新，为科学研究和教育带来了全新的可能性。

1. 打破学科壁垒

跨学科研究的本质在于打破传统的学科边界，将来自不同学科的知识和方法相互融合，进而应对单一学科难以解决的复杂问题。现代社会中，许多重大挑战，如气候变化、公共卫生、人工智能伦理等，无法仅凭某一学科有效解决，必须依靠多个学科的合作。例如，气候变化不仅涉及气象学和环境科学，还需要社会学、经济学、政治学等学科的合作，从多角度提出解决方案。

生成式 AI 在这一过程中发挥了重要作用。首先，生成式 AI 能够整合来自多个学科的大数据，从海量的多学科数据中提取有用信息。通过训练算法，生成式 AI 能够跨越学科的限制，识别出不同学科间的关联性，从而帮助研究者在多学科的知识框架下进行系统化的分析。这不仅有助于解决复杂问题，也促进了学科间的有效合作。

2. 跨学科数据提取及知识网络生成

生成式 AI 的核心优势之一在于其强大的数据处理能力。传统的跨学科研究往往受到学科壁垒和知识孤岛的制约，研究人员依赖于有限的文献和数据进行分析，而这些数据和信息往往不够全面或不易获取。生成式 AI 通过 NLP、深度学习等技术，能够从海量的多学科数据中提取出有用的知识，并将这些知识整合成一个系统化的知识网络。

例如，在医学领域，生成式 AI 能够从临床数据、基因组学、流行病学，以及社会学等多个学科的数据中提取相关信息，帮助研究者建立跨学科的知识体系。在新冠疫情的研究中，生成式 AI 不仅可以分析病毒传播的生物学机制，还能结合社会学数据分析疫情的社会影响、政治因素，以及全球经济影响等内容，形成一个更加全面的分析框架。这种能力使生成式 AI 能够在跨学科研究中扮演重要角色，成为不同学科间的桥梁，帮助研究人员发现数据中的潜在关联，进而促进跨学科的协作与创新。

3. 生成新的内容

生成式 AI 的另一大优势在于其能够生成新的内容。例如，研究假设、实验设计或理论模型等，这一能力对于跨学科建设尤为重要。传统的科研过程往往依赖于研究人员的灵感和经验来提出新的假设和理论模型，而这种创新往往受到研究人员专业背景和视野的局限。生成式 AI 通过对大量文献、实验数据、现有理论模型的学习，能够自动生成新的研究假设和实验设计，为研究人员提供更多的创新思路。

例如，在药物研发领域，生成式 AI 能够基于已有的分子结构数据和临床试验结果，自动生成新的药物分子模型，并预测其可能的效果。通过生成的理论模型和假设，药物研发团队可以在更短的时间内确定候选分子，进行实验验证。这种生成能力不仅提高了科研效率，还能帮助研发团队跨越不同学科的思维限制，产生新的创新点。

同样，在工程学和环境科学等领域，生成式 AI 能够基于不同学科的知识生成新的设计方案。例如，生成式 AI 可以根据材料学、结构力学、环境科学等多学科的数据，生成新的建筑设计方案，从而更好地应对气候变化、资源利用等跨学科的挑战。

例如，在能源与环境的交叉领域中，科研人员面临着如何高效利用可再生能源、减少碳排放、应对气候变化等复杂问题。传统的研究方法往往局限于单一学科，难以综合考虑技术、经济、社会和环境等多个因素。

通过生成式 AI，跨学科团队可以更好地整合来自物理学、化学、环境科学、经济学、社会学等领域的数据，并生成新的解决方案。例如，生成式 AI 能够通过对全球气候模型、能源消耗数据、政策影响，以及社会行为的分析，生成新的能源利用模型，并预测其对环境和经济的长远影响。这种跨学科的协作方式使科学家们可以更加全面地评估不同方案的可行性，从而制定出更为科学的决策。

在这一过程中，生成式 AI 不仅帮助研究人员跨越学科壁垒，还能够根据不同领域的知识生成新的研究假设和实验设计。例如，生成式 AI 可能提出一个基于最新材料科学的能源储存技术假设，或生成一个综合考虑社会行为学与政策效果的减排策略。这种生成式创新为跨学科研究提供了新的思路，并为全球能源转型提供了有力支持。

生成式 AI 正在改变跨学科建设的格局，通过打破学科壁垒、提取多学科数据中的有用信息，以及生成新的内容，推动了科学研究的融合与创新。无论是加速科研进程、促进学科之间的交流合作，还是在解决复杂问题上，生成式 AI 都展现了巨大的潜力。随着 AI 技术的不断发展，生成式 AI 将在未来的跨学科研究中扮演更加重要的角色，推动科技创新和社会进步。

2.2　标准与评估的重构

2.2.1　AIGC 推动教育目标、内容、方式与评价的全面转型

随着生成式 AI 的蓬勃发展，教育领域的转型步伐加速。AIGC 深刻影响了教学目标、教学内容、教学方式和评价方式，为教育模式带来了根本性的改革。教育的最终目标不再是单纯地传播知识，而是培养具有创新精神、批判性思维和自主学习能力的学生。AIGC 的引入使教育从原有的"以知识为中心"逐步过渡到"以学生为中心"，全面推动了教育内容、方法与评估方式的深刻变化。

1. 教学目标的改变：从知识传授到能力培养

传统教育中的教学目标大多聚焦于知识的传授和学生的记忆能力，教师作为知识的权威，通过标准化的内容向学生灌输知识。然而，生成式 AI 赋能教育的出现要求我们重新审视教育目标，教育的核心任务不再是简单的知识传递，而是培养学生的创新能力、批判性思维、问题解决能力和自主学习能力。

在 AIGC 的背景下，教师的角色发生了显著变化。教师不再是单纯的知识传递者，而是学习的引导者和探索的促进者。教师应当引导学生充分利用生成式 AI 进行自主学习，激发他们的问题意识和创新思维，帮助学生不断提升自我学习和自我发展的能力。通过这种目标的转变，学生将不仅学会"做什么"，更重要的是学会"如何学"，这为他们在快速变化的社会中持续学习、适应和创新提供有力的支持。

更进一步，教育的最终目标是培养学生的终身学习能力，这在快速变化的智能时代尤为重要。通过生成式 AI，学生能够随时随地获取最新知识并不断更新自己的认知库，适应不断变化的社会需求。因此，终身学习的能力已成为未来社会中的核心竞争力。

2. 教学内容的创新：个性化的学习路径

传统的教学内容通常依赖于教科书和固定教材，教学内容一成不变，忽视了学生个体的兴趣和差异性。随着生成式 AI 的应用，教学内容变得更加灵活、开放和个性化。生成式 AI 通过数据分析、学习过程监控，以及学生兴趣反馈，为每位学生量身定制学习内容，从而使他们能够在广阔的知识海洋中自由探索和学习。

这种个性化的学习内容，能够充分考虑学生的认知发展、兴趣和需求，激发学生的学习主动性与创造性。学生不再局限于固定教材中的"标准化"知识，而是根据自身的兴趣、学习节奏和知识背景，选择最适合自己的学习内容。生成式 AI 可以实时调整学习内容，使其更加贴合学生的个性化需求和成长节奏。

随着教学内容的创新，教育不再是为了应试的标准化知识传授，而是培养学生多元化能力的过程。通过这种灵活的学习方式，学生不仅能够发现自己的兴趣和潜力，还为未来的多样性发展打下了坚实的基础。

3. 教学方式的变革：从被动接受到主动参与

在传统教育模式中，教学方式以教师为中心，学生通常处于被动接受知识的状态。

教师传授知识，学生消化吸收，教师主导着整个教学过程。然而，随着 AIGC 的引入，教学方式发生了深刻的变革，教育将以学生为中心，教师的角色转变为学习的引导者和辅导者。

在这种新模式下，教师不再是简单的知识传递者，而是帮助学生发现问题、提出问题并引导他们通过生成式 AI 自主学习和解决问题的"导航者"。教师的任务是激发学生的探索欲和创造力，帮助他们理解复杂的概念，并通过生成式 AI 提升学习效率和质量。生成式 AI 让学习内容与现实世界中的问题紧密结合，学生通过与生成式 AI 的互动，能够迅速获得即时反馈，从而对所学内容进行更深入的思考和讨论。

这种互动式、探索式的学习方式不仅能够激发学生的兴趣和好奇心，还能够帮助他们在学习过程中锻炼解决实际问题的能力，培养批判性思维和创新能力。这种转变使得教育更具实践性，学生能够在解决问题的过程中深化理解，并有效提升自我驱动的学习能力。

4. 教学评价的优化：动态化与全面化的评价体系

生成式 AI 不仅改变了教育的内容和方式，还推动了教学评价体系的创新。传统的评价方式大多依赖于考试成绩或标准化测试，过度关注学生的知识记忆，忽视了学生的思维能力、创造力和综合素质的培养。随着生成式 AI 的引入，新的评价方式通过动态学习数据对学生的学习过程和能力提升进行全方位评估。

新的评价方式不再局限于对学生知识记忆的考察，而是更加注重学生的综合能力，包括创新能力、批判性思维、问题解决能力、协作能力等。生成式 AI 可以实时跟踪学生的学习轨迹、行为表现及其在学习过程中遇到的困难，提供精准的反馈。教师可以基于这些反馈对教学策略进行调整，确保每位学生在个性化学习路径上得到充分发展。

同时，生成式 AI 为教师提供了实时监控和评估学生学习过程的工具，使学生能够在学习过程中不断调整和优化自己的学习方法，从而促进其自我成长。这种动态化、全过程的评价方式有助于教师及时发现学生的薄弱环节，并有针对性地提供支持，最终实现学生的全面发展。

2.2.2　AIGC 的质量评估——ARC 框架

随着生成式 AI 在教育领域的广泛应用，其生成的内容质量直接决定了教学效果和学生的学习体验。通过评估 AIGC 的准确性（Accuracy）、相关性（Relevance）和清晰度（Clarity），教育者和学生能够更好地利用这一技术，提升学习效率和学习成果。相关性确保内容与学习目标紧密契合，清晰度帮助学生轻松理解复杂概念，而准确性则保证了知识的可靠性。这三个关键特征构成了评估 AIGC 质量的核心框架。

1. 相关性：内容契合

生成式 AI 的最大优势之一是其能够根据学生的需求提供个性化学习内容。然而，AIGC 的内容必须与学生的学习目标紧密契合，才能有效促进学生的知识掌握和技能提升。例如，一个学习物理的学生需要生成式 AI 提供有关力学或电磁学的内容，而不是泛泛的科学知识。因此，相关性是生成式 AI 生成内容有效性的首要标准。教育者和学生应学会评估生成内容是否符合学习目标，并根据学习的具体需求和兴趣进行个性化筛选。

2. 清晰度：促进理解

AIGC 应具备清晰度，确保学生能够轻松理解并付诸实践。如果 AIGC 过于模糊或复杂，学生不仅难以消化，还可能丧失学习兴趣。为了避免这一点，生成内容需要使用简洁明了的语言，并提供清晰的思路和逻辑框架。例如，当生成式 AI 引导学生分析文学作品中的角色时，明确地提示如"从角色的言行中分析其性格发展"会比抽象的理论指导更具吸引力和实用性，学生能够更好地理解学习材料，提升学习兴趣。

3. 准确性：确保可靠

准确性是评估 AIGC 的另一关键标准。生成的内容必须基于最新、最准确的知识来源，否则可能误导学生，导致学生对知识的错误理解。尤其是在理工类学科中，准确性显得尤为重要。生成式 AI 应始终依赖权威的资料和当前被广泛接受的理论进行内容生成。在教学中，生成式 AI 不仅要指出学生的错误，还应提供建设性的反馈，帮助学生理解错误的根本原因并提出改正方法。

在未来，随着 AI 技术的不断进步，教育领域需要进一步优化 AIGC 的生成机制，确保其能够满足多样化的学习需求。同时，教育者和学生也应积极参与 AIGC 的质量评估中，通过反馈和调整，不断提升生成内容的教育价值。只有在高质量 AIGC 的支持下，教育才能真正实现个性化、智能化和高效化，为学生的全面发展提供强有力的支持。正如一位教育家所言："技术的价值在于其应用效果，而 AIGC 的潜力，正等待我们在教育中不断挖掘与实现。"

2.2.3　生成式 AI 赋能教育的 CARE 法则

随着人工智能技术的迅猛发展，教育领域正经历前所未有的变革。生成式 AI 作为这一变革的关键力量，正在广泛应用于个性化学习、智能辅导、写作支持等多个教育场景中。尽管目前生成式 AI 的应用仍处于初步阶段，但它们在提升学习效率、提供个性化反馈和增加学生参与度等方面已经显现出巨大价值。然而，如何将这些技术有效融入日常教育中，仍然是一个面临诸多挑战的任务。为此，我们提出了 CARE 法则，为使用者合理地运用生成式 AI 赋能教育提供一定的借鉴。

CARE 法则概括了在教育中整合生成式 AI 的四个关键步骤。

- C：选择工具（Choose the Right Tools）。

- A：主动参与（Actively Participate）。

- R：反思与调整（Reflect and Adjust）。

- E：伦理标准（Ethical Norms）。

这四个步骤为教育者和家长提供了一个简明且有效的框架，帮助他们合理利用生成式 AI，确保技术能够公平且有效地支持学生学习。

1. 选择工具

生成式 AI 在教育中的应用越来越广泛，涵盖了从自适应学习到智能写作等多个领域。要确保学生从生成式 AI 中受益，首要任务是选择合适的工具。选择工具不仅是挑选具体平台，而是要根据学生的个性化需求，选择具备相应功能的 AI 技术。

例如，在数学学习中，生成式 AI 可以自动生成符合学生学习进度的个性化练习题；在写作训练中，生成式 AI 能够帮助学生进行语法检查、优化句式结构，甚至生成思路和内容。教育者应根据学科需求，选择那些能提供定制化学习内容和及时反馈的生成式 AI 工具。

2. 主动参与

生成式 AI 的优势不仅在于其技术本身，还在于学生如何主动使用这些工具。学生在使用生成式 AI 时，应保持主动参与的态度，进行自主学习和思考。学生不仅是生成式 AI 的使用者，更应当与生成式 AI 进行互动，提出问题并在反馈中调整自己的学习策略。通过这样的互动，学生能够获得即时反馈并持续优化学习过程。

教育者应鼓励学生在与生成式 AI 互动时提出更多问题，并主动思考 AIGC 给出的建议，以便不断提高学习效率。家长也应鼓励孩子在使用生成式 AI 工具时保持开放和主动的心态，培养学生的独立思考能力。

3. 反思与调整

在使用生成式 AI 进行学习时，学生不仅需要依赖工具提供的反馈，还应学会主动反思和评估这些反馈的准确性。生成式 AI 能够实时生成问题、提供解答或建议，但学生需要批判性地思考这些结果，判断其是否符合逻辑、是否存在偏差。

例如，当学生使用生成式 AI 进行数学练习时，它可能会给出解题步骤和答案。但学生应通过自己的理解，对每一步解答进行检查，确保生成式 AI 对问题的处理是正确的。如果发现某个环节的解答有误，学生需要学会调整自己的学习策略，重新审视问题并改正错误。反思的过程不仅能帮助学生及时发现学习中的不足，还能培养他们的独立思考能力。此外，学生还应根据反思的结果不断调整自己的学习方法，在不断优化的学习路径中找到最适合自己的方式。这样，反思与调整的过程便成为学习的循环，让学生在生成式 AI 的帮助下不断成长和进步。

4. 伦理标准

随着生成式 AI 在教育中的广泛应用，伦理与隐私问题逐渐成为重要关注点。生成式 AI 在个性化学习过程中通常需要收集学生的学习数据，这些数据对于优化学习路径和提供精准反馈至关重要，但同时也带来了隐私泄露和数据滥用的风险。因此，教育者和家长在选择 AI 工具时，必须确保这些工具符合隐私保护的标准，防止学生的个人信息泄露。此外，教育者还需要教学生如何保护自己的隐私，避免不必要的个人信息暴露，特别是在网络环境下，学生的个人数据往往面临更多的安全威胁。

此外，AI 工具的设计和应用应遵循公平、公正和透明的原则，确保教育中的技术使用不会造成学生间的不平等或歧视性影响。教育者应通过批判性思维的引导，帮助学生理解和评估生成式 AI 的输出，确保在使用过程中技术不会扭曲教育的公正性和价值。

生成式 AI 正在为教育带来革命性的变化，它不仅能提供个性化学习资源，帮助学生提升学术成绩，还能够激发学生的创新潜力，促进学生更高效地学习。通过 CARE 法则，教育者可以在实际教学中充分利用生成式 AI，确保技术能够公平、有效地支持学生的成长与发展，推动教育向更加个性化、智能化的方向发展。

2.3 AIGC 生态共筑

2.3.1 构建良好教育生态的必要性与协同治理策略

面对 AIGC 带来的深刻变革，构建多方协同的良好教育生态已成为当务之急。这不仅是化解风险、应对挑战的需要，更是抢抓机遇、引领未来教育创新的战略选择。只有政府、学校、教师、学生、家庭，以及产业界协同联动、共建共治，才能在 AIGC 时代塑造健康、高效、公平的教育新生态。

1. 良性生态建设的必要性

教育生态由多元主体共同组成，是一个相互影响的系统。在 AIGC 的强力冲击下，任何一个环节薄弱或缺位，都会影响整体效能。例如，如果没有良好的政策与监管，技术滥用和不公平现象将难以遏制；如果学校和教师跟不上技术步伐，再先进的 AI 工具也难有用武之地；如果学生和家长缺乏正确认识，新技术反而可能带来学风不正、亲子矛盾等负面效果。反之，一个良性的生态能够形成正反馈：政策提供支持，技术规范应用；学校积极实践，教师乐于创新；学生受益成长，家长安心信任。各主体各司其职又密切协作，才能充分释放 AIGC 对教育的正向价值。建设这样良性的生态，并非可有可无，而是关系我国教育未来的一项系统工程。正如有学者指出的，如果不能营造健康生态，AIGC 可能进一步加剧既有教育鸿沟或引发信任危机；只有在良好生态中，技术红利才能真正转化为育人质量的普遍提升。因此，从国家战略高度和长远发展看，我们必须下大力气建设多方协同的教育新生态，把 AIGC 的潜在风险降至最低，把机遇效益发挥到最大。

2. 构建协同治理机制

良好生态的实现离不开有效的协同治理。应建立一种多主体参与、职责清晰、互动顺畅的治理机制，共同引导生成式 AI 在教育中的健康发展。首先，在治理理念上，要坚持"多方参与，融合创新"的原则。政府统筹规划方向和规则，学校发挥主体作用落地实施，家庭协同配合育人，产业提供技术支持，研究机构和社会组织贡献专业智慧。通过这种"政-校-家-企"四方联动，形成治理合力。

其次，在具体运行上，可以考虑建立协同工作平台或联盟。例如，由教育部门牵头成立"人工智能教育协同推进委员会"，吸纳学校管理者、一线名师、家长代表、科技企业、高校研究者等参与，定期交流研讨生成式 AI 教育应用的进展和问题，提出政策和实践层面的改进建议，形成闭环管理。

最后，完善信息沟通与反馈机制。利用现代信息技术构建全国性的教育数字治理平台，及时收集各地各校 AIGC 应用情况的数据和典型案例，政府部门据此进行科学决策和动态监管。对于学校、教师、家长和学生的意见建议，也应有畅通渠道上达决策层，真正实现"共治共享"。协同治理机制还应包含应急响应功能，当出现重大教育舆情或技术事故时，多方协同快速介入、共同化解影响。

3. 制定完善配套政策

协同治理需要政策保驾护航。一方面，要加快填补法律、法规空白，如研究将侵犯数据隐私、使用 AI 作弊、AI 版权归属等纳入法律法规范畴，明确责任；制定行业标准，规范生成式 AI 教育产品的开发与准入条件，确保源头治理。另一方面，要出台激励支持政策，推动各类主体积极参与生态建设。比如，对积极开展 AIGC教育实践并取得成效的学校和教师给予表彰和经费支持；对研发教育型 AIGC 产品并满足伦理要求的企业给予政策优惠，鼓励产学研合作。政府还可以设立专项基金，资助人工智能教育的研究和实践项目，包括针对贫困地区的技术帮扶计划、针对教师的 AI 应用能力提升计划等。通过完善的政策组合拳，为协同治理提供制度保障和动力源泉。

4. 强化教育伦理与文化建设

良好生态不仅体现在技术和制度层面，也离不开扎实的人文伦理基础。在大力推进 AIGC 教育应用的同时，全社会需要同步加强教育伦理建设，营造科技向善、育人为本的文化氛围。具体举措包括：将 AI 伦理纳入师生培训的重要内容，使大家深刻认识到，技术的目的在于服务人类福祉；倡导负责任的 AI 创新理念，要求企业和开发者优先考虑产品的安全性、公平性，不以牺牲隐私或制造沉迷为代价换取商业利益；弘扬'以生为本'的教育价值观，提醒学校和教师不要盲目追求技术时髦而忽视了学生身心全面发展。媒体和公众舆论也应发挥作用，宣传 AIGC 教育的优秀案例，曝光和批评不当使用行为，在社会层面形成对良好生态的共识和支持。只有当伦理与文化的软环境也建设好了，新技术的应用才能真正稳健而行，不偏离育人初衷。

5. 持续评估与动态优化

教育生态的构建非一日之功，AI 技术本身也在快速演进中。因此，我们需要对各项举措的效果进行持续评估，并根据形势变化不断优化策略。在协同治理框架下，可以由第三方研究机构定期开展教育智能化发展调研评估，对不同地区、学校的 AIGC 应用情况及效果进行评估分析，找出薄弱环节和改进方向。根据评估结果，调整资源投入重点，例如发现某阶段学生普遍出现依赖人工智能的问题，则加强该阶段的人工指导和规则约束；又如发现某类 AIGC 工具教学成效显著，则推广相关经验。与此同时，要密切关注 AI 技术的新进展，如更强大的模型出现或新的应用场景兴起，教育生态也需要做出响应准备，提前研究其可能影响并制定预案。这种动态治理思路可以保证我们的教育生态始终随环境变化而自我更新，永葆生机与活力。

总之，在 AIGC 背景下打造良好教育生态，是一个系统工程，需要政府、学校、教师、学生、家庭，以及产业等多元主体同向发力、协同共建。这一过程既是应对挑战之举，又是顺应时代、重塑未来教育的契机。通过完善政策引领、加强资源保障、提升能力素养、坚守伦理底线，我们有望构建起一个技术与教育深度融合、各方共赢进步的新生态。

2.3.2　多方协作共建 AIGC 教育生态

教育生态的建设，正如自然生态一样，是一个多元、多层次的系统。每一个参与其中的主体，无论是政策制定者、教育管理者、教师、学生，还是家长等，都在共同发挥作用、共同推动教育生态的发展。从根本上来说，这些主体不是孤立存在的，而应彼此协作，共同面对一个充满机遇与挑战的教育环境。

1. 政策制定者：引领方向，构建基础

教育政策的制定者，是整个教育生态的规划者与设计师。他们通过制定政策、提供资金支持，以及设计长远战略，确保教育体系的发展符合社会的需求和未来的趋势。尤其是在技术迅速发展的今天，政策制定者还需要不断关注并引导人工智能、数字化教育等新兴技术的运用。政策制定者的作用不仅是提供资金和政策支持，更重要的是为教育生态的发展指明方向。通过制定科学合理的教育政策，政策制定者能够引导教育资源向更加公平、高效的方向分配，确保每一位学生都能享受到优质的教育资源。此外，政策制定者还需要关注教育的长远发展，制定符合未来社会需求的教育战略，确保教育体系能够适应未来的变化和挑战。

2. 教育管理者：资源调配，架起桥梁

教育管理者在教育生态中扮演着枢纽角色，他们不仅负责资源的调配和学校日常运行的管理，还肩负着创新与变革的推动责任。尤其是在面对生成式 AI 等技术的迅速发展时，教育管理者需要快速适应，合理整合技术资源，保障教育实践中技术的有效应用和落地。管理者通过有效的决策与组织安排，能够引领教师和学生共同走向教育生态的新阶段。教育管理者的作用不仅是资源的调配，更重要的是在教育生态中架起桥梁，连接政策制定者、教师、学生、家长等不同主体。通过有效的沟通和协调，教育管理者能够确保各方的需求和利益得到平衡，推动教育生态的健康发展。此外，教育管理者还需要具备创新意识和变革能力，能够及时应对教育领域的新变化和新挑战，推动教育生态的不断升级和优化。

3. 教师：知识传递，激发潜能

教师是教育生态中的核心力量，他们直接面向学生，通过知识传授、能力培养和

情感激励，直接影响学生的成长与发展。随着人工智能在教育领域的应用日益广泛，教师也需要不断学习与适应新的技术工具，利用生成式 AI 等技术提升教学效率，推进个性化教育的效能，使得每一位学生的潜能都能得到更好的激发。教师的作用不仅是知识的传递者，更是学生潜能的激发者。通过个性化的教学方法和创新的教学手段，教师能够帮助学生发现自己的兴趣和优势，激发他们的学习动力和创造力。此外，教师还需要不断学习和适应新的技术工具，利用人工智能和大数据等技术手段，提升教学效果和学生的学习体验。只有通过不断地学习和创新，教师才能在教育生态中发挥更大的作用，推动教育生态的不断发展和进步。

4. 学生与家长：接受与参与，形成合力

学生作为教育生态的主体，是教育创新的关键动力，应积极参与和反馈。尤其是在生成式 AI 的背景下，学生不仅是知识的接收者，更是教育改革中的主动参与者。通过与生成式 AI 的互动，学生可以在学习中探索自己的兴趣与优势，不断调整自己的学习路径。而家长的角色，则在于支持和鼓励，帮助孩子形成正确的学习态度和价值观。家长的参与，不仅影响孩子的学习动力，也有助于教育生态中各方的互动与发展。学生和家长的作用不仅是教育的接受者，更是教育生态的参与者和推动者。通过积极参与和反馈，学生能够为教育创新提供宝贵的意见和建议，推动教育生态的不断优化和升级。而家长的参与和支持，则能够为孩子的学习提供有力保障，帮助孩子形成正确的学习态度和价值观。只有通过学生和家长的积极参与，教育生态才能形成合力，推动教育的不断发展和进步。

正是这些不同的主体相互配合、共同协作，才能形成一个有活力、有竞争力的教育生态。在 AIGC 时代背景下，教育生态的建设不仅需要技术的支撑，更需要各方主体的共同努力。每一个主体都是这场变革中的关键角色，只有协同合作，才能开创教育生态发展的新时代。

第3章

AIGC 时代的挑战与治理

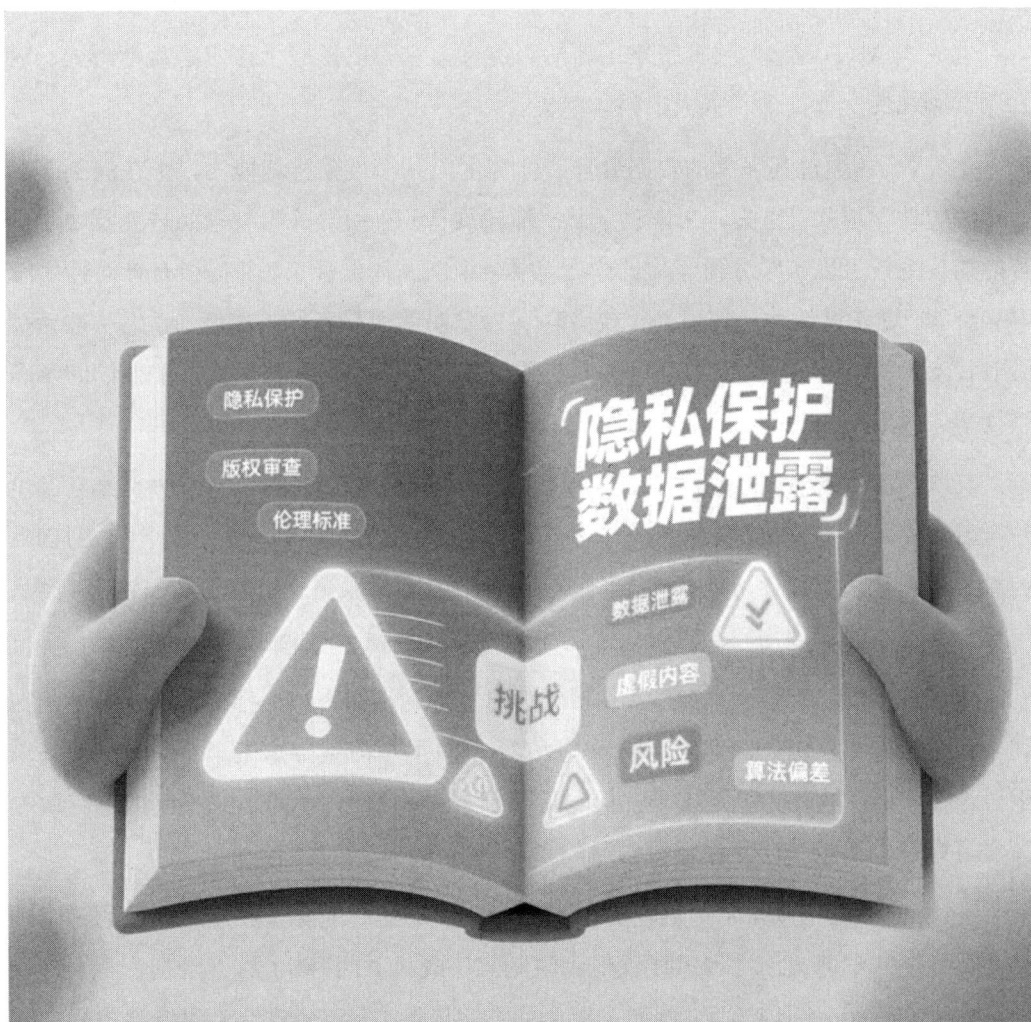

3.1 挑战与应对

3.1.1 AIGC 重塑课堂形式

传统的课堂教育模式,即以教师为中心、学生被动接受知识的"灌输式"教学方式,正在越来越多地被质疑。这种模式虽然在工业化时代为大规模普及教育提供了便利,但在信息化和智能化时代,其弊端日益凸显。

生成式 AI 的崛起为教育带来了新的可能性,它不仅挑战了传统的教学形式,还为课堂形式的变革提供了强大的技术赋能。

生成式 AI 通过其强大的数据处理、内容生成和个性化推荐能力,正在深刻改变着传统的教学形式。首先,它推动了从"灌输式"到"引导式"教学的转变。如今,智能辅导系统可以实时分析学生的学习数据,识别其薄弱环节,并提供有针对性的练习和讲解。这使得教师从知识的传授者转变为学习的引导者和促进者,学生从被动接受者转变为主动探索者。这种转变不仅提高了学生的学习效率,还激发了他们的学习兴趣和创造力。

其次,生成式 AI 推动了从"统一化"到"个性化"学习的转变。传统课堂学生的学习进度被统一安排,无法根据个人的学习能力和兴趣进行调整。这种"一刀切"的教学方式往往导致学习效率低下,部分学生可能因为跟不上进度而失去信心,而另一部分学生则可能因为教学内容过于简单而感到无聊。

生成式 AI 能够为每位学生生成个性化的学习路径和资源,打破传统课堂"一刀切"的教学方式。例如,学生可以通过 AI 平台自主学习基础知识,而课堂时间则用于讨论、实践和合作,真正实现"因材施教"。这种个性化学习方式不仅能够有效提高学习效率,还能帮助学生发现自己的兴趣和优势,激发他们的学习动力。

生成式 AI 还推动了从"固定时空"到"灵活场景"的转变。传统课堂的时空限制使得学生的学习灵活性和多样性受到限制。生成式 AI 打破了这一限制,学生可以通过在线平台随时随地学习。例如,虚拟课堂和混合式学习模式让学生能够根据自己的时间安排学习,同时通过在线互动工具与教师和同学保持沟通。这种灵活的学习场景不仅提高了学习的便利性，还为学生提供了更多的学习机会和资源。

生成式 AI 的快速发展为课堂形式的变革提供了无限可能，但也带来了新的挑战和思考。尽管 AI 技术能够提供高效的学习支持，但传统课堂在情感交流和社交互动方面的价值不可替代。未来的课堂可能会更加注重情感教育和社交技能的培养，而不仅是知识的传授。教师的角色也将从知识的传授者转变为学习的引导者、促进者和情感支持者。教师需要掌握新的技术工具，设计更具创造性和互动性的学习活动。此外，生成式 AI 有潜力缩小教育资源的地域和阶层差距，但这也需要政府和教育机构的共同努力，确保技术的普及和公平使用。

尽管技术为教育提供了新的工具和方法，但教育的核心目标依然是培养具有创造力、批判性思维和社会责任感的人才。技术的进步为我们提供了实现这一目标的工具，但教育的本质——对人的关怀和培养——永远不会改变。在 AIGC 时代，我们需要在技术与人文之间找到平衡，推动教育生态的可持续发展。

3.1.2　AIGC 便利与依赖之辩

从数学作业到编程代码，从论文写作到内容分析，生成式 AI 已经成为许多学生学习生活中不可或缺的"助手"。在这个高效便捷的学习时代，生成式 AI 不仅能帮助学生解决问题、优化写作，还能提供创作灵感。然而，随着生成式 AI 的广泛应用，学生对这一技术的依赖逐渐显现，尤其是在写作与思维方式的培养上。尽管 AIGC 显著提升了工作效率，但其背后潜藏的问题不容忽视，特别是对学生独立思考能力的影响。

生成式 AI 的迅猛发展为学生带来了前所未有的便利。过去，学生们在面临繁重的作业、论文或项目时，需要耗费大量时间进行资料收集、分析和写作。如今，只需几次简单的提问，生成式 AI 便能提供写作框架、分析思路甚至完整的文章内容。以编程为例，学生们可以通过生成式 AI 快速获得代码解决方案，省去了逐步调试的时间。对于许多学习压力巨大的大学生来说，生成式 AI 无疑成为了一个"省时省力"的利器，帮助他们提升学习效率，减少因作业而带来的焦虑。

生成式 AI 生成的文本能够呈现为简洁、条理清晰的表达方式，避免了错别字、语法错误等常见问题，使学生的写作看起来更加完美。在论文写作中，学生们常常利用生成式 AI 生成大纲、结构，甚至详细的段落，这极大地简化了写作过程，尤其对于语言表达能力相对薄弱的学生来说，这无疑是一个快速提升写作质量的途径。

尽管 AIGC 在提高学习效率方面发挥了积极作用，但越来越多的学生开始对其产生过度依赖，忽视了思考和原创性的重要性。根据一些大学的调研显示，超过 40% 的学生"经常"使用生成式 AI 进行学习，且其中三到四成的本科生甚至直接抄袭 AI 生成的内容。这一现象表明，生成式 AI 让学生失去了深度思考的机会。

写作不仅是将文字拼凑在一起的过程，更是思维的锻炼和逻辑能力的培养。当学生在生成式 AI 的帮助下快速完成作业时，他们的思维却没有经历真正的锻炼。AI 生成的内容虽然看似无懈可击，但缺乏个性与创新，无法真正体现学生的独特见解。一些学生仅仅依赖生成式 AI 提供的答案，缺少对问题的深入理解和批判性思考，这使得他们的学习变得机械化、缺乏深度。

AIGC 带来的问题不仅体现在写作上，它对学生的决策能力和判断力也造成了负面影响。一些研究指出，生成式 AI 生成的内容虽然答案正确，但缺乏生气，无法真正激发学生的创造力和培养批判性思维。长期依赖生成式 AI，学生的判断力逐渐减弱，决策能力受到影响，最终形成一种懒惰的倾向。这样的学习模式，不仅使学生失去了自主思考的机会，也使他们无法培养应对复杂问题的能力。

随着 AIGC 在学生群体中的普及，越来越多的高校开始意识到这一问题，并采取了一系列措施来遏制学生对 AI 的过度依赖。例如，中国的一些大学明确规定禁止学生在毕业论文撰写过程中使用生成式 AI 工具进行研究方案设计、创新性方法设计等关键环节；一些大学则是对生成式 AI 生成的内容设置了比例限制，要求 AIGC 生成内容不得超过 40%。这些规定的出台，旨在保护学生的独立思考和批判性思维，避免生成式 AI 成为学生创作的"代笔"。

然而，过度限制生成式 AI 的使用可能会使学生失去与技术发展的接轨机会。因此，如何引导学生正确使用此类技术，利用它们来辅助思考，而不是代替思考，成为了当前教育界面临的一个重要课题。学校应该强调 AI 技术的辅助作用，鼓励学生在使用生成式 AI 的过程中，依然要保持自主学习的能力。通过合理的引导，让学生明确生成式 AI 只是一个工具，可以帮助他们完善思路和优化表达，而不能替代他们的原创性思维。

在 AIGC 日益渗透的教育环境中，如何平衡其便利性与学生思考能力的培养，已成为教育者和政策制定者面临的重要问题。首先，学校应加强学生对生成式 AI 工具的使用教育，帮助他们明确 AIGC 的局限性与潜力。其次，教师应在课堂上鼓励学生独立思考，增强他们的问题解决能力和批判性思维能力。通过让学生在使用 AI 时保留足够的思考空间，避免完全依赖生成式 AI 的输出，才能在科技迅猛发展的时代保持教育的高品质。

此外，家庭和社会也应起到积极的引导作用。家长应鼓励孩子通过多样化的学习方式来培养独立思考能力，而不仅仅依赖技术工具。社会各界应共同关注 AI 技术的负面影响，推动教育体系的改革，以适应科技进步带来的挑战。

总的来说，AI 技术无疑为学生提供了高效的学习工具，帮助他们提升学习效率，解决难题。然而，学生对 AI 技术的过度依赖，正在悄然削弱他们的独立思考和创造力。作为教育者，我们应该认识到，人工智能只是学习的辅助工具，而非思维的替代。只有通过合理的引导和使用，学生才能在享受科技带来便利的同时，保持独立思考的能力。科技是人类创造力的助力器，而不是替代品。唯有如此，学生才能在未来的竞争中立于不败之地。

不仅学生层面有 AIGC 的便利与依赖权衡，教师层面也面临着相同的问题。从课程设计到作业批改，从教学资源生成到学生评估，生成式 AI 逐渐成为教师教学工作中的得力助手，然而，与学生对 AIGC 的依赖类似，教师群体也在逐渐形成对生成式 AI 的依赖，这种依赖在提升教学效率的同时，也带来了潜在的教育风险。

生成式 AI 为教师提供了前所未有的便利。过去，教师在备课、设计课程、批改作业和生成教学资源时，需要耗费大量时间和精力。如今，生成式 AI 可以帮助教师快速生成课程大纲、设计教学方案、编写习题，甚至自动批改作业和生成学生评估报告。例如，教师可以通过生成式 AI 快速生成个性化的教学材料，针对不同学生的学习需求提供定制化的学习资源。这不仅减轻了教师的工作负担，还提升了教学效率。

在作业批改方面，生成式 AI 可以自动识别学生的答案，评估其准确性和完整性，甚至提供详细的反馈建议。对于语言类课程，生成式 AI 可以帮助教师检查语法错误、逻辑结构和表达方式，使批改工作更加高效。此外，生成式 AI 还可以生成教学报告，帮助教师分析学生的学习进度和问题，从而调整教学策略。

尽管 AIGC 在提升教学效率方面发挥了积极作用，但教师群体也逐渐对其产生了依赖。一些教师开始过度依赖 AI 生成的教学资源和评估工具，忽视了教学过程中的个性化指导和创造性设计。例如，部分教师可能会直接使用生成式 AI 生成的课程大纲和教学材料，而不再根据学生的实际情况进行调整和优化。这种依赖可能导致教学内容的同质化，缺乏针对性和创新性。

此外，生成式 AI 在作业批改和学生评估中的应用，虽然提高了效率，但也可能削弱教师的判断力和教学敏感度。AI 生成的学生评估报告虽然数据翔实，但可能缺乏对学生个体差异的深入理解。教师如果过度依赖 AI 的评估结果，可能会忽视学生在学习过程中表现出的细微变化和潜在问题，从而影响教学效果。

AIGC 的广泛应用不仅改变了教师的教学方式，也对教师的职业发展产生了深远影响。一方面，生成式 AI 可以帮助教师提升工作效率，使他们有更多时间专注于教学创新和学生指导。另一方面，教师如果过度依赖生成式 AI，可能会逐渐丧失一些核心教学能力，这种能力的退化可能对教师的职业发展产生负面影响。

面对 AIGC 带来的便利与挑战，教育界需要采取一系列措施来应对教师对 AI 的依赖。

- 学校应加强对教师的培训，帮助他们掌握 AI 工具的使用方法，并明确其局限性与潜力。教师应学会如何将 AI 工具作为教学的辅助手段，而不是完全依赖它。

- 学校应鼓励教师在教学中保持创新性和个性化。教师应根据学生的实际情况，灵活调整教学内容和方式，避免过度依赖 AI 生成的教学资源。学校可以通过组织教学研讨会、教学创新比赛等活动，激发教师的创造力和教学热情。

- 学校应建立合理的评估机制，确保教师在使用 AI 工具时，依然能够保持对学生个体差异的关注。学校可以通过定期评估教师的教学效果，鼓励教师在教学中注重学生的个性化发展和独立思考能力的培养。

面对 AIGC 带来的便利与挑战，教育界需要采取一系列措施来平衡其使用。同时，学校应鼓励学生和教师在学习和教学中保持创新性和个性化，避免过度依赖生成式 AI 的内容和资源。通过合理的引导和使用，学生和教师可以在享受科技带来便利的同时，保持独立思考和创新能力，确保教育的核心目标——培养具有创造力、批判性思维和社会责任感的人才——得以实现。

3.1.3　警惕 AIGC 时代下的"外包"

从计算到记忆，从决策到创造，人工智能正在接管越来越多的任务。智能体、自动驾驶等辅助决策技术都让我们享受到了前所未有的便捷。然而，这种外包的趋势也引发了深刻的思考，尤其是在能力依赖、创新削弱、个体自主性消失等方面的潜在风险。AIGC 在极大提升工作效率和资源优化配置的同时，也可能导致我们失去一些基本的能力，并可能影响我们对世界的认知和创造性表达。我们要在享受技术红利的同时，警惕它带来的副作用，深刻反思这种"外包"现象的长远影响。

信息时代的外包首先表现在我们计算能力的退化上。以前，计算是人类的一项基础技能，从小学数学到复杂的科研数据分析，计算是我们日常生活和工作中不可或缺的部分。然而，随着技术的普及，我们不再需要动脑进行复杂的计算任务，所有的这些都可以交给计算机来完成。这种计算外包虽然极大地提高了效率，但它也在潜移默化中让我们的基本技能逐渐退化。我们习惯依赖计算器、智能设备和人工智能完成基本任务，但如果没有这些工具的辅助，我们是否还具备独立完成复杂任务的能力？这种外包可能逐渐导致我们对数字和计算的理解变得表面化，甚至在关键时刻无法自如应对。

与此同时，记忆外包也成为了人工智能时代的显著特征。智能手机、云存储，以及各类应用程序使得人类将原本需要记住的信息都转存到设备中，日常的电话号码、地址、会议记录甚至个人日程都被数字化管理。然而，记忆并不只是信息的存储，它是我们认知和创造力的一部分。每个人通过记忆的积累，不仅能获得知识，还能将这些信息与个人经验结合，形成独特的思维方式和创新能力。随着信息技术的普及，我们逐渐放弃了对信息的主动记忆，习惯将其外包给机器。这种外包不仅让我们失去了记忆的主动性，也削弱了我们对信息的深度理解和内化，这可能导致在没有机器辅助的情况下，难以做出有效的判断和决策。

生成式 AI 在阅读方面的外包同样引发了关注。过去，阅读是一项主动的认知活动，它要求我们不断思考、分析和总结，而今天，越来越多的人开始依赖生成式 AI 来提取文本的精华，自动化生成摘要和文章让我们省去了大量阅读的时间。虽然这些工具无疑提升了效率，但它们也让我们错失了深度阅读和思考的机会。当我们将阅读过程外包给生成式 AI 时，是否会放弃独立思考和批判性分析的能力？快速获取信息不应等同于全面的理解和深入的思考，深度阅读不仅帮助我们掌握知识，更培养了我们思考问题的能力。过度依赖生成式 AI，可能让我们在信息的海洋中迷失方向，而无法真正理解背后的思想和意义。

学习的外包是另一个显而易见的问题。在 AIGC 时代，许多学生依赖生成式 AI 来完成作业、解答问题，甚至直接获取答案。这种依赖虽然方便快捷，却也使得学习的过程变得浅薄。学习不仅是信息的获取，更是思维训练的过程。在传统的学习中，学生通过不断思考和探索，逐步培养了解决问题的能力和独立思考的习惯。但当学习过程完全交给生成式 AI 时，学生是否还具备自主学习的能力？他们是否能够真正掌握知识，而不是依赖生成式 AI 给出的答案？这种学习外包的背后，是学习能力的退化和对知识深度理解的缺失。

决策的外包是 AIGC 时代日益凸显的问题。从推荐系统到智能顾问，生成式 AI 正逐步参与到人类的决策过程中。从选择电影、购物到职业规划、人生大事，人工智能正在逐步替代我们自己做出选择的角色。然而，当我们将选择的权力交给人工智能时，我们是否还能够保持自己的判断力和价值观？算法做出的决策基于大量的数据和模型，但它忽视了情感、道德和伦理等因素。过度依赖人工智能的决策可能会让我们失去对复杂问题的敏感性，也可能让我们变得机械化，缺乏真正的判断力和思考力。尤其是在涉及情感、道德和伦理的复杂问题上，生成式 AI 的"理性"决策可能会忽略人类社会中不可量化的情感和精神价值。

思想的外包是 AIGC 时代面临的最大挑战之一。生成式 AI 能够生成文章、创作音乐，甚至进行艺术创作，似乎我们不再需要依赖人类的思想来创造内容。然而，思维的本质不仅是信息的整理和组合，更是对世界的独特理解和表达。当我们将思想外包给人工智能时，人类的创造力是否会受到压制？我们是否会丧失独特的个性和创新的动力？思想的外包不仅让我们失去表达自己的机会，也可能导致我们逐渐变得依赖机器，缺乏自我独立的创造力。

AIGC 时代的外包现象在为我们带来便利的同时，也带来了风险。在享受技术带来便利的同时，我们必须警惕外包背后可能导致的人类技能退化和自主性丧失。只有在便利与风险之间找到平衡，才能在 AIGC 时代保持我们的独立性和创造力，真正实现科技与人类的和谐共存。

3.2　伦理与社会

3.2.1　岗位重塑与未来机遇

随着 AIGC 的介入，许多人类的工作岗位将被机器取代。比如，曾经需要大量人工撰写的内容，现在通过生成式 AI 可以快速自动化完成。比如，文案写作、软件编程、图像设计等工作都在迎来技术的替代。这使得人们开始担忧：那些传统的岗位是否会被机器完全取代？

某些科技巨头曾在 2023 年宣布，将在未来五年内暂停或放缓 30% 的后台招聘，原因是人工智能的引入将使得这些岗位的工作内容被自动化替代。这一宣布不仅代表了企业对 AIGC 的信任，也反映出 AIGC 正在迅速改变工作的性质。未来，许多后台工作、非客户直接接触的岗位将逐步消失。这些岗位涉及预算编制、数据管理、办公室维护等方面的工作，长期以来，这些岗位虽然不显眼，却在企业的日常运营中发挥着重要作用。

尽管 AI 技术的迅速发展让一些岗位面临消失的威胁，但这并不意味着所有的工作都会消失。AIGC 催生了许多新兴岗位。例如，提示语工程师（Prompt Engineer）便是在 AIGC 兴起后出现的全新职业。这些专业人员专门设计和优化与 AI 系统互动的提示语，以使得 AI 能够进行准确和高效的输出。此类工作原本是未曾预见的，但由于 AI 技术的兴起，这些岗位成为了市场需求的一部分。

随着越来越多的公司和行业开始采纳 AIGC，行业内企业重组已不可避免。那些采用生成式 AI 提高工作效率的小公司将能够在市场竞争中脱颖而出，获得更多的市场份额。而那些依赖传统人工工作的企业则可能面临竞争力下降、市场份额萎缩的困境。

这一现象反映出，AIGC 不仅改变了企业的运营模式，也重塑了行业格局。在未来的竞争中，能够高效利用 AI 技术的公司将具备更强的市场竞争力，反之，未能适应的企业将逐步被淘汰。

那么，面对如此迅速发展的 AI 技术，我们该如何为未来的创业者、工作者做好准备？如何帮助他们应对 AIGC 带来的就业挑战和机遇？

首先，教育应当侧重于培养学生的 AI 素养和技能。这不仅是学习如何操作 AIGC 工具，更重要的是培养学生的批判性思维、创新能力和解决复杂问题的能力。未来的职场将更加依赖跨学科的能力，AIGC 能够帮助人们完成机械化和重复性的任务，但人类的创造力和创新思维将依然不可替代。

其次，教育系统应当鼓励学生具备终身学习的意识。AIGC 的迅速发展意味着某些工作岗位的消失和新岗位的出现，未来的劳动市场将更加动态化。因此，培养学生的学习能力和适应能力，是应对这一变革的关键。

同时，教育系统还应调整课程设置，不仅帮助学生打造基础的技术能力，还可以提升他们在实践中应用这些技术来解决实际问题的能力。例如，可以通过与企业合作，提供更多的实习机会，让学生体验 AIGC 在实际工作中的应用，并掌握如何在未来的工作中与 AI 协同合作。

AIGC 无疑会造成对未来就业市场的重大冲击，在提升工作效率的同时，它将改变就业的格局。然而，AIGC 的发展并非单纯的威胁，它同时为那些能够适应新技术的专业人员创造了全新的机遇。教育系统应及时调整课程设置，培养学生的创新能力、技术能力和适应能力，帮助他们在未来的劳动市场中立足。总之，未来属于那些能够善用生成式 AI，提升自身创造力和解决问题能力的人，而非仅仅依赖重复性劳动的人。

3.2.2　从 ELIZA 到生成式 AI 心理陪伴者

生成式 AI 正在以前所未有的方式重塑我们的生活，而心理健康辅导领域正成为 AI 技术突破的重要前沿。从 20 世纪 60 年代麻省理工学院的 ELIZA 程序，到如今的生成式 AI，人工智能在心理支持和情感陪伴中的作用经历了从实验性对话程序到具备高度交互能力的智能系统的变革。如今，生成式 AI 不仅能够提供即时反馈，还能帮助人们管理焦虑、调节情绪，并提供个性化的心理辅导。这不仅是对技术的探索，更是对人类心理健康干预模式的革新。

然而，人工智能在心理健康领域的应用也引发了诸多争议：人工智能能否真正理解人类情感？它是否能够取代人类心理咨询师？在技术快速发展的同时，如何平衡效率与伦理、普及与隐私？

ELIZA 的"DOCTOR"模式模拟了罗杰斯式心理治疗的对话风格，通过反问、复述和引导，让用户自行思考和表达感受。尽管 ELIZA 本身并没有真正的理解能力，但它却让许多人感到被倾听，甚至产生了情感依赖。这一现象表明，心理辅导中的核心要素——倾听、共鸣和引导，并不一定需要人类才能实现。ELIZA 的诞生标志着人工智能在心理支持领域的初步尝试，尽管技术能力有限，但它揭示了心理支持的机理：一个能够随时回应、不会评判的对象，可以帮助人们整理思绪，缓解情绪压力。

如今，生成式 AI 已经能够在心理健康辅导领域发挥更大的作用。通过分析用户的情绪状态、语言模式和生理数据，生成式 AI 可以提供个性化的安慰和建议，并通过情景化的交互帮助用户建立更健康的心理状态。

生成式 AI 的优势在于其高度的交互能力和个性化的服务。它不仅可以模拟共情，还能通过大数据分析为用户提供量身定制的心理干预方案。这种技术进步让心理支持变得更加普及和可及，尤其是在资源匮乏或紧急情况下，生成式 AI 可以成为重要的补充工具。

生成式 AI 心理辅导的最大优势在于其即时性和可及性。在凌晨三点，焦虑不安的人们可能找不到心理医生，但生成式 AI 可以提供即时对话，帮助他们缓解情绪；在学校里，许多学生可能因为害怕被评判而不愿意向老师或同学倾诉焦虑，而生成式 AI 可以作为一个无压力的倾诉对象，帮助他们梳理思绪，降低焦虑水平。

生成式 AI 能够通过分析用户的语言、表情和生理数据，提供个性化的心理支持。例如，华南理工大学开发的 SoulChat 2.0 心理咨询师数字孪生大模型，能够模拟专业心理咨询师的对话风格，为用户提供认知行为疗法等心理干预。研究表明，生成式 AI 能够在短时间内显著降低用户的焦虑水平，并改善用户的整体心理健康状况。

生成式 AI 心理辅导可以填补心理健康资源的缺口，尤其是在发展中国家或偏远地区，专业心理咨询师的数量严重不足。生成式 AI 的普及让更多人能够获得心理支持，从而减少心理健康问题的社会负担。

与此同时，我们也要注意，尽管生成式 AI 可以模拟共情，但它并不真正"理解"人类的情绪。它的"共情"更多是基于模式识别和语料库的分析，而非真正的情感体验。因此，生成式 AI 的反馈是否足够精准和深刻，仍然需要进一步研究和优化。

生成式 AI 的建议质量取决于训练数据的质量和算法的设计。如果生成式 AI 对训练数据存在偏见，或者生成式 AI 的建议没有经过严格的伦理审查，它可能会提供误导性的心理建议。此外，隐私和数据安全问题也是生成式 AI 心理辅导面临的关键挑战。心理健康数据通常高度敏感，如何确保系统不会滥用用户数据，或者在保护用户隐私的前提下提供有效的心理支持，是一个值得深思的问题。

生成式 AI 心理辅导的普及可能让人们过度依赖技术，而忽视了人类心理咨询师的重要性。真正的心理治疗需要深层次的情感理解、长期的人际关系建立，以及对个体复杂心理状态的全面考量。不远的将来，生成式 AI 可能会进一步与可穿戴设备、脑机接口和生物反馈技术结合，实现更精准的情绪识别和实时心理干预。例如，生成式 AI 可以通过分析用户的语音、面部表情和生理数据，如心率、血压等，在用户出现焦虑或压力过大时主动介入，提供放松训练或引导他们进行积极的思维调整。

生成式 AI 不应被视为人类心理咨询师的替代品，而应被视为心理健康生态系统中的一部分。生成式 AI 可以与人类专家协同工作，为更多需要帮助的人提供支持。随着人工智能技术的进步，我们或许需要重新定义"心理支持"这个概念。过去，人们习惯于认为心理支持必须来自人类，但 ELIZA 的案例已经告诉我们，有时候，人们真正需要的只是一个"听众"。如果人工智能能够承担这一角色，并在适当的范围内帮助人们调节情绪、缓解压力、提供建设性的心理建议，那么它无疑将成为心理健康辅导的重要补充。

人工智能的快速发展正在改变心理健康辅导的方式。从 ELIZA 的简单文本反射，到生成式 AI 能够提供更复杂的心理干预和个性化建议，技术的进步让心理支持变得更加普及和可得。虽然人工智能无法真正取代人类的情感支持和专业心理治疗，但它可以在许多关键场景下填补空白，帮助那些暂时无法获得专业帮助的人群。

未来，人工智能将在心理健康领域扮演越来越重要的角色，为个人提供更智能、更贴近需求的心理支持，成为我们身边不可或缺的"数字陪伴者"。然而，在享受技术红利的同时，我们也需要警惕其潜在风险，确保人工智能心理支持在技术与伦理的平衡中健康发展。

3.2.3　AIGC 伦理：教育新使命与责任

生成式 AI 的广泛应用也引发了一系列伦理问题，在生成式 AI 快速发展的背景下，教育领域正面临科技伦理的挑战。

当前的教育体系不能过于强调对技术、技能的培养，而忽视了对学生人文素养和社会责任感的培养。功利化的教育模式可能导致学生只关注技术的应用，而忽视其背后的伦理问题和社会影响。例如，学生可能只学习如何使用生成式 AI 生成内容，而不思考这些内容可能带来的社会后果。

随着人工智能技术的应用场景不断扩展，道德标准也需要随之调整。例如，随着生成式 AI 在医疗、司法等领域的应用，相关的伦理问题变得更加复杂。教育系统应通过案例分析、讨论等形式，帮助学生理解这些动态变化的道德标准，并培养他们的伦理判断力。

面对生成式 AI 带来的伦理挑战，教育领域应加强生成式 AI 伦理教育，帮助学生形成正确的价值观，避免其在不当场景下滥用人工智能技术。具体而言，可以从以下几个方面入手。

- 将生成式 AI 伦理教育纳入课程体系：学校应将生成式 AI 伦理教育作为必修内容，纳入计算机科学、信息技术等相关课程中。课程内容应涵盖生成式 AI 的基本原理、潜在风险、伦理问题，以及社会责任等方面，帮助学生全面了解生成式 AI 的利与弊。

- 加强教师培训与支持：教育部门应加强对教师的培训，提升他们对生成式 AI 原理和伦理问题的认识。可以通过举办研讨会、工作坊等形式，帮助教师掌握生成式 AI 伦理教育的基本知识和教学方法。同时，学校应为教师提供相关的教学资源和支持，帮助他们更好地开展生成式 AI 伦理教育。

- 增加实践环节与案例分析：生成式 AI 伦理教育应注重实践环节，通过案例分析、角色扮演等形式，让学生亲身体验生成式 AI 带来的伦理挑战。例如，可以设计一些模拟场景，让学生讨论如何应对生成式 AI 生成的虚假信息、如何保护个人隐私等问题。通过实践，学生可以更好地理解生成式 AI 伦理问题，并在实际生活中做出道德正确的决策。

- 培养学生的社会责任感：生成式 AI 伦理教育不仅是技术层面的教育，更是社会责任感的培养。学校应通过多种形式，如社会实践活动、志愿服务等，培养学生的社会责任感，使他们理解生成式 AI 的社会影响，能够在未来的工作和生活中做出正确的决策。

- 加强跨学科合作：生成式 AI 伦理问题涉及多个学科领域，如计算机科学、伦理学、法学、社会学等。学校应加强跨学科合作，整合不同学科的资源，开展多角度的生成式 AI 伦理教育。例如，可以邀请伦理学、法学等领域的专家参与课程设计，帮助学生从不同视角理解生成式 AI 伦理问题。

生成式 AI 伦理教育不仅是技术教育的延伸，更是未来社会发展的基石。只有在教育中重视生成式 AI 伦理，才能确保人工智能技术在未来的应用中更加符合人类的价值观和伦理标准，真正实现科技与人文的和谐共存。同时，教育系统需要不断跟进社会共识与道德标准的演变，动态调整教育内容和方式，帮助学生形成符合时代要求的价值观，为构建一个更加公平、公正的社会奠定基础。

3.2.4　无界学园模式能否打破传统教育的桎梏

2024 年 12 月，美国亚利桑那州特许学校委员会批准了无界学园（Unbound Academy）的申请，允许其开设一所完全由 AI 来教授学术课程的学校。这一决定引发了广泛关注和激烈讨论。无界学园的"2 小时学习"模式声称，学生每天仅需两小时进行学术学习，其余时间则用于培养生活技能，如金融素养、公众演讲和创业精神。这一模式不仅挑战了传统教育的核心结构，也引发了关于 AI 在教育中角色的深刻思考：AI 能否真正取代教师？教育的本质是什么？这种模式是否能够实现教育的公平与高效？

无界学园的核心在于其人工智能驱动的个性化学习系统。人工智能能够根据学生的反应、任务完成时间甚至情绪线索，动态调整教学内容和难度，确保每位学生都能在最适合自己的水平上学习。这种技术驱动的教学模式无疑具有巨大的潜力，尤其是在提高学习效率和避免学生因难度不适而产生的负面情绪方面。

然而，人工智能教学的局限性同样明显。教育不仅是知识的传递，更是情感的交流、价值观的塑造和批判性思维的培养。教师在这一过程中扮演着不可替代的角色。他们不仅是知识的传授者，更是学生的引路人、情感支持者和榜样。人工智能虽然能够提供高效的学习路径，但在情感互动、创造性启发和复杂问题解决方面，仍然难以与人类教师相媲美。例如，当学生面临学习困境或心理压力时，人工智能无法像教师那样提供情感支持和个性化指导。

尽管无界学园的这种安排看似为学生提供了更全面的教育体验，但也引发了对学术基础是否足够扎实的担忧。这种模式可能会削弱学生在学习上的系统性和连贯性，尤其是在面对复杂问题时，缺乏专业教师的支持可能会让学生感到迷茫。

此外，无界学园的模式还依赖于先进的人工智能技术和个性化学习软件，虽然这些工具在理论上能够提供个性化的学习体验，但其实际效果仍然存在争议。专家指出，这些软件并未如宣传中那样显著提升教育质量，尤其是在资源匮乏的地区，技术的普及和效果可能会大打折扣。

这种高度依赖技术的教学模式可能会加剧教育资源的不平等。高端技术设备的成本较高，许多学校和学生可能无法负担。如果无界学园的模式被广泛推广，可能会进一步拉大教育资源分配的不平等，尤其是在发展中国家和贫困地区。

无界学园的模式显然带有强烈的实验性质，其灵感来源于埃隆·马斯克的特斯拉模式，即通过高端私立学校为未来的研究和开发提供洞见。然而，教育不同于商业产品，学生的成长和发展是不可逆的。如果这种模式未能达到预期效果，学生的学术基础和生活技能培养可能会受到严重影响。

实验性教育的风险在于，学生的成长过程无法重来。如果无界学园的模式未能实现其承诺，学生的学术基础和生活技能可能已经受到不可逆的影响。因此，这种实验性教育模式需要更多的数据支持和长期跟踪研究，以确保其可行性和有效性。

无界学园的人工智能主导教学模式无疑是一次大胆的教育创新，但其成功与否仍需时间来验证。尽管人工智能技术在个性化学习方面具有巨大潜力，但教师的角色、学术基础的扎实性，以及教育公平性等问题仍然不容忽视。未来，如何在技术与人文之间找到平衡，将是教育领域面临的重要挑战。

3.3　监管与治理

3.3.1　隐私与安全陷阱

随着生成式 AI 在教育领域的广泛应用，教育模式正在经历着深刻的变革。生成式 AI 通过个性化学习、智能评估和自动化内容生成等，为学生和教师提供了前所未有的便利。然而，这种技术对数据的依赖也引发了一系列隐私与安全问题。

生成式 AI 需要大量学生数据进行训练和优化，这些数据中可能包含学生的姓名、年龄、成绩、学习习惯等敏感信息。如果这些数据被不当使用或泄露，将对学生的隐私造成严重威胁。例如，黑客攻击或内部人员的数据滥用可能导致学生信息被公开或用于非法用途。近年来，全球范围内发生了多起教育数据泄露事件，涉及数百万学生的个人信息，这不仅损害了学生的隐私权，还可能导致身份盗窃、网络欺凌等严重后果。

许多教育机构在使用生成式 AI 时，未能明确告知学生、家长及教师其数据的收集、存储和使用方式。这种缺乏透明性的做法不仅会导致违反相关法律法规，还可能导致公众对教育机构的不信任。例如，一些教育平台在未经用户同意的情况下，将学生数据用于商业用途或与第三方共享，这种行为不仅侵犯了用户的知情权，还可能导致学生数据被滥用。

许多教育机构在数据安全方面的投入不足，缺乏有效的技术防护措施。例如，未对数据进行加密存储或未实施严格的身份认证机制，可能导致数据在传输或存储过程中被窃取或篡改。此外，一些教育平台缺乏定期的安全审计和漏洞修复机制，使得数据安全风险长期存在。

为了应对生成式 AI 引发的数据隐私与安全问题，教育机构需要从技术、管理和法律等多个层面采取措施，构建一个安全与合规的数据生态系统。首先，教育机构应确保数据的收集与使用过程透明化，明确告知师生数据的采集、存储、用途和范围，避免滥用或未经授权的数据访问。其次，加强数据加密与防护措施，采用先进的技术手段保护敏感信息，防止数据泄露或恶意攻击。同时，教育机构必须严格遵守隐私保护法律法规，确保数据处理符合相关法律法规要求，避免风险。此外，建立数据伦理审查机制，定期评估数据使用过程中的伦理问题，确保技术应用符合道德标准。最后，提升师生数据保护意识，通过培训和教育帮助他们了解数据隐私的重要性，掌握基本的数据保护技能，共同维护数据安全。通过多管齐下的措施，教育机构可以有效应对 AIGC 技术带来的数据隐私与安全挑战，构建一个安全、可信的学习环境。

在 AIGC 时代，数据不仅是技术创新的驱动力，更是隐私和权益的载体。只有在保护数据隐私与安全的前提下，人工智能技术才能真正赋能教育，为教育创造更加公平、高效和个性化的学习体验。未来，教育机构、技术开发者、政策制定者和社会各界需要共同努力，确保 AI 技术在教育领域的应用既能推动教育创新，又能守护学生的隐私与安全。

3.3.2　学术诚信的挑战

在教育领域，生成式 AI 的广泛应用正在重塑学术写作方式。生成式 AI 为学生提供了快速生成高质量文本的便捷，这样无疑在提升学习效率方面有着巨大的潜力。然而，它也带来了学术诚信的严峻挑战，尤其是在学生作品的原创性和独立性方面。因此，教育界面临着如何平衡技术带来的便利与学术诚信维护的复杂问题。

在传统的教育环境中，学生的写作被视为其独立思考和创造力的体现。学术诚信要求学生提交自己的原创作品，反映他们对课程内容的理解与思考。然而，生成式 AI 却使得这一过程变得不再简单，学生通过输入一些提示词，便获得一篇完全结构化、语言流畅的文章。尽管生成式 AI 生成的内容可能具备一定的质量，但它缺乏真正的创造性和深度。这种现象直接违背了学术诚信的核心价值，也对学生的独立创作能力构成威胁。

尽管生成式 AI 带来了学术诚信问题，但其本身也有潜力成为解决这一问题的工具。一些公司已经开始尝试将生成式 AI 的介入转化为一种有益的教学工具。这些工具不仅帮助学生完成作业，还记录学生的思考过程和写作路径，提供透明化的学习过程。这种方式让教师能够实时查看学生的写作和思考进度，避免了学生仅通过提交最终的 AI 生成文档来欺骗评估者的可能性。

生成式 AI 的透明化和可追溯性功能，是解决学术诚信问题的关键。随着生成式 AI 的不断发展，教育界应当探索如何将生成式 AI 的介入与学术诚信的维护结合起来。首先，生成式 AI 可以通过详细记录学生的作业过程，包括写作草稿、修改记录和反馈环节，为教师提供全面的学习轨迹。这种数据透明性可以有效避免学生仅凭借生成式 AI 完成作业，并通过作弊手段获得好成绩。

此外，生成式 AI 的使用可以通过技术手段进一步加以监控和限制。例如，一些平台可以限制学生将生成式 AI 生成的内容直接提交为最终作业，而是要求学生在写作过程中逐步完成任务，使生成式 AI 生成的内容只限于辅助性修改或建议。通过这种分阶段的写作任务，学生不仅能够更好地掌握写作技巧，还能避免完全依赖生成式 AI 的生成结果。

总体而言，生成式 AI 的介入既带来了前所未有的学习便利，也对学术诚信构成了严峻挑战。教育界不仅需要正视生成式 AI 带来的负面影响，更要认真地思考如何在保持学术诚信的同时，充分发挥生成式 AI 的潜力。通过透明化的学习过程、生成式 AI 辅助的反馈机制和公平的评估体系，生成式 AI 可以成为提升学生能力、促进学术诚信的有效工具。

3.3.3 教育领域知识产权面临新考验

2023 年，索尼世界摄影奖的公开组创意类大奖得主鲍里斯·埃尔达格森在个人网站上宣布退赛，并坦白自己的获奖作品是由 OpenAI 的 Dall.E 生成的。他在文章中形容自己的行为像是"厚颜无耻的猴子"，他认为人工智能生成的图像与摄影作品不应在同一平台上竞争。埃尔达格森的退赛不仅是对人工智能生成作品在艺术领域地位的质疑，更是对人工智能与人类创作之间界限的深刻反思。这一事件引发了社会公众对 AIGC 内容与人类创作区别的广泛讨论，也为教育领域中的 AIGC 应用敲响了警钟。

类似的事件在 2022 年也曾引发轩然大波。当时，游戏设计师杰森·艾伦使用 AI 绘图工具 Midjourney 生成的作品《太空歌剧院》在美国科罗拉多州博览会艺术比赛中获得第一名。这一结果引发了众多画师的强烈不满，他们认为艾伦的行为是"作弊"，抢走了属于其他创作者的荣誉。尽管艾伦在生成过程中输入了大量提示词并进行了多次调整，美国版权局最终拒绝为该作品进行版权登记，理由是人工智能生成内容缺乏人类创作者的"独创性"。这两个案例不仅揭示了生成式 AI 的应用在艺术领域的争议，也为教育领域中的 AIGC 应用提供了重要的启示。

AIGC 在教育领域的广泛应用也带来了诸多知识产权问题。这些问题不仅涉及版权归属，还包括数据确权、隐私保护，以及内容独创性等多个方面。如何在享受 AIGC 带来便利的同时，妥善解决这些知识产权问题，是教育领域亟待解决的问题。

以 AI 生成的教材为例，假设一位教师使用 AI 生成了一本教材，并将其用于课堂教学。这本教材的版权归属如何界定？是归属于教师、学校，还是生成式 AI 的开发者？如果教材中引用了其他受版权保护的内容，是否构成侵权？这些问题在现有的知识产权法律框架下尚无明确答案。类似的问题也出现在学生使用生成式 AI 完成作业或项目时。如果学生使用 AI 生成的内容参加比赛或发表论文，这些内容的版权归属和独创性如何界定？这些问题的复杂性不仅影响了 AIGC 在教育中的应用，也对传统的知识产权法律提出了新的挑战。

AIGC 的版权归属是教育领域面临的主要挑战之一。根据现有法律，AI 本身不能拥有版权，版权只能归属于自然人或法人。然而，在产生 AIGC 内容的过程中涉及多个主体，包括人工智能系统的开发者、使用者（教师或学生），以及可能的数据提供者。如何在这些主体之间分配版权，尚无明确的法律规定。

2023 年北京互联网法院的"春风案"和 2024 年广州互联网法院的"奥特曼案"作为国内 AIGC 著作权侵权的典型案例，不仅为 AIGC 的法律地位提供了重要参考，也揭示了 AIGC 与人类知识产权之间的复杂关系。在"春风案"和"奥特曼案"中，法院首次认可了符合作品定义的 AIGC 可以作为作品受到保护。这两个案例表明，随着 AIGC 技术的成熟，法律开始承认 AI 生成内容中可能包含的人类智力投入和独创性表达。

法院在"春风案"中强调，AIGC 是否构成作品的关键在于人类是否在生成过程中进行了智力投入。例如，用户通过选择提示词、设置参数、调整构图等方式对 AI 生成内容进行干预，这些行为可以被视为智力劳动。AIGC 的独创性不仅体现在内容的生成结果上，还体现在生成过程中人类的个性化选择和安排。如果 AIGC 能够体现用户的独特创意和表达，则可以认为其具有独创性。AIGC 是否属于艺术领域内的作品，也是法院考量的重要因素。如果生成内容具有艺术性和审美价值，能够引起公众的审美共鸣，则可以认定为作品。

AIGC 的崛起为知识产权领域带来了前所未有的挑战与机遇。从"春风案"到"奥特曼案"，法院的判决为 AIGC 的法律地位和著作权归属提供了重要指引。然而，AIGC 与人类知识产权的博弈才刚开始。未来，我们需要在技术创新与法律保护之间找到平衡，既充分发挥 AIGC 的潜力，又确保知识产权的公平与正义。

在教育领域，应加强知识产权教育和意识提升。例如，可以开设知识产权课程，帮助学生和教师了解 AIGC 生成内容的法律风险和使用规则；可以组织知识产权讲座和研讨会，促进学术界和产业界的交流与合作。只有在技术规范与法律规则的深度融合中，AIGC 才能真正成为教育领域的革命性力量，为教育公平和教育质量的提升注入新的活力。

3.3.4　政策、法规与跨国合作的挑战与机遇

随着生成式 AI 在教育领域的迅速普及，如何制定有效的政策与法律法规来规范其使用，已成为全球各国政府和教育部门亟须解决的关键问题。生成式 AI 潜力巨大，

但其应用也伴随着伦理、公平性、透明性等多方面的挑战。如果没有明确的政策框架和跨国合作，生成式 AI 在教育中的滥用可能会引发严重的社会问题。因此，政策与法规的制定不仅是技术发展的必然要求，更是确保教育公平与公正的重要保障。

政府和教育部门需要明确 AI 在教育中的法律边界，确保技术的使用不会侵犯学生的隐私权或加剧教育不平等。此外，生成式 AI 的准入标准也需要明确。并非所有的模型都适用于教育领域，政策应规定哪些技术可以进入课堂，哪些技术需要进一步验证和改进。同时，政策还应涵盖如何处理 AI 使用过程中可能出现的道德和法律法规问题。例如，如果 AI 评分系统因算法偏见导致学生成绩不公，谁来承担责任？这些问题都需要在政策框架中得到明确回答。

AIGC 的应用跨越国界，不同国家的教育体系和文化背景差异巨大，这使得单一国家的政策难以应对全球化带来的挑战。例如，一个国家的 AI 教育政策可能无法有效监管来自其他国家的 AI 工具，而这些工具可能会在本国教育系统中引发问题。因此，跨国合作显得尤为重要。各国政府和教育机构需要共同探讨制定统一的标准，确保生成式 AI 应用的规范性和公平性。这种合作不仅可以防止 AI 的滥用，还能促进技术的共享与创新。

然而，政策制定与跨国合作并非易事。不同国家在技术发展水平、教育资源分配和文化价值观上存在着显著差异，这使得统一标准的制定变得复杂。例如，一些国家可能更关注 AI 技术的创新与应用，一些国家可能更注重技术的可及性和成本问题，一些国家则可能更注重技术的监管。如何在尊重各国差异的同时，达成共识并制定统一标准，是政策制定者面临的重大挑战。

AIGC 在教育领域的应用在不同国家呈现出多样化的特点。在一些国家，生成式 AI 已经被广泛应用于个性化学习和自动化评估，而在有些国家，生成式 AI 的应用可能还处于起步阶段。这种差异不仅反映了技术发展的不平衡，也凸显了政策与法律法规制定的复杂性。

总之，政策与法律法规的制定是确保生成式 AI 在教育领域公平、透明应用的关键。政府和教育部门需要制定明确的政策框架，规范生成式 AI 的使用，同时通过跨国合作统一标准，防止技术的滥用。尽管这一过程充满挑战，但只有通过共同努力，我们才能确保生成式 AI 真正成为教育公平与公正的推动者，而不是新的不平等来源。

第 4 章

AIGC 时代的教师能力重建

当生成式 AI 进入教育领域后，教师的教学实践正经历前所未有的深刻转型。从备课减负到课堂互动，从作业反馈到生涯指导，生成式 AI 不仅帮助教师高效应对繁杂事务，更产生了新的教学创意。本章将从教师的视角出发，探讨 AIGC 如何全面赋能教学实践。通过丰富的案例，我们将看到善用生成式 AI 的教师如何在课前、课中和课后的各环节实现减负增效，如何引导学生合理利用生成式 AI，以及 AIGC 时代教师专业发展的创新路径。正如一句流行语所言：

"人工智能不会取代教师，但善用人工智能的教师会取代不会用的教师。"

与其担忧被技术超越，不如积极拥抱技术，重新定义教师角色，成为人机协作的核心枢纽。本章讨论的内容将帮助我们认识到：未来教学的重塑，不是教师角色的被动替代，而是教师角色的主动增强；教师与 AIGC 的协同共创，正催生全新的教育范式。

4.1 课前准备：AIGC 如何助力教师"减负增效"

课前备课是教师工作中耗时而关键的环节。撰写教案、制作课件、设计课堂活动、搜集教学素材，这些备课工作往往占据教师大量的精力和时间。生成式 AI 的出现，为课前准备提供了前所未有的便利：自动化、个性化、创意化的备课方式正在快速形成。众多实践案例表明，借助 AIGC，教师可以将更多时间投入到教学创意设计与学生互动中，而不再深陷于重复机械的任务。

4.1.1 自动生成教案与课件

传统备课通常需要教师深入研究教学大纲、明确教学目标、精心设计课堂环节，可能耗费数小时甚至更长时间。而现在，生成式 AI 可以在几分钟内提供完整且结构清晰的教案初稿和课件框架。

例如，在某小学，一位教师使用 AI 教案生成工具准备体育课，他只需输入关键的教学主题，系统便自动生成包括热身运动、分层练习和趣味竞赛环节的完整教案，大幅缩短了备课时间。据反馈，使用生成式 AI 后，该教师的备课效率得到了大幅提升，由此获得更多时间与精力去关注教学细节和学生的个性化需求。

在另一案例中，一位教师在国际教育论坛上分享了自己使用生成式 AI 辅助教学设计的经历。他希望开展一个关于地理现象"火山形成"的系列课程，要求课程包含引入活动、核心知识讲解、学生互动任务和课堂总结。通过生成式 AI，他快速获得了详细而结构化的教学计划，引起了现场众多国际教师的关注与热烈讨论。

此外，有语言艺术教师也分享了类似体验：原本需要自己花费大量时间准备不同语气风格的示例短文，以便用于语气教学。而通过生成式 AI，仅用数秒便生成了涵盖幽默、严肃、专业等多种语气风格的示例文本，使教师节省了大量备课时间。事实上，在全球多个教育社区，教师已逐渐习惯于借助生成式 AI 来起草单元计划、课程大纲甚至 PPT 课件框架，然后再进行个性化调整。这些实践共同表明，自动化的备课方式并非遥不可及，而是正在世界各地的课堂中悄然兴起。

当然，尽管生成式 AI 能够快速生成教案和课件初稿，教师仍需充分发挥专业判断力，对内容进行深度修改和润色。一些教师也提出了警醒：过度依赖生成式 AI 可能削弱备课过程中的创新与成就感。正如一位资深教师所说："备课的创造性正是教师职业吸引我的重要原因，如果完全由人工智能完成，我担心教学乐趣也会随之减少。"因此，更好的做法是把生成式 AI 视作教师的高效助手：生成式 AI 提供了初始的"食材"，而教师则像"厨师"一样，在此基础上，根据课堂实际需求、学生的特点，以及自己的教育智慧和个性风格，精心"烹饪"出适合课堂的精品教学方案。

通过这种人机协作模式，教师既能够从繁重的机械任务中解放出来，又能够保持教学的高质量和独特性，实现真正的"减负增效"。

4.1.2　教学内容的个性化定制与重组

每个班级的学生在学习水平和兴趣爱好方面会有明显的差异，教师经常需要灵活调整教学内容的呈现方式，以适应不同学生的个性化需求。在这一方面，AIGC 提供了强有力的技术支持。生成式 AI 能够迅速且高效地根据教学需要，对教材内容进行个性化改写、简化或扩展，协助教师实现真正意义上的因材施教。

例如，一位教师通过生成式 AI，将原本晦涩难懂的新闻素材，改写为适合班内不同阅读水平学生的多个版本。特别是对于班级内部分英语非母语或阅读能力较弱的学生，这种改写后的教材更加易读易懂，使他们也能够顺利理解文章的核心内容。同时，阅读能力较强的同学则继续使用原版材料，从而实现了全班共同参与同一话题的课堂讨论。这种针对不同阅读水平的难度分层，如果仅靠教师人工改写，需要花费大量时间，而生成式 AI 只需数秒即可完成，极大地提高了个性化教学的效率。

类似的 AI 工具正在全球范围内迅速涌现。例如，一款海外的 AI 工具专门针对教师的需求，可以快速调整文本的阅读难度。教师只需将一段教材文本粘贴到工具中，并选择对应的目标年级或阅读水平，生成式 AI 便会自动输出相应的改写版本。该工具甚至还能为同一篇内容生成多个不同难度的版本，并提供相关的生词表及配套的阅读理解题目。

越来越多的教育科技平台开始集成类似上述的功能。比如，有的智能文档工具能实现教材内容的智能改写，教师只需输入教学素材，生成式 AI 即可根据新课程标准或学生特点进行内容重组和措辞调整。例如，输入一篇原本适合高中生的古诗文赏析材料后，生成式 AI 能够迅速生成适合初中生理解的改写版本，或提炼出更加简明的核心要点，帮助基础较弱的学生更好地掌握知识。一位长期从事语文教学的一线教师表示，有了生成式 AI 的辅助，她在准备不同难度版本的讲义时轻松了许多——生成式 AI 生成初级版、高级版两种材料，她只需再稍作审阅调整即可，大幅减少了备课的工作量。

此外，AIGC 还能根据学生的兴趣点，对教学内容进行更具吸引力的重新组织与包装。教师可以指导生成式 AI 结合学生关注的话题或流行文化元素，重新设计例题和习题，提高学习的趣味性和参与度。例如，一位教师发现，班里许多学生热爱篮球，于是让生成式 AI 将原本枯燥的数学练习题嵌入 NBA 比赛场景，如球员的得分统计、球队的比赛胜负预测等。经过这样的个性化包装后，学生做题的兴趣和积极性显著提高。

当然，尽管 AIGC 的应用带来了极大的便利，教师在个性化教学过程中依然需要发挥把关作用。AIGC 有时可能存在知识点不够精确或与教学目标不完全匹配的情况，因此教师需要认真审阅并适当调整，以确保教学内容的准确性和严谨性。整体而言，AIGC 赋予教学资源极大的柔性空间，使教材的难易程度、呈现方式乃至具体例子，都能够根据学生需求迅速实现动态调整。这种技术支持的灵活性为因材施教提供了强有力的支撑，使课堂真正成为动态匹配学生需求的个性化学习空间。

4.1.3 教学活动与课堂任务的创意辅助

备课不仅是编写教案、准备教学内容，还包括设计生动有趣的课堂活动和教学任务。这方面，AIGC 已然成为教师们重要的创意"搭档"。当教师的灵感枯竭时，生成式 AI 往往能为这些教师们提供新点子。

比如，有一所小学的体育老师希望将武术元素融入日常体育课程，但却苦于缺乏合适的设计方案。他试着向生成式 AI 求助，输入了要求："设计一个融合武术元素的 30 分钟体能游戏课"。短短数秒后，生成式 AI 就生成了一套详细的活动流程，包括热身环节中的武术基本动作示范、主活动中结合当地特色武术文化的趣味游戏，以及放松环节附带的安全提示和品德小故事。教师在此基础上稍作调整，就设计出了一堂新颖且富有吸引力的"武术体能游戏课"。实践效果远超预期，学生的兴趣明显提升，课堂参与率显著提高。这一趣味课堂设计案例凸显了生成式 AI 在激发教学创意方面的突出作用——它能巧妙整合多种元素，提出教师意想不到的方案，赋予课程更多新鲜感。

许多教师都在积极利用生成式 AI 拓展教学创意。例如，有一位历史教师希望增强课堂互动性，便利用生成式 AI 模拟"历史事件见证人"，与学生进行角色扮演互动。他设定了一个场景，生成式 AI 迅速给出了以第一人称视角叙述的生动描述。课堂上，学生轮流向这个由生成式 AI 扮演的"平民"提问，仿佛真正采访到了历史亲历者。这样的角色扮演式活动不仅活跃了课堂气氛，也加深了学生对历史事件的理解。这一活动的设计灵感正是来源于生成式 AI 提供的内容。

再如，在语言教学课堂中，有教师使用生成式 AI 生成趣味练习素材，例如"疯狂填词"游戏模板或即兴故事接龙的开篇内容。一位教师借助生成式 AI 生成了一段奇妙有趣的故事开头，然后让学生们分别续写下一段，再由生成式 AI 交替续写，如此反复人机合作，共同完成整个故事。这种方式不仅培养了学生的创意写作能力和想象力，也极大地增强了课堂的趣味性和互动性。通过生成式 AI 提供的创意起点，学生的积极性被有效激发，他们甚至产生了超越生成式 AI 构思的强烈愿望。

总体而言，AIGC 已经成为教师手中名副其实的"创意知识库"。当教师在课堂设计中遇到瓶颈时，可以直接向生成式 AI 提出需求。例如，"帮我设计一个适合五年级英语词汇复习的趣味游戏"，或者"帮我想一个以环保为主题的小组合作任务"。生成式 AI 提供的创意虽然未必全部可行，但往往能够激发教师进一步思考，从而产生更多新颖、有趣的活动方案。通过这种人机合作的头脑风暴，最终生成的教学方案通常远比教师单独设计得更加丰富和有吸引力。在 AIGC 创意的支持下，教师能够更加自信地开展多样化的课堂活动设计，让学生在积极参与中获得更加卓越的学习体验。

4.1.4 多模态教学资源一键生成

在教学过程中，丰富的教学素材能够显著提升学生的理解力和学习兴趣。以往教师需要花费大量时间和精力在网络上搜索适合课堂的图片、音频和视频，有时还会因为找不到理想资源而感到遗憾。而现在，教师只需提出明确的需求，生成式 AI 便可以快速生成所需的媒体内容，大幅提高了备课的效率。

在图像生成方面，生成式 AI 能够根据教师提供的文字描述自动生成相应的图片。例如，一位历史教师希望在课堂上展现古代市集繁华的景象，但教材中的插图有限。他只需向生成式 AI 输入插图，便可迅速获得一幅扩展后生动而真实的市集图景，丰富课堂展示。

再比如，在地理课教授火山喷发原理时，教师可以通过生成式 AI 获得火山内部剖面图或喷发过程示意图，作为直观的板书辅助工具。一些教师总结说，生成式 AI 生成图像"为教学插上了想象的翅膀"，学生能够直观地看到过去只能靠想象的场景，这种直观体验有效促进了学生的理解与记忆。

音频和语音合成技术已经十分成熟，教师可以输入课文或对话文本，让生成式 AI 将其转换为音频播放，并根据需求选择不同的声音风格与语速。例如，在语言听力练习中，教师可输入自编对话，选择相应的语音风格，生成式 AI 便能提供清晰流畅的音频文件供学生练习。同理，音乐教师可让生成式 AI 根据提供的乐谱自动生成伴奏音轨；外语教师也能利用生成式 AI 为学生生成标准发音的单词或短语跟读音频。此外，一些生成式 AI 还可生成环境音效，如语文课堂讲解文学作品时，教师能够轻松获得雷雨、森林或海浪的环境音效。这些丰富的音频资源无须教师自行录制或费力寻找，在短短几分钟内即可获得，极大丰富了课堂的听觉体验。

在视频生成方面，尽管技术复杂度较高，但也已有一些基础的应用落地。例如，教师可以使用基础的生成式 AI 动画生成工具，通过输入剧本或讲解词，快速获得卡通风格的短视频。一名生物教师曾分享，他使用生成式 AI 生成细胞分裂过程的动画，将抽象概念清晰形象地呈现给学生。此外，外语教师也开始尝试使用生成式 AI 生成"数字人"视频，输入文本后，一个虚拟人物即可同步朗读文本，用于口语示范或课前预习材料。尽管当前生成式 AI 生成视频的精细度尚有提升空间，但技术正在迅速发展，可以预期在不久的未来，教师获得个性化教学视频将更加便捷。

生成式 AI 为课堂提供了一键式生成图像、音频和视频的能力，让教师更轻松地打造多感官融合的学习环境，实现看得见、听得到、动起来的课堂，极大地激发了学生的学习兴趣。

4.2　课中教学：AIGC 如何重构师生互动与课堂形态

教师除了传授新知识外，还需要调动课堂气氛、回应学生提问、关注每位学生的掌握情况。这些"瞬息万变"的教学情景，对教师的实时反应和机智应变提出了很高的要求。生成式 AI 可以帮助教师在教学过程中生成实时辅助内容、提升师生互动、提供即时反馈，并扮演协同学习的对话伙伴。通过合理运用生成式 AI，课堂不再只是教师单向输出的舞台，而成为师生、人机多方互动的场域。

4.2.1　教学过程中实时生成辅助教学内容

在课堂教学实时推进时，教师经常需要根据情况临场增加一些讲解或举例。有了 AIGC，教师可以随时获取所需的辅助内容，缓解"一时语塞"或缺乏素材的尴尬。例如，在一次化学课上，当老师发现学生对"催化剂"概念仍有疑问时，他临时决定再举一个生活实例说明。但一时想不出新例子，于是"悄悄"在电脑上请求生成式 AI："给我一个通俗易懂的催化剂例子，最好贴近生活。"几秒钟内，生成式 AI 给出了"酶在人体消化中的作用"这样一个生动例子。老师随即将这个例子分享给全班，很多学生茅塞顿开地点头。事后这位教师感慨道，如果没有生成式 AI 的即时支招，自己可能很难在课堂上立刻想到如此恰当的说明。

类似地，学生在课堂上提出一些出乎意料的问题，老师一时难以准确回答时，AIGC 也能帮助补充信息。例如，一位地理老师提到，有次学生提问："沙漠为什么会形成？"这是教学计划之外的问题。她迅速利用手机上的生成式 AI 询问沙漠地质和气候成因的要点。她略加组织便给予了解答。虽然教师具备专业知识储备，但面对超纲提问时，生成式 AI 可以充当"随身百科"，协助教师做出及时而权威的回应。当然，教师们需要确定知识的正确性，再传递给学生，以免将生成式 AI 可能生成的谬误带入课堂。

另外，实时生成内容还能用于即时练习。比如教师讲完一个概念后，可以让生成式 AI 生成几道变式练习题,当堂出题让学生练习,以检查学生对知识点的理解情况。相比预先准备的习题,现场生成的题目更能针对刚才课堂上的重难点或学生的薄弱处。例如,某次数学课教师察觉不少学生对例题解法存有误区,他立刻请生成式 AI 再出两道类似但稍作变化的题目,全班学生现场练习纠错。这种即时出题能力,有助于教师动态调整教学节奏,确保当堂知识当堂消化。

当然,在课堂上使用生成式 AI 生成内容需要技巧和保障。首先设备要方便使用且不分散学生注意力,有老师选择在讲台电脑后台运行 AI 工具,以免学生意识到老师在用"外脑";其次教师对 AI 生成的内容要做快速审核,确认无误。

总体来看,AIGC 让教师在课堂中的临场发挥多了一个强大的助力。它就像教师口袋里的"百宝箱",在需要时随时取出有用的素材和答案,帮助课堂教学流畅推进。借助 AI 的实时支持,教师可以更从容地应对意外情况,也能为学生提供更加丰富翔实的学习体验。

4.2.2　教师与学生共用 AIGC 提升课堂参与度

课堂不应只是教师运用生成式 AI,学生也可以在教师引导下利用 AIGC 参与学习,从而提高全班的参与度和互动性。当前,一些富有创新精神的教师已开始尝试让学生与生成式 AI 同台"合作"或"对话",营造出别开生面的课堂活动场景。

一个生动的例子来自一所高中的数学课上。教师允许学生运用生成式 AI 来创作与课程内容相关的作品。结果,有学生让生成式 AI 以说唱形式创作了一首关于"向量和三角函数"的歌词,歌词模仿了嘻哈歌手的风格,妙趣横生;另一些几何班的学生则用 AI 把证明题写成了押韵的说唱段落,并在班级比赛中当众表演。这种把严肃数学内容与流行文化结合的活动,让整个课堂充满欢声笑语,学生投入程度大大提高。AI 在此扮演了创意合作者的角色——学生提供思路,生成式 AI 辅助生成成品,然后学生再以自己的方式呈现出来。原本枯燥的练习因这种人机共创而变得充满乐趣和吸引力。

在文学课堂上,教师也尝试让学生借助生成式 AI 来加深对作品的理解。一位高中教师在讲解经典文学剧本时,发现不少学生难以理解其中的古典语言和复杂表达。于是她指导学生借助生成式 AI,将教材中选取的对白或段落翻译为更加易懂的现代语言。通过这种方式,学生们能够迅速理解原文含义,更深入地领会作品的艺术特色和思想内涵，也提高了课堂的互动性与学生的参与感。师生共用生成式 AI 帮助处理了语言障碍，腾出宝贵的课堂时间用于高阶思维活动。学生也体会到生成式 AI 作为学习工具的价值，而不仅用于偷懒。

也有教师开始探索类似的师生协同使用生成式 AI 的课堂模式。在一些信息科技课或创客课堂上，教师引导学生尝试使用生成式 AI 完成小组任务。例如，让每个小组和生成式 AI 一起编写一段简单程序，AI 负责出代码草稿，学生负责调试运行。又比如，在创意写作活动中，让学生与 AI 轮流续写故事情节，比拼谁的情节更有趣。这些尝试让学生亲身体验了"人与 AI 协作"的过程。许多学生在学习过程中展现了极高的热情，他们惊讶于生成式 AI 的聪明，也乐于挑战生成式 AI——例如，修改生成式 AI 的答案或内容，使之更完善。已有研究指出，主动将生成式 AI 引入课堂，反而能激发学生积极思考。当学生被赋予在课堂上使用 AI 的机会时，他们不再把它视为作弊捷径，而是学习伙伴，从而提高了课堂参与度。

当然，让学生课堂使用生成式 AI 需要规则约束与良好引导。教师一般会设定明确的任务目标和使用范围，确保其是为促进学习而使用的。例如，仅在创造性或开放性活动中使用生成式 AI，且输出必须经学生思考改写，不允许直接提交生成式 AI 内容作为作业。通过这些规范，教师可以将 AIGC 变成课堂互动的新工具，而不是学习偷懒的捷径。本质上，教师与学生共用 AIGC 是一种新型的教学互动模式：生成式 AI 既服务教师也服务学生，最终受益的是整个学习共同体，课堂也因此变得更加丰富多元。

4.2.3　AI 辅助教学即时反馈与教学节奏的动态调节

优秀的课堂教学离不开及时的反馈和灵活的节奏控制。教师需要随时了解学生是否跟上了进度、哪里存在困惑，并据此调整教学策略。AI 技术尤其是生成式 AI，可以为课堂提供实时的数据分析和反馈建议，帮助教师像拥有"千里眼"和"顺风耳"一样敏锐地掌握学情变化。

首先，在课堂练习或测验环节，生成式 AI 能够快速批阅并汇总结果，供教师即时了解整体掌握情况。比如某次英语课，教师让学生用平板电脑回答 5 道语法选择题作为中途测验。一套生成式 AI 驱动的答题系统在数秒内完成了全班几十名学生的判分，并自动生成一份分析报告：统计出每题的正确率，并突出显示了错误率最高的题目。教师据此发现第 3 题只有 40% 学生答对，涉及的语法点"虚拟语气"显然未掌握牢固。于是他果断放慢节奏，花几分钟重新讲了虚拟语气的用法。这种生成式 AI 的即时反馈避免了教师继续按原计划推进而导致大部分学生掉队的情况，使课堂教学更加以学生为中心。在没有生成式 AI 的过去，教师也许要通过观察表情或课堂提问来估测学生掌握度，但那往往不够准确全面。生成式 AI 提供的数据让教学决策更有依据。

其次，生成式 AI 可以为教师提供个性化的指导建议，帮助教师针对不同学习程度的学生进行同步教学。例如，某中学课堂上使用生成式 AI 辅助教学，当教师讲解知识时，学生通过平板实时回答生成式 AI 生成的互动问题。生成式 AI 根据学生的答题表现，迅速判断出每位学生的理解程度，将他们自动分为掌握较好、一般、较弱三类。对掌握较弱的学生，生成式 AI 提示教师适当放慢讲解速度，增加简化解释或提供额外的例题；而对于掌握较好的学生，生成式 AI 则实时推送一些更具挑战性的拓展问题，鼓励他们进一步深入思考。这种课堂中的实时个性化指导和微调，过去较难实现，但是现在通过生成式 AI 即可高效地完成。

生成式 AI 在课堂中如同一个敏锐的助手，帮助教师收集和解读各种反馈信息。从答题结果到表情情绪，从个体差异到整体状态，生成式 AI 为教师提供了丰富的决策依据。教师借助这些反馈，可以更加机智地掌控课堂节奏：该重点讲时重点讲，该加快时加快，该提问时提问。不再仅凭经验"摸黑走路"，而是实现了数据驱动下的动态教学。这不仅提高了课堂效率，也让每位学生都能被看见、被跟进，课堂真正实现了以学定教、张弛有度的理想状态。

4.2.4 多人协同学习中的 AI 伙伴角色

在小组讨论、项目学习等多人协同学习场景中，生成式 AI 还能扮演特殊的"第 N 人"角色，加入到学生团队之中，提供对话和思想碰撞的对象。这样的 AI 对话伙伴为协同学习注入了新鲜元素，既可以促进讨论深入，又能照顾到那些性格内向或资源不足的小组。

一个典型应用是在历史、文学等讨论课上，让生成式 AI 模拟某个相关人物参与小组讨论。例如，一位中学历史老师曾尝试让学生"小组采访历史人物"。老师预先设置好生成式 AI 扮演著名历史人物的身份，让每个学习小组轮流与这位"AI 历史人物"对话几分钟，询问相关问题。学生们纷纷抛出自己感兴趣的问题，甚至有时会跟历史人物开玩笑。轻松而幽默的话题，引得全班同学开心不已。AI 历史人物用第一人称认真作答，既传递了知识，也不失幽默，极大地激发了学生的好奇心和参与度。讨论结束后，有学生总结道："比起看课本，我们更喜欢跟 AI 历史人物对话，感觉历史人物就在眼前。"这说明 AI 伙伴为协同学习带来了沉浸式体验，让知识变得更有温度、更鲜活。

AI 伙伴在小组学习中还可以充当"陪练"或"辅导"角色。比如在语言课堂的对话练习中，如果学生人数为奇数，有人临时缺席，以往常常会出现一人无人搭档的情况，现在可以让生成式 AI 以目标语言参与对话，使每位学生都有充分的练习机会。同样，在辩论赛训练或小组讨论中，如果某组讨论遇到瓶颈，AI 伙伴可以适时地提出新的观点刺激讨论。教育实践者发现，对于那些性格内向、不太敢主动发言的学生而言，与生成式 AI 交流往往让他们更加放松，因为生成式 AI 不会带来评判压力。这些学生通过与生成式 AI 先行交流自己的想法，再在小组中进行分享，从而逐步克服参与的心理障碍。可以说，AI 伙伴犹如小组里的一位"知心但健谈"的成员，能够引导话题却又不过于强势，确保每个人都有表达自我的空间。

还有一些学校也进行了类似探索。例如，在某创客项目中，学生需要设计环保方案。一些小组邀请生成式 AI 以"环保专家顾问"的身份加入他们的小组聊天群，每当小组遇到技术难题或知识盲区时，便向这位"AI 伙伴"寻求建议。AI 往往能够提供有参考价值的解答，或引导性地反问问题，以帮助小组顺利推进项目。这在一定程度上缓解了师资力量不足的问题：老师无法同时深入指导所有小组，而 AI 伙伴则能为每个小组提供及时的辅助。当老师再巡回指导时，小组已经有了初步的成果和想法。这种实践显示，AI 伙伴在协同学习中发挥了助教般的作用，增强了学生自主解决问题的能力。

值得注意的是，AI 伙伴毕竟不是真正的人类，同伴间互动带来的情感交流和价值无法完全由其替代。因此，教师在应用生成式 AI 时通常将其定位于辅助角色，而不是让它主导整个讨论。最佳的使用方式是：生成式 AI 提出初步想法，学生负责评估、扩展与深入探索；学生创造的想法，由生成式 AI 给出反馈作为参考。这种双向互动既避免学生过度依赖生成式 AI，又能从它那里获得有效启发。随着技术持续进步，未来的人工智能可能会变得更加"懂得"教育，交流也更自然、更富有针对性。但无论技术如何发展，教师的作用始终是关键的——教师需要引导生成式 AI 服务于学习，而不是让学习完全被其主导。在教师精心组织和设计的条件下，AI 伙伴将持续成为协同学习中的有益成员，帮助每个学习者在团队互动中找到自己的声音。

4.3 课后延伸：AIGC 如何优化课后辅导与作业反馈

课堂之外，教师的工作并未结束。批改作业、课后答疑、针对不同学生进行辅导，以及为学生拓展提升提供资源，这些课后教学环节对巩固课堂效果至关重要。然而，这些任务同样繁重。AIGC 的介入，为课后教学提供了新的解决方案——自动批改与反馈减轻教师负担，智能分析学习数据刻画学生画像，精准辅导建议照顾个体差异，生成拓展资源满足个性发展需求。通过生成式 AI 的帮助，教师可以更有效地诊断与指导学生的课后学习。

4.3.1 作业自动批改与生成个性化点评

批改作业是教师每天都要面对的烦琐任务，尤其在语文作文、英语论文等主观性很强的作业上，逐字逐句批注需要耗费大量精力。AI 技术的发展，使得作业自动批改成为可能。借助自然语言处理和模式识别技术，AI 可以快速阅读学生作业并给出评分和评语初稿，供教师参考或直接反馈给学生。这无疑为教师节省了宝贵时间。

当前许多学校已在客观题批改上广泛应用生成式 AI，如选择题、填空题等快速判分。在主观题方面，也有显著进展。例如，某校试用了生成式 AI 作文批阅系统，将大量学生作文电子稿上传后，生成式 AI 在几分钟内批改完毕，给出分数和详尽的评语分析报告，极大地提高了教师的工作效率。系统不仅能发现拼写、语法错误，还会从结构、论点等多角度对作文进行评价。这意味着，教师原本需要大量时间完成的作文批改任务，生成式 AI 可以迅速完成初步审阅，教师只需抽样检查并针对性调整评语即可。批改效率的提升，让教师能够腾出更多精力进行创造性教学思考。

一些教育科技公司推出的在线平台也提供类似服务：教师将学生作文上传至平台，平台利用内置的生成式 AI 为每篇作文生成详细反馈建议，教师审核后即可直接发送给学生。很多教师反馈称，他们过去花大量时间撰写的评语，如今生成式 AI 几乎都能代劳。这些 AI 评语通常兼具优势与不足，比如文章结构的清晰性、用词的准确性，并给出具体的改进建议。一些教师甚至指出，生成式 AI 生成的评语比自己在疲惫状态下给出的反馈更全面、更准确。当然，负责任的教师不会完全照搬生成式 AI

评语，而是逐一审阅并进行必要的调整，以确保反馈贴切。但即便如此，他们也节省了大量构思文字的时间。

更进一步，AIGC 还能实现个性化点评，针对不同学生的具体问题生成专属辅导建议。例如，AI 在批改数学证明题时，能自动分析每位学生在逻辑推导过程中的薄弱环节，然后生成个性化提示：对于逻辑不完整的学生，建议"注意证明步骤的充分性"；对于解题思路单一的学生，建议"尝试其他方法"。这些针对个人的反馈帮助学生明确努力方向。以往教师在有限的批改时间里，很难给每位学生提供详细且个性化的建议，而生成式 AI 可以根据学生的具体解答情况，生成千人千面的点评，让每位学生感受到个性化的关注。

值得注意的是，目前生成式 AI 自动批改在准确性和人文关怀上尚无法完全取代教师，尤其是在作文等主观题目上，生成式 AI 评分可能与人工评分存在差异，评语也可能过于生硬或模板化。因此，很多学校采用"AI+教师"相结合的模式：先由生成式 AI 进行初步批改，再由教师复核并调整。这种方式既提高了批改效率，又保障了批改质量。同时，教师也会向学生明确说明生成式 AI 参与批改的过程，以保证评价的透明度。

整体而言，自动批改与反馈的应用有效减轻了教师的工作负担。一些调查表明，已有不少教师尝试使用生成式 AI 为学生的作业提供建议或评分。随着技术的持续进步，AI 批改的准确率将不断提升，教师也将更加聚焦于教学指导，从"花大量时间批改"转变为"腾出更多时间指导"，显著提升课后辅导的质量与效率。

4.3.2　学习数据智能分析与学生画像生成

每位学生都有自己独特的学习习惯和特点，教师若能全面了解每位学生的长处、短板、兴趣点，无疑能实施更有针对性的教学。然而在传统教学模式中，获取和整理这些信息十分困难。生成式 AI 的引入，让基于学习数据的智能分析成为可能，从而绘制出每位学生更为精准的"学习画像"。

当学生在课堂、作业、测验等环节中留下大量数据（如答题情况、知识点掌握情况、错题类型、阅读速度、课堂互动记录等），生成式 AI 便可以对这些数据进行深度分析，提炼出具有实际指导意义的个人学习特征。例如，某校开发了一套学习能力雷达图系统：AI 系统综合学生各科成绩、平时作业表现和学习行为等因素，生成了一个个性化的雷达图，直观显示学生在逻辑思维、创造力、记忆力、专注度等多维度的相对水平。当班主任打开系统生成的雷达图，就如同获得了一份详尽的"学习诊断报告"，例如"学生 A 的逻辑推理能力 ★★★★，创造力 ★★★★，但记忆力 ★★ 相对较弱"。根据这份画像，系统还会自动给出具体的教学建议："建议安排学生 A 参与词汇记忆训练小组，同时在科学探究活动中发挥其在逻辑推理方面的优势"。这些定制化的成长建议让教师在与学生和家长沟通时更加具体有效，不再只是笼统地提醒学生"要努力记忆单词"，而是能够指出明确的提升路径。

与此同时，一些学校也在尝试使用类似的"学习仪表盘"系统来辅助教师进行教学决策。教师登录平台后，能清晰地查看班级中每位学生的学习情况摘要。例如，有学生完成数学题速度快但准确率较低，系统分析可能是粗心所致，从而在学习画像中标记为"计算速度快但易出错"；另一名学生可能在问答题中逻辑清晰，但选择题总出现错误，系统则标记为"理解能力强但答题技巧不足"。这些洞察有助于教师针对不同学生的具体问题分类施策：对前者加强细节核查能力培养，对后者增强应试技巧指导。

学生画像还能帮助教师及早发现那些过去容易被忽视的学生。例如，"隐性学困生"或"潜在成长者"。在传统教学中，教师往往容易依据考试分数判断学生，导致一些成绩中等但在某一特定领域天赋突出的学生未能得到应有关注。而人工智能技术通过多维度数据分析，能够及时发现某学生在项目活动、课堂讨论中表现出的创意能力、合作精神和领导潜质，即使成绩并不突出，这类学生也值得重点培养。相反，一些成绩表面不错的学生，如果通过数据发现其课堂专注度较差，作业完成情况欠佳，系统也会提醒教师多关注该生的学习习惯及心理状况。教师据此进行教学关注点的合理分配，优化教学资源的投入。

当然，这种深入的学习数据分析与学生画像生成也必然涉及大量学生个人数据的收集和处理，学校在实施时需要特别注意隐私保护和伦理原则。首先，必须明确告知家长和学生数据的采集和使用范围，取得充分的知情同意，且明确保证数据仅限教育教学使用，严禁数据滥用。其次，技术层面应避免过于简单地给学生贴上标签，以免造成负面的刻板印象。教师在使用生成式 AI 生成的学生画像时也应保持清醒的专业判断，将人工智能系统的分析结果与自己的日常观察综合起来，以更全面地评估学生的实际情况。

整体而言，借助 AIGC 技术的学习分析工具为精准教学提供了强有力的支持。它让教师对每位学生的了解从过去笼统的"考试分数"走向鲜活、立体的学习表现：谁擅长逻辑分析，谁需要更多情感鼓励，谁适合探索式的学习任务，都能通过清晰的学习画像直观呈现。这种精准的数据驱动型分析为进一步实施个性化辅导和资源推送提供了坚实基础，真正推动了以"学生为中心"的教育理念从理论逐步走向现实。

4.3.3　面向学生个体差异的精准辅导建议

班级里的学生水平参差不齐，课后辅导若能因人而异，将大大提高学习效率。基于前述学生画像和实时数据，AIGC 可以为每位学生生成精准的辅导建议，帮助教师实施个性化教学，让不同学习需求的学生各得其所。

首先，对于学有余力的拔尖学生，生成式 AI 可以提供相应的拓展提升方案。例如，针对数学特别优秀的小林，生成式 AI 分析他近期作业后，发现基础题全对且完成迅速，因此建议教师提供更具挑战性的题目或课题研究。生成式 AI 甚至能直接生成一些高阶问题，如数学竞赛题或开放性项目，让小林尝试。

其次，对于学习困难的学生，生成式 AI 则会制定针对性的补救策略。比如小张最近几次单元测验的代数题频繁出错，生成式 AI 画像显示他对分数概念掌握不牢，建议安排小张参加一个在线的分数概念巩固微课，每周额外练习 5 道分数题，并由生成式 AI 出题，逐步提高难度直到正确率达到 80% 为止。教师可以参考这些建议，安排助教或自己在课后对小张进行重点辅导。这种"一人一策"的精细化辅导在生成式 AI 的帮助下变得可操作。

生成式 AI 精准辅导的效果已得到实际验证。例如，某校体育老师借助生成式 AI 为体能偏弱的学生量身定制训练方案：耐力不足的学生安排"间歇跑+动态拉伸"的组合训练，力量薄弱的学生则安排"自重力量训练+趣味竞赛"。实施一学期后，学生体能测试合格率显著提升。这得益于生成式 AI 根据差异提供的针对性指导，从而显著提升了整体水平。同理，在文化课上，通过生成式 AI 为不同程度学生布置不同作业或辅导材料，也能避免"一刀切"造成的吃不饱或跟不上的问题。例如，作业分层：成绩好的学生做拓展题，基础薄弱的学生做巩固题，生成式 AI 可自动分配并批改，两组学生都在各自"最近发展区"内学习，不会觉得太难或太易而丧失动力。

需要强调的是，精准辅导方案虽然由生成式 AI 生成，但执行者仍然是教师和学生本人。教师应与学生沟通这些建议，让学生理解这样做的意义并乐于配合。同时，在辅导过程中，教师要关注学生反馈，必要时调整方案。生成式 AI 的建议并非是不可更改的内容，这只是起点，最终还需教师用智慧去实施。此外，要防止过度依赖生成式 AI 导致忽视学生的主观能动性。最理想的情况是，教师将生成式 AI 的建议转化为启发式的任务来引导学生完成，而不是简单给出"你该这样学习"。

通过生成式 AI 的辅助，教师能够以前所未有的精度照顾到每位学生的需求，真正把"因材施教"落到实处。这种模式兼顾了效率与公平：优秀学生有更高飞的平台，其他学生也有不掉队的保障。长期来看，这将显著改善课堂的两极分化现象，提升整体教学质量。

4.3.4　生成拓展学习资源与个性成长建议

除了弥补短板，教师也希望激发每位学生的潜能，满足他们的个性化成长需求。生成式 AI 能够基于学生的兴趣与优势，生成拓展性的学习资源和成长建议，帮助学生在课业之外获得更多启迪与锻炼。

例如，对于一位热爱天文学的学生，生成式 AI 通过数据画像发现他的天文阅读量显著高于同龄人，于是建议教师为他提供更高层次的学习资源和实践活动。具体而言，生成式 AI 可以自动生成一份拓展资源清单，涵盖适合中学生阅读的高阶天文学科普读物、权威的青少年天文科普博客链接，以及相关的天文馆志愿者活动信息。教师据此整理出针对性的拓展资料包并提供给这名学生，他能够在课余时间进行自主探索，不仅拓宽了知识范围，还初步建立起对科研的兴趣与探索能力。在传统模式下，这种个性化资源的准备需要教师花费大量额外时间，借助生成式 AI 则更高效且资源更加丰富。

再比如，一位表现出文学天赋且热爱写作的学生，生成式 AI 可以根据其表现生成一系列有挑战性、循序渐进的写作任务。通过这种任务，学生可以在标准课堂作业之外发挥创造力，持续保持对写作的兴趣。教师则扮演导师角色，定期与学生讨论这些 AI 生成的小课题，既激发了学生的创造性，又避免了因传统作业缺乏挑战性而产生的学习倦怠。

而对于更广泛的学生群体，生成式 AI 则可以提供促进综合发展的个性化建议，比如推荐时间管理、小组合作技巧等在线学习资源，帮助学生提升综合软技能；根据学生的性格特质，建议其参与某种类型的社团活动，以强化沟通能力或领导才能；AI 也可以检测和分析学生的情绪状态与波动，推荐培养运动、写日记或冥想等有助于心理健康的生活习惯。这类建议超越了单纯的学科知识，更关注学生的整体成长与心理健康，以数据驱动的方式提供了更加细致与个性化的支持。

此外，AIGC 还能够帮助教师为学生规划学习的进阶路径。例如，对于初中阶段某位学生，生成式 AI 基于她以往的考试成绩与兴趣表现，预测她在理科学习方面具有明显的潜力，建议她在高中阶段重点选修理科课程，并鼓励她将自身写作的特长运用到科学写作或科普比赛中，实现文理融合的发展路径。这种动态更新的个性化"成长导航"以数据为基础，提升了教师、学生和家长在选课和课外活动方面的决策精准性。

当然，教师在使用生成式 AI 提供的拓展资源与建议时，应保持审慎，确保这些建议与学生的实际情况契合，具有实操性与适切性。生成式 AI 基于大数据生成的某些建议可能不适用于个别学生，教师应凭借自身对学生的深入了解进行甄选和调整。同时，教师应确保此类拓展性学习资源不会给学生带来额外的心理压力，应以兴趣引导和潜能激发为目标，而非额外负担。教师可以采用温和鼓励的表达，如"我这里有一些人工智能根据你兴趣推荐的小挑战，或许你会感兴趣，要不要试试看？"这种方式尊重学生自主意愿，激发其内驱力。

通过这种方式，AIGC 帮助教师关注每位学生的全面发展，不局限于学业成绩，更关注他们的个性化优势与潜能发掘。这种教育实践体现了教育真正的目的——帮助学生更好地成长与成人。有了 AI 的辅助，不仅提升了教师工作的效能，也使得教育过程更加温暖、个性化，让每位学生都能在教师与 AI 的共同支持下，走出一条属于自己的成长之路。

4.4　面向学生的深度赋能：教师如何引导学生用好 AIGC

生成式 AI 不仅是教师的工具，也将成为学生的强大助手。在未来社会，懂得与人工智能合作将是一项基本技能。因此，教师有责任引导学生正确、高效、合理地使用 AIGC，将其转化为学习的助推器而非投机取巧的工具。本节探讨教师如何在日常教学中培养学生的 AI 素养，包括指导学生设计有效提示词、示范人与 AI 协作完成任务、训练学生对 AI 生成的内容进行批判性思考，以及教育学生防范 AI 滥用和学术不端。通过这些努力，教师引领学生成为"会用 AI 的学习者"，帮助他们在 AIGC 时代保持竞争力和诚信品质。

4.4.1 引导学生进行提示词设计与任务描述优化

使用生成式 AI 的第一步，是向它发出清晰有效的请求，即提示词。提示词的质量直接决定了 AI 输出内容的优劣。教师需要教会学生这一点，并指导他们如何不断优化提示词，以得到更满意的答案。这其实是在培养一种全新的沟通技巧——与人工智能对话的技能。

一些教师已经将"提示词工程"引入课堂教学，作为训练学生思维和表达能力的新方式。在一堂综合实践课中，教师让学生通过实验体会"如何通过改进提示词来提高生成式 AI 输出的准确性"。学生们先后使用了普通提示和优化提示，让生成式 AI 生成关于湖泊生态问题的图表和报告，并比较结果差异。经过多轮反复迭代尝试，他们总结出一个高效提问模板："限定时空范围+指定数据来源+明确干扰因素"，应用这一优化提示后，生成式 AI 生成的图表数据引用规范率显著提升，而无关信息则大幅减少。班级里照搬生成式 AI 答案的现象也明显下降。这一案例生动地证明了：学生通过调整提示词，可以极大提升生成式 AI 输出质量，同时学会审视和验证 AIGC 信息的可靠性，提高了批判性思维能力。

在日常学习中，教师可以通过类似练习，让学生逐步掌握提示词的设计技巧。例如，英语写作课上教师可以出一道题："用生成式 AI 写一段关于环境保护的英语短文。"然后引导学生思考初次得到的 AIGC 短文有何不足，比如内容空泛、例子不足，接着讨论应该如何修改提示才能改进输出。学生可能会提出更多细节要求，如"写一段关于环境保护的英语短文，采用演讲稿风格，包含两个具体案例"。他们尝试后发现 AI 再次输出的文章果然更充实、有说服力了。通过这种试错实践，学生认识到描述清楚背景、角色和格式等要素对获得高质量回答的重要性。他们逐渐学会给出明确的情景和约束，比如："假设你是历史学家，用严谨的语气解释……""限定在 500 字以内"。这其实也是在培养学生的结构化表达能力——如何清晰地提出问题。

教师还可以给学生介绍一些常用的提示词优化方法，如逐步提示（分步提问，逐渐深入）、范例提示（给生成式 AI 一个示例格式让它仿照）、角色扮演提示（让生成式 AI 扮演特定身份回答）等。这些方法已被实践证明能有效控制生成式 AI 的输出风格和质量。比如在一次语文自习上，教师教学生使用角色扮演提示：要求生成式 AI "以某著名作家的口吻点评当代社会现象"。学生们惊奇地发现，加入角色设定后，AI 的回答用词和语调果然更接近该作家作品的风格，而不只是空谈大道理。这让他们意识到，提示词设计其实蕴含了对写作风格和内容结构的把握。

需要指出的是，在提示词设计教学中，教师应强调迭代改进的思想。让学生明白，一次性写出完美提示很难，更多时候需要根据生成式 AI 的初次回应不断调整提问。这个过程培养了学生问题拆解与重构的能力。当生成式 AI 答不好一个大问题时，学会把它拆成几个小问题分别提问；当 AI 答非所问时，学会换种措辞或提供更多背景。不仅有助于使用 AI，这种能力对科学探究、论文写作等都非常重要。

通过教师的引导，学生逐渐掌握了与生成式 AI 沟通的"语言"。他们不再将 AI 视为神秘的黑箱，而懂得可以通过精巧的问题引导来驱动人工智能为自己的学习服务。正如一位教师所说："教学生提问，比直接告诉他们答案更重要。"在 AIGC 时代，这句话有了新的意义——引导学生对生成式 AI 提出准确、优质的需求，让人工智能给出有价值的答案。掌握这一技能的学生，将在未来的学习和工作中如虎添翼。

4.4.2　教师设计的"AI+人"协作任务示范

为了让学生充分认识人机协作的威力，教师可以精心设计一些"AI+人"合作完成的任务，让学生亲身体验与生成式 AI 协同工作的过程。在这些任务中，AI 和人各展所长，共同产出比单独完成更好的成果。这样的教学示范，不仅锻炼了学生的问题解决和创造能力，也潜移默化地塑造了他们正确的角色认知——生成式 AI 是协作者而非替代者。

一个引人入胜的示例是人机共创写作。某高中语文教师开展了一场特别的课堂实验，让人工智能与人类学生合作创作现代版的《桃花源记》续篇。课堂上，教师首先运用生成式 AI 生成了几个不同风格的《桃花源记》续写片段：有充满科幻元素的未来桃源，有受现实启发而富含哲理思考的当代桃源，也有结合民俗神话色彩的奇幻桃源。这些 AI 生成的故事开头为学生们打开了无限的想象空间。

随后，学生们以小组为单位，根据生成式 AI 提供的片段选择感兴趣的主题进行续写。他们不仅参考生成式 AI 提供的创意与情节发展方向，更在续写过程中加入自己的价值观、情感体验，以及文学素养，使每一篇故事都充满了人文深度与独特的审美趣味。

在课堂交流环节中，一组学生的作品特别打动人心：他们借助生成式 AI 提出的"未来桃源"创意，深入探讨了科技进步与人性价值之间的冲突与平衡，以丰富细腻的情感刻画桃花源居民面对技术革新所产生的喜悦与困惑。生成式 AI 提供的构思点燃了学生的创作热情，而学生们则用真实而深刻的笔触赋予故事灵魂与温度。课堂交流时，许多同学被这篇人机合作创作出的作品所感染，引发了对科技与人性关系的深刻思考。

通过这次课堂实践，学生深刻体验到：生成式 AI 所带来的灵感和可能性，让创作变得更为多元、精彩；而人类所拥有的情感洞察、伦理思辨和生命体验，则为作品注入了无法被机器所取代的深度与温暖。这一案例生动体现了人机共创的真正价值，即人工智能是人类创意的伙伴和催化剂，而非取代者。

在理科领域，也可设计类似的人机协作任务。例如，在信息科技课上，教师安排学生和生成式 AI 合作完成一个编程项目：由生成式 AI 负责提供基础代码框架，学生负责代码的调试、修正及创新性功能的补充。在某次任务中，师生合作开发"校园导航小程序"，AI 根据教师设定的要求生成基础的地图定位代码框架。随后，学生依据实际校园路径进行了逻辑修正，并加入人性化的聊天咨询功能。通过这种"生成式 AI 先搭建框架、人类完善细节"的合作模式，学生深刻理解到 AI 擅长快速提供基本方案，但高质量的最终产品离不开人的精细打磨。学生在项目实践中学习如何有效阅读、理解并改进生成式 AI 生成的代码，这种体验正是未来职场中人机协作的真实缩影。

此外，教师还可以设计角色扮演类型的协作任务。例如，在商科选修课中，一组学生扮演创业团队，生成式 AI 扮演投资顾问，另一组学生扮演投资人，创业团队需要与其顾问互动，以优化完善商业计划书，再由投资人组进行评估和反馈。在这个过程中，学生会发现 AI 顾问虽然善于提供详细、精准的市场分析与财务预测，但在创意创新方面，人的直觉和想象力更加不可或缺。由此进一步强调了人机协作的价值所在：数据分析和模式识别由人工智能来完成，而战略创新和创意决策则依赖人类智慧，二者结合才能实现真正的成功。

通过以上这些各具特色的"AI+人"协作任务，教师有效传递了人机协同合作的宝贵经验：人机协作本身就是一项重要技能，需要通过实践反复磨合，才能逐渐熟练掌握。学生在实际操作中逐步探索出与生成式 AI 合作的最佳模式。例如，先由生成式 AI 生成若干初步方案供人选择和优化，或者人类首先规划整体创意方案，之后由 AI 辅助丰富细节内容。长期的合作与互动，让学生逐渐摆脱对 AI 工具的刻板印象，学会像对待同伴一样与人工智能进行高效互动，共同取长补短。

值得一提的是，这些任务不仅富有教育价值，也充满趣味性，成功打破了传统课堂教学的单调模式。学生在不知不觉中全情投入其中，因为他们不是在完成单纯枯燥的练习，而是在积极参与一场有趣而富有挑战性的创造过程。人工智能的加入为这些任务增添了无限可能和新奇体验。这种寓教于乐的精心设计，彰显出教师的智慧与用心：通过充满示范意义的活动场景，让学生提前感受未来工作中与人工智能高效合作的氛围，为他们未来在人机协作环境下的成功做好充分准备。

4.4.3　AIGC 的批判性阅读与二次创作指导

生成式 AI 虽然强大，但其输出并非完美，往往存在错误、偏见、空洞等问题。如果学生不加甄别地接受，很可能被误导。因此，教师需要引导学生对生成式 AI 生成的内容进行批判性阅读，学会质疑、验证，甚至对不尽如人意的 AIGC 内容进行二次创作、改进提升。这既是信息素养教育的重要组成部分，也是培养学生更高层次思维能力的有效途径。

许多教师已经开展了这方面的教学尝试。例如，有教师给高年级学生布置了一项特别作业：让生成式 AI 写一篇某主题论文，然后要求学生挑错并改进这篇由其生成的论文。学生们从生成的 AI 作文中发现了不少问题，比如论证缺乏深度、细节有误、引用未标明来源等。他们如同剖析文章般逐段批判，提出修改意见，并重写了部分段落。

结果显示，学生的投入度非常高，甚至迫切地希望证明自己比生成式 AI 更出色。这些例子表明，将生成式 AI 内容当作反面教材，可以有效激发学生的批判意识和改进动机。他们不再盲目相信生成式 AI，而是主动寻找生成式 AI 论述中的漏洞，从而深化了对原作品和写作论证的理解。

在科学课程中，教师也可以利用 AI 输出的错误来辅助教学。例如，物理教师可以让生成式 AI 解释某个科学概念，然后和教材进行对比，要求学生找出错误之处。一位教师曾让生成式 AI 回答"为什么天空是蓝色的"，并要求学生指出其中的错误之处并给出正确解释。学生通过查证资料，发现生成的版本缺少对一些细节的准确描述，他们补充完善了答案。这种事实核查练习，让学生掌握了如何验证信息真伪的方法。他们学会不轻信表面合理的答案，而是进一步核实数据来源，并咨询可靠资料。这正是信息时代亟须培养的重要能力。教师可以提醒学生："生成式 AI 有时说得头头是道，但要记住，让证据说话。"尤其是在生成式 AI 可能混淆历史细节或科学数据的领域，这一教训尤为关键。

除了批判性阅读，教师还应鼓励学生对 AIGC 生成的内容进行二次创作。也就是说，将生成式 AI 的初稿作为素材或起点，进一步加工提升为自己的作品。例如，教师可以让学生先用生成式 AI 生成故事梗概，再由学生扩展成完整的短篇小说；或者由生成式 AI 提供绘画线稿，学生再亲自上色和添加细节。在这个过程中，学生体会到生成式 AI 只是创作的起点，而人类才是真正的创作者。他们可以大胆地再创作，而无须拘泥于生成式 AI 给出的框架。正如有学生在作文改进后的感言中提到："生成式 AI 只是给了我一些平庸的段落，但我可以让它们变得精彩。"这种自信的建立非常关键，让学生意识到自己可以超越人工智能，它只是创作过程的辅助工具。

教师在指导批判性阅读和二次创作时，需要提供明确的方法论支持。例如，教师可以教授学生 CRAAP 法则（Currency 时效性、Relevance 相关性、Authority 权威性、Accuracy 准确性、Purpose 目的性），用于评估 AIGC 的可靠性。也可以教给学生"事实三步核查法"：先与课本知识比对，发现问题后再上网查阅权威来源，仍有疑问时咨询老师或专家。通过这些策略训练，学生对生成式 AI 生成内容的判断将越来越严谨。另一方面，教师也应肯定生成式 AI 提供的价值，让学生明白批判并非全盘否定，而是为了更好地利用。当学生改进了一篇由生成式 AI 生成的文章后，他们对自己的成果会更有成就感，同时也感谢生成式 AI 提供了最初的素材和灵感。关键在于让学生成为人工智能输出的"主人"，而非其被动的接受者。

通过持续的训练与引导，学生逐渐形成对 AIGC 理性认知而不盲从的态度。他们既能发挥生成式 AI 快速处理大量信息的优势，又能弥补生成式 AI 在真伪辨别和创造深度上的不足。培养出这样具有信息驾驭能力和独立思考能力的学生，正是 AIGC 时代教育的重要目标之一。

4.4.4 防范 AI 滥用与学术不端的教学策略

随着 AIGC 逐步融入校园，随之而来的现实挑战是如何防范学生对人工智能的不当使用。一些学生可能试图利用生成式 AI 完成作业甚至作弊，这不仅有违学术诚信，也阻碍了学生自身的学习与成长。针对这种现象，学校和教师需要采取多种策略，既防止 AI 滥用，又引导学生树立正确的诚信意识。

教师需要与学生开诚布公地探讨学术诚信问题，让学生明确使用生成式 AI 作弊与传统意义上的抄袭在本质上是相同的，都会损害个人信誉和学习效果。目前，不少学校已将"未经许可不得使用人工智能工具完成独立作业"列入校规。教师应在课程开始时明确告知学生，作业中哪些部分允许使用生成式 AI 辅助，哪些部分必须完全自主完成，且在必要时需明确披露生成式 AI 使用情况。例如，在论文中引用了生成式 AI 生成的内容，应在致谢或脚注部分予以说明。通过制定清晰的使用规范，学生可以明确行为边界，避免抱有侥幸心理。

教师应调整评估方式，设计难以由生成式 AI 单独完成的任务，以有效减少生成式 AI 滥用的空间。例如，教师可以加强课堂开放式讨论、口头汇报和过程评估，减少完全依赖课后书面作业的情况。这类现场互动与深层次的思辨活动，生成式 AI 尚难以完全胜任。一些教师创新性地要求学生在提交书面论文的同时附上一段视频，口头解释论文的核心观点，以验证学生是否真正理解所写内容。这种做法相当于为生成式 AI 辅助作业增设了一个"口试"环节，迫使学生内化知识，防止单纯依靠生成式 AI 生成。

技术手段也可作为辅助措施。例如，市面上的一些 AI 文本检测工具，能够识别可能由生成式 AI 生成的文本。然而，教师应认识到此类工具并非完全可靠，可能存在误判情况。检测结果应当仅作为参考，具体判断仍需结合教师对学生平时学习表现的观察。如果某个平时表现平平的学生突然提交质量明显超出正常水平的作业，教师应主动与学生沟通，询问观点的来源或作业完成的细节。这种人文关怀式的介入往往比单纯依靠技术检测更有效，且能避免可能出现的误判。

教育的智慧还在于引导学生主动自律，而非单纯依赖防范措施。教师应从多个角度向学生阐明滥用生成式 AI 的潜在危害，强调虽然短期内可能侥幸过关，但长远来看会导致个人能力的弱化，不利于未来深造与职业发展。在生成式 AI 日益普及的今天，真正具有竞争力的是人的创造性思维与批判性能力。如果在求学阶段放弃了对这些能力的锻炼，毕业后很可能被那些善于利用生成式 AI 辅助自身成长的人超越。此外，教师也可以运用正反案例，讲述合理利用生成式 AI 取得成功的典型事迹，以及滥用生成式 AI 最终遭遇严重后果的真实教训。例如，某校曾有学生因全盘依赖 AI 撰写论文而被取消学位，而另一些同学正确使用生成式 AI 辅助撰写论文却取得了优异成果。这种鲜明对比能帮助学生树立正确的生成式 AI 使用观。

学校层面也需要积极营造健康的诚信环境，如严格的考试监考制度、作业的原创要求，以及发现违规行为后的严肃处理措施。一些学校已开始在论文或作业开头要求学生签署诚信声明，确认未使用生成式 AI。这一做法本质上是将 AI 使用纳入更广泛的学术诚信管理体系中。此外，学校还可以组织专题讲座和网络课程，教育学生如何将 AI 视作学习的有效工具而非作弊捷径，比如已有学校专门开设了"人工智能与学术诚信"的通识课程，让学生在了解技术的同时树立正确的道德观念。

教师自身的示范作用同样重要。教师如果在教学过程中利用生成式 AI，如批改作文、统计学生作业中的共性问题，应坦率地告知学生自己正合理地使用 AI 工具，并展示如何利用生成式 AI 提高教学效率，而非逃避责任。这种坦诚、透明的示范能够潜移默化地影响学生，使他们更愿意遵循规范。师生可以共同探索 AI 的应用边界，形成良性互动的环境，而非师生间相互戒备、斗智斗勇。这种互动本身就是一堂生动的诚信与道德课。

综上所述，防范学生滥用生成式 AI 工具是一项系统工程，需要规则约束、技术辅助和教育引导多管齐下。本质上，它与传统防范抄袭的理念一致，只是随着技术进步，具体方法有所改变，而诚信的价值则始终如一。通过教师有效而富有智慧的引导，我们能够培养出真正懂得正确使用生成式 AI 且坚守学术与人格底线的新一代学生。

4.5　教师专业发展：AIGC 时代的教师成长新路径

人工智能的浪潮同样席卷着教师群体。对于教师而言，拥抱生成式 AI 不仅是一种教学手段的革新，更意味着自我专业发展模式的转型。AIGC 时代为教师提供了全新的成长路径：教师个人的学习与进修有了 AI 导师相伴，同伴互助和专业社群因 AI 而联系得更紧密，教师角色定位也在 AI 的冲击下不断重塑。本节将探讨在 AIGC 时代，教师如何运用生成式 AI 及相关技术，开拓自身成长的新天地：包括 AI 辅助的备课教研范式、自主学习路径设计、教师 AI 素养的培养与群体互助，以及在时代巨变中坚守教育初心、重新定义教师价值。

4.5.1　教师个人学习路径设计与自我迭代

教师不仅是知识的传授者，也是终身学习者。在 AIGC 时代，教师拥有了前所未有的个性化学习资源和导师，可以更自主地规划专业学习路径，实现持续的自我迭代更新。

在传统方法上，教师专业发展往往依赖于统一安排的培训、教研活动等。但每位教师的背景、需求不同，一刀切的培训未必适合每个人。现在，教师可以借助 AIGC，根据自身情况定制专属的学习计划。比如，一位农村英语老师希望提高自己的口语水平和了解最新教学法，但身边缺少英语环境。她利用一个 AI 工具，每晚和 AI 工具用英文对话 15 分钟，从日常寒暄到课堂情景模拟都有涉及。AI 工具还会在聊天后指出她在用词和发音方面的问题，提供纠正建议。相当于她拥有了一个私人外教，随时随地练习口语。几个月后，她的口语流利度明显提升，在县里的公开课比赛中展示了全英文授课，给人耳目一新的感觉。

又如，一位中年数学教师想学习 Python 编程以开设选修课，但不知从何入门。他借助生成式 AI 给自己规划了学习路线：先让生成式 AI 推荐合适的在线课程和教材，然后按照它的建议的顺序逐步学习，从基础语法到教育领域的编程案例，每学完一部分，他会做 AI 提供的小测验巩固，遇到难题时就请教它获取解释。这样，他在半年业余时间内学会了 Python 基础，还完成了几个和数学教学相关的小项目，为开设选修课做好准备。这个过程其实体现了教师自学与生成式 AI 指导的融合：人工智能担任了学习顾问和陪练的角色。过去要请专业培训才能掌握的技能，如今教师自己利用 AI 资源也能攻克，自我更新的效率成倍提高。

生成式 AI 还能帮助教师随时获取全球最新的研究和资讯。比如，一个生物老师想了解最新的基因编辑技术进展，他可以请生成式 AI 检索总结近年的学术论文，提炼要点。又或者，一位班主任想学习心理辅导技巧，她可以和 AI 角色进行模拟咨询对话练习，掌握与学生谈话的艺术。一位老师在撰写论文遇到瓶颈时，也会先问问生成式 AI 对相关理论的理解，然后再去核实资料。这并非为了作弊，而是利用生成式 AI 快速梳理思路、找到参考文献，帮助她更高效地完成深度学习任务。她感叹道，生成式 AI 就像她全天候的学术助理，大大缓解了重返校园进修的压力。

在生成式 AI 辅助下，教师的自学变得更加按需、灵活、多元。当他们意识到自己某方面不足时，可以立即着手学习，而不必等到某次集中培训。AI 工具也给予即时反馈，让学习闭环更快形成。这种持续的小步快跑式进步，日积月累，就构成了教师的自我迭代过程。正如我们会给学生设计个性化学习路径一样，教师也能为自己设计一条前进路线，并且借助生成式 AI 随时微调。

更重要的是，这种 AI 工具让教师重新体会到作为学习者的乐趣与成就感。在学校里总是教师教学生，当教师自己去探索新知、攻克难题时，会对"学习"本身有更深切的认知，这反过来能增进他们对学生的理解。当他们经历过生成式 AI 辅导对自己的帮助后，也更能体会为何要引导学生善用生成式 AI。可以说，教师自我迭代的过程，与其教学理念的提升是相辅相成的。

当然，教师个人学习也需要自律和明智。AI 能指路，但毅力和批判性还得靠自己。教师应明确自己的学习目标，有选择地听取 AI 建议，不盲信。同时也要平衡工作与学习时间，避免信息过载或压力过大。那些拥抱终身学习的教师将发现，在 AIGC时代，他们更容易不断更新知识储备、拓展技能边界，以自我成长带动学生成长，真正践行"活到老，学到老"的职业精神。

4.5.2　教师 AI 素养的构建与同伴互助

在 AIGC 时代，教师自身也需要具备相应的 AI 素养，才能有效利用技术并引导学生。这种 AI 素养涵盖了对人工智能基本原理的理解、掌握使用 AI 工具的技能，以及对 AI 伦理问题的敏感性。教师 AI 素养的提升不仅依靠个人的主动学习，更需要同伴的互助和组织层面的系统支持，营造教师共同学习、应用 AI 的良好氛围。

近年来，教育部门和各类教师团体日益关注教师的 AI 培训，不少地区组织了主题为"人工智能赋能教育"的研修活动，邀请专家为教师讲解最新的生成式 AI 及教育应用实例。例如，某教育机构举办了一次专题工作坊，内容涉及"DeepSeek 的工作原理及教学应用演示""生成式 AI 在美术课堂中的应用"和"AI 支持个性化学习的案例分享"等。教师们在工作坊中不仅学习理论知识，还动手实践 AI 工具，让抽象的 AI 概念变得直观而具体。一位参训教师表示："培训后才发现生成式 AI并不可怕，而且操作起来很方便，以后备课遇到困难时就敢尝试用它了。"显然，专业的培训有效降低了教师们对 AI 技术的陌生感和畏惧感，增强了他们主动使用人工智能的自信。

然而，仅靠正式培训显然是不够的，教师之间的互助网络则为教师提供了更多日常交流和协同成长的机会。随着 AI 工具在教育领域的快速发展，各类线上教师社群迅速兴起。在某知名社交平台上，名为"大模型教师应用交流"的群组已经聚集了几万名成员，教师们经常在群组中交流 AI 使用经验，提出使用中的问题并得到及时解答。在一些即时通信软件中，也出现了众多教师自发组建的 AI 教学实践交流群。一个高中教师交流群中，数学教师分享自己利用编程语言自动生成习题的方法，英语教师推荐了免费的 AI 作文批改工具链接，信息技术教师则随时在线解答同事们的技术问题。这种跨学科的经验交流与支持，让每位教师都能迅速积累宝贵的实践经验，避免单纯依靠个人摸索。

在学校内部，也可以通过建立相关的制度来进一步促进教师之间的互助。选拔一些对 AI 有浓厚兴趣、学习能力强的教师作为"种子教师"或"科技辅导员"，带动全体教师共同提升 AI 素养。例如，一所学校的年轻英语教师深入研究了各种生成式 AI 写作辅助工具，于是校领导邀请他定期举办校内分享会，指导资深教师如何使用生成式 AI 进行作文批改和学生写作指导。逐渐地，这位"AI 达人"成为学校教师遇到问题时首选的咨询对象。同时，学校还建立了共享资源库，将教师们制作的 AI 使用指南和实际课堂案例集中共享。这种模式有效地推动了人工智能技能在教师团队中的普及与提升。

除了技术应用能力，教师 AI 素养还包括伦理意识。例如，如何保护学生的数据隐私、避免算法偏见等。这些议题同样需要教师们共同探讨和达成共识。教师们可以组织专题研讨，如在教研会上深入讨论"是否应上传学生作业数据到 AI 平台""如何防止生成式 AI 生成内容中的潜在偏见对学生产生影响"等议题。通过集体探讨，教师群体能够形成一致的伦理准则和操作指南，使教师在实际应用中有明确的遵循依据。

可以预见，未来教师的 AI 素养将成为衡量教师专业发展的一个重要指标。掌握 AI 应用的教师将在新时代的教育教学中占据优势地位。不过，这并不意味着每位教师都需要成为 AI 技术专家，正如并非每位教师都擅长教材编写或搞科研一样，但基本的信息素养则是每位教师都必须具备的。同样地，AI 素养作为一种基础能力，教师们完全可以通过互助和实践逐步提升。

总而言之，教师 AI 素养的提升是一项集体工程，需要教师之间的相互支持与共同探索。幸运的是，教师群体拥有悠久的互帮互学传统，生成式 AI 的兴起更是激发了教师们前所未有的学习热情。教师们愿意主动跳出舒适圈，探索新技术，并将经验积极分享给同事。这种主动进取的态度，再加上组织提供的引导和支持，将持续推动教师队伍在 AIGC 时代保持卓越的专业素养。

4.5.3　教师在 AIGC 时代下的再定义与价值坚守

当人工智能逐步融入教育领域，难免有人产生疑问：未来教师是否会被人工智能取代？教师的价值究竟何在？事实上，每次技术革新都会引发教育者对自身角色的反思。从投影仪到互联网，再到如今的生成式 AI，教师一直在不断适应与成长。AIGC 时代呼吁教师重新定位自己的角色，从传统知识灌输者转变为人机协作的引领者，坚守教育的初心与价值，承担人工智能无法替代的重要使命。

首先，我们需要明确一点，教师的核心价值远远超越了知识的简单传递。不可否认，生成式 AI 能够提供大量的知识资源、练习批改，甚至模拟部分教学活动。然而，真正的教育不仅是信息输入，更重要的是启发心智、情感交流与价值观的塑造，这些是人工智能的弱项，却是教师的强项。教师应当坚定地承担起人类导师的责任，激发学生的好奇心，培养他们的批判性思维、创造力和同理心，塑造学生的品格与社会责任感。这些素养的培养依赖于潜移默化的影响和言传身教，是算法所无法实现的。正如一位教育界专家所言，"生成式 AI 之于写作，就如计算器之于数学。技术能够处理机械重复的任务，但真正能激发学生共鸣、给予鼓舞和启迪的，是教师所具有的人性。"因此，在 AIGC 时代，教师更要彰显自己作为人的独特价值，以情感的温度补足技术的冰冷。

其次，教师的角色将更多地转变为"人机协作的设计者"。人工智能的目的并非取代教师，而是帮助教师提升教学效率。教师应当学会扮演协调者的角色，善于统筹安排 AI 工具与教学活动，创造更优质的学习体验。例如，教师未来可能将基础知识的传授任务交给 AI 助手，学生自主学习，课堂时间则用于组织深入的探讨和互动；教师还可以借助生成式 AI，为不同学生量身定制学习计划，同时提供针对性的情感支持和思维指导。可以形象地比喻，教师如同教育导演，调配 AI 及各类教育资源，引导每位学生更好地完成自己的学习角色。这意味着教师工作的重心将从知识传授转向指导、诊断与个性化关怀。生成式 AI 的广泛应用越深入，教师越需要突出"因材施教"的艺术，因为生成式 AI 能够有效处理共性化内容，而个性化的人文关怀却只有教师能够提供。

再次，在 AIGC 时代，教师必须坚持专业主义和教育伦理的底线。面对日益复杂的技术和市场诱惑，教师应始终以学生的全面发展为核心，不盲从于技术潮流。例如，商业化 AI 产品进入校园时，教师需依靠专业判断对其效果进行甄别；当生成式 AI 便捷地生成教学评价或学生评语时，教师也不能完全放弃主体责任，将育人的使命推给机器。教师需要不断提醒自己，技术仅仅是教育的辅助工具，教育者的根本职责——陪伴学生成长、引导他们追求真理、实现道德和学业上的卓越，这是任何技术都无法取代的责任和荣誉。

教育领域的专家们纷纷指出，教师不会消失，但教师需要不断进化。有句流行的观点表达了这一理念："AI 不会取代教师，但不会利用 AI 的教师，可能会被掌握 AI 技术的同行取代。"这正是强调教师应主动迎接变革，将 AI 内化为自身能力的延伸。同时，教师群体也应保持团结一致，积极向社会传递教师在 AIGC 时代中的价值。公众应当清楚，人工智能能够提供丰富的知识资源，但学校依然需要教师，因为教师能够在人格塑造和精神鼓励上给予学生不可替代的帮助，这一点永远是教育最珍贵的财富。

最后，AIGC 时代的教师需要学会与不确定性共处。技术发展日新月异，未来的教育模式尚不完全清晰，正因如此，教师更要培养终身学习的能力和开放的心态，成为具备自我革新能力的"学习型教师"。只要持续学习，勇于变革，教师们必将在不确定的未来找到新的立足点，而对教育理想的执着与坚守，将成为照亮教师前行的明灯。无论技术如何发展，教师对学生的爱与期待都不会改变，对真善美的守护也将始终如一。

可以预见，随着生成式 AI 逐步深入教育领域，教师将成为人机协作的重要枢纽。他们既了解技术又深谙人性，能够熟练运用生成式 AI 工具推动教育进步，同时以人文的光辉照亮技术的应用。这将成为教师职业焕发全新活力的时代，我们的使命便是朝着这一目标努力前进，实现教师角色的成功转型与价值坚守。

4.6　AIGC 赋能教师的综合管理工作

除了教学本身，教师还承担着大量与班级和学校管理相关的工作，如家校沟通、材料撰写、活动组织和数据统计分析等。这些任务繁杂却必要，常常占用教师大量的业余时间。AI 技术的应用，为教师在教学任务之外的综合工作提供了自动化和智能化支持。很多原本需要重复劳动或精细整理的事务，如今可以借助生成式 AI 一键完成或大幅提效。本节将探讨 AIGC 如何减轻教师在沟通文案、评价档案、班级运营和数据报告等方面的负担，帮助教师从行政事务中解放出来，更专注于教育的核心。

4.6.1　家校沟通文案、通知、总结等一键生成

与家长沟通和发布各类通知，是教师工作的重要组成部分。但书写正式又温暖的沟通文字并不容易，尤其当有大量类似内容需要反复写时，教师往往感到力不从心。生成式 AI 可以在这方面发挥文案助手的作用，帮助教师快速生成各类家校沟通文字，做到省时省力又不失贴心。

例如，班主任经常需要写每周班级情况通报或活动通知，以前可能要花半小时润色。现在，有教师尝试将关键信息点输入生成式 AI，让其草拟一封措辞恰当的家长信。只需几秒钟，生成式 AI 就给出了条理清晰、语气友好的初稿，包含了活动时间、地点、注意事项等要素。教师稍作修改个性化细节，很快就完成了这封本来费时的通知信。不仅效率提高，而且在忙碌状态下也能保证文笔的礼貌与周全。这种一键生成通知的做法，正在被越来越多教师接受。甚至有老师反馈，生成式 AI 起草的回复邮件，有时比自己疲惫时写的更专业得体。

家长常会发邮件或留言询问学生情况，特别是遇到棘手问题，如质疑评分、要求解释纪律处罚等。教师需要慎重回复。生成式 AI 可以帮助教师组织语言，避免情绪化或表述不清。例如，一名教师分享：当家长来信质问"为何不接受孩子迟交作业"时，她让生成式 AI 先拟一个正式专业的回复。生成式 AI 回信说明了课堂规矩、提供了补交机会建议等，措辞诚恳而有原则。她参考这个回复，大大节省了斟酌字句的时间。当然，她也认识到有时与特定家长的关系需要个性化处理，生成式 AI 的模板只能作为基础，但总比从零开始好。另外，有教师设想未来 AI 语音助手成熟后，自己口头说出想传达的意思，生成式 AI 即可转成高质量邮件文本。这将进一步提高家校沟通的效率。

除了通知和回信，教师还需要定期撰写学期总结、学生评语等文案。过去这是令人头疼的大工程，需要面向几十甚至上百名学生逐一书写。现在，有些学校试点使用生成式 AI 来生成初稿评语。教师提供关键评价点，如该生的优点、进步和不足，生

成式 AI 据此写出一段完整的评语，然后教师再润色。如此一来，写评语的工作量大为降低。一位班主任坦言，以前写一整个班的评语要熬好几夜，现在借助生成式 AI 可以在一天内完成，而且还能保证评语不千篇一律，每个人都有针对性。班级或科组的年度总结报告，也能通过生成式 AI 快速排版和措辞，让老师专注于提炼内容。

然而，需要注意的是，在使用生成式 AI 生成沟通文案时，教师应确保内容真实准确，并保留人情味。生成式 AI 可能产生过于官样或不恰当的表述，需要教师把关修改。以家长个别沟通为例，教师应根据对家长性格的了解调整语气，而不盲目使用 AI 的统一风格。一位教师就表示，她愿意用生成式 AI 批量发送一般通知，但对于关系敏感的家长，她还是倾向于自己写以免显得冷淡。这提醒我们，AIGC 生成不是终点，教师润色才能定稿。将心注入文字，这是任何 AI 都做不到的。

总体来说，生成式 AI 赋能家校沟通文案写作，让教师从琐碎重复的写作劳动中解脱出来。正如有老师感慨："现在回复家长邮件不会再拖延到深夜了，AI 帮我节省的时间，我可以用来准备明天的课。"这正体现了技术的人文关怀——用机器效率换取教师精力，让教师把更多心力投入到真正需要创造性和情感投入的教育环节。

4.6.2　教师评价与发展档案的辅助撰写

教师经常需要撰写各种专业材料，如教学反思、课题报告、个人发展规划，以及年度述职报告等。这些文字材料是教师专业成长的重要组成部分，但不少教师在撰写时感到困难，或难以抽出充足的时间进行深入打磨。生成式 AI 可以成为教师职业写作的重要辅助工具，提供清晰的结构和语言建议，使教师能够更加高效地记录和展示自身的专业发展成果。

比如，每个学期教师都需撰写教学反思或案例分析，但部分教师难以系统地进行总结和梳理。教师可将课堂记录、教学要点输入 AI 工具，由生成式 AI 自动生成结构合理的教学反思初稿，涵盖教学目标、教学实施过程、取得的成效和存在的不足等核心内容。教师再结合自身实际教学情况进一步细化具体教学细节，确保教学内容真实准确。这种方式使平日写作困难的教师也能够形成规范且高质量的教学反思，及时积累宝贵的教学经验。

曾有某教育主管部门组织优秀教学案例的评选活动，要求提交详细的案例报告。起初，一些偏远地区的教师尽管教学效果优秀，但由于不善写作而感到犹豫。教研人员鼓励这些教师先口头表述或列出教学设计要点，然后通过 AI 工具润色成完整的文字材料。最终，许多教师顺利提交了高水平的教学案例报告，其中部分教师还获得了奖项。这一经历让教师们深刻认识到，生成式 AI 的帮助使他们能够克服文字表达障碍，更好地展示自身的实践经验。

再例如，青年教师在整理个人专业发展档案时，需要汇总培训记录、获奖情况、自我评价和发展规划等，这项工作需要细致地梳理和准确地表述。过去，这类材料往往存在信息遗漏或表述不够规范的问题。如今，教师们可以利用 AI 工具辅助检查和完善档案内容。他们将原始材料输入 AI 工具，询问是否存在遗漏或表述不清晰的地方，生成式 AI 便根据档案的标准要求提出具体建议，比如补充教学风格、育人理念，或提示应条理化地列出近年工作成果。教师在生成式 AI 的指导下完善信息，之后由生成式 AI 对整个档案进行润色和排版，形成条理清晰、重点突出的专业档案。这不仅为评审增加了分数，也帮助教师明确自身的发展方向。一位教师表示："过去整理个人档案非常烦琐，现在有了人工智能的辅助，我更乐于定期更新材料，因为每次整理的过程都是一次自我审视。"

学校管理者同样可以借助 AI 撰写或评价与教师发展相关的文件。例如，教研组长在为组内教师撰写评语时，或者学校撰写年度教师考核评语时，都可以利用 AI 快速生成评语模板。管理者只需提供教师的日常表现要点，生成式 AI 便可自动拟出内容，涵盖教师的优势、进步之处及未来建议。这大大减轻了管理者在语言组织上的负担，也避免了因工作繁忙而导致评语空泛。一位学校管理者表示，使用生成式 AI 基于教师的考核数据生成评语初稿后，再进行精细调整，既提高了效率，又使得评语更加客观中肯。

此外，教师在职称评定或课题申请时，通常需要撰写专业论文或研究报告。生成式 AI 可以协助教师查找相关文献、构建合理的大纲，甚至生成标准格式的图表。让教师在撰写过程中头疼的格式排版和参考文献整理等问题，也可由 AI 辅助完成。这不仅降低了教师的写作压力，也提升了论文或报告的规范性。当然，学术论文和研究报告的核心创新性和思想性必须由教师本人负责，生成式 AI 的作用在于减轻烦琐的编辑工作，让教师能够更专注于学术思考。

需要特别注意的是，教师在使用 AI 工具辅助专业材料撰写时，务必确保材料的真实性和原创性。人工智能不能凭空捏造教师的经历或成果，教师需要提供真实的素材，由生成式 AI 帮助改善表达效果。此外，在撰写涉及评审的材料时，更需谨慎，避免直接复制生成式 AI 生成内容，以防内容千篇一律而缺乏真实感。合理的使用方法应当是以教师本人为主导，人工智能为辅助工具。通过这样的协作方式，教师不仅能减轻写作负担，还能更清晰、系统地展示专业成长的轨迹，不再受限于文字表达能力，真正实现自身专业价值的有效呈现。

4.6.3　班级活动、活动策划与文案自动化支持

教师特别是班主任，常常要策划各种班级活动、撰写班会脚本、准备对外宣传文案等。这些与班级活动相关的工作过去大多靠教师一点点构思完成。生成式 AI 的加入，让活动方案设计和文案写作实现了部分自动化，为教师提供了丰富的灵感和现成的模板。

班主任每月需要组织主题班会，如果创意不足，班会可能流于形式。现在有老师开始借助生成式 AI 来头脑风暴班会创意。比如十月份想开一节"爱国主义"主题班会，教师便请生成式 AI 给出几个创新形式的建议。老师参考这些点子，结合自己班级的特点，迅速制定了班会流程。实践中效果不错，学生反馈这种班会比以前单调的演讲有趣多了。可以说，生成式 AI 成了班主任的"活动策划顾问"，让他们不必每次都从零开始想创意，而是有了素材库。

再如，学校运动会、艺术节等大型活动前，班主任要动员和指导学生准备入场式、节目表演等。生成式 AI 可以提供节目方案和串词。一位班主任需要为班级准备一段入场解说词，以前她得费尽心思想几句押韵口号，现在把班级特点一输入，很快得到生成式 AI 生成的解说词初稿："看，他们英姿飒爽，青春似火，用拼搏谱写华章……"。文字虽稍嫌正式，但经过她稍作调整，就成为充满活力的解说词。她感慨："人工智能一下子就写出了我想说又不知道怎么说的话。"又如学校文艺汇演，每班一个节目。生成式 AI 能根据班级人数和特长推荐节目形式，如合唱、朗诵、舞蹈等，甚至输出一份节目脚本。老师拿到脚本和串联词后，再与学生讨论修改，大大降低了筹备难度。活动文案自动化节省了时间，老师们可以用来更多地辅导学生排练和准备细节。

班级对外宣传和记录也是琐碎的工作，如班级公众号推文、校报投稿、黑板报等。现在很多班主任把这些素材采编任务交给班干部，而生成式 AI 可以成为学生的小助手。比如，板报要写一段励志的话，学生不会写，就让生成式 AI 写一句主题名言并

配上出处。公众号要推送班级一周要闻，生成式 AI 可以根据学生提供的要点整理成通顺的短文。一些学校甚至尝试用生成式 AI 绘图为班级海报生成背景插图，视觉效果既专业又独特。这让班级宣传更容易出彩，而教师仅需做最后审核把关即可。班级自媒体由此焕发活力，也培养了学生使用生成式 AI 进行内容创作的实践能力。

此外，日常班级管理中有不少重复性事务，例如计算成绩排名等，虽然不直接属于 AIGC 的范畴，但生成式 AI 也可以通过调用工具自动处理文本。例如，教师上传学生成绩表后，生成式 AI 可以根据要求自动输出各科前五名名单、平均分及波动情况。数据处理自动化减少了教师和学生干部的人工作业，班级管理更加高效有序。

需要说明的是，尽管生成式 AI 能自动生成大量方案文案，教师仍应注重对活动的个性化调整。每个班的风格不同，不可能完全套用 AI 模板。因此教师在使用生成式 AI 产出时，应挑选适合本班的创意并进行针对性调整。让学生参与进来，加入他们自己的想法，这样活动才更具班级特色。生成式 AI 越是万能，教师越要防止班级活动变成"千班一面"。但总的来说，有了生成式 AI 支持，教师可以从烦琐的写作和设计中摆脱出来，更专注于活动的执行和师生互动。

4.6.4　教学数据整合与 AI 生成报告支持教学决策

现代教育强调数据驱动决策。教师需要面对各种教学数据，包括学生成绩、考试分析、课堂观察记录、问卷反馈等。如何高效整合这些数据并提炼出有用的信息，是教师和学校管理层面临的重要挑战。生成式 AI 及相关人工智能技术的出现，使自动生成数据报告成为可能。这些工具将繁杂的数据转化为清晰的结论和建议，辅助教师和管理者做出更科学的决策。

例如，每次考试后，以往的班级或年级成绩分析报告都是由教师手工完成的，需要统计分数分布、找出主要失分点，并撰写分析结论。如今，已有学校开始利用 AI 数据分析工具，教师只需上传学生的成绩数据，系统便自动生成详细的成绩分析报告，包括各班平均分、标准差、优良率、学困生名单，以及各知识点得分情况等。生成式 AI 甚至能够自动撰写分析文字，例如，"本次考试全级平均分为 72 分，较上次提高 3 分。通过知识点分析发现，几何题目中的×部分平均得分率仅为 45%，说明该部分的教学有待加强，建议有针对性地补充相关练习。"这样的报告几乎不需要人工润色即可直接使用，显著减轻了教师的工作负担，使其能够更专注于讨论和改进教学策略，而不必耗费大量时间在数据处理上。

对于班主任而言，他们每学期通常需要提交班级学情分析报告，报告内容包括各学科的进步情况、学生的表现变化，以及班级整体学习风气等。生成式 AI 能够结合成绩数据、日常表现记录，以及问卷反馈自动生成详细的班级报告。例如，通过纵向比较考试成绩，生成式 AI 可指出数学平均分提高了 5 分，而英语平均分则有所下降。此外，生成式 AI 通过分析课堂反馈问卷，还可以发现班级整体对某学科兴趣提升的现象，可能与近期举办的学科竞赛活动有关。这些自动生成的分析能够帮助班主任更全面、准确地了解班级情况，再辅以教师补充具体事例，一个翔实的报告便能快速完成。教师由此能更加有效地向家长和学校管理层汇报班级状况，并据此调整未来的教学重点。已有学校在引入生成式 AI 班级报告系统后反馈称："以前靠经验判断的问题，现在用数据直接就能清晰展现。"

学校管理层在决策时，也需要查看大量汇总数据。例如，在学期期末，校长需要掌握全校各年级的教学质量，以及教师的绩效情况，以往多是通过烦琐的会议逐一听取汇报。如今，通过生成式 AI 自动生成的教学质量报告，校长能够直接查看全校各年级、各科目的成绩趋势、薄弱环节、优秀教学案例概况等信息，直观地呈现于屏幕之上。有了生成式 AI 分析报告的支持，管理者能够更快速地识别出需要优先配置资源的领域，或是发现值得推广的优秀教学实践。教育管理部门在需要横向比较多个学校的学生发展数据时，也能通过生成式 AI 分析迅速识别出不同学校的特点，比如学业负担较重或个性化发展表现突出的学校，以制定相应的教育政策。

当然，生成式 AI 生成的数据分析报告，其可靠性依赖于数据质量和大模型的准确性。教师仍需对生成式 AI 生成的结论进行理性审视与验证。经验丰富的教师通常会检查生成式 AI 报告与平时观察是否一致，如有偏差，会进一步追查原因，而非盲目信任 AI。同时，一些涉及情感或主观因素的内容，如班级氛围、师生关系等，仍需教师亲自补充。因此，人机结合所生成的报告才更全面、更具价值。AI 擅长处理大量客观数据，而教师则更擅长进行主观判断和提供背景解释。两者优势互补，将极大地提高教育决策的科学性与针对性。

未来，随着教育数据进一步整合与联通，AIGC 有望实现更长期且精准的学生成长追踪分析，帮助教师掌握每位学生的成长轨迹并进行有效干预。然而，这也带来了隐私保护和伦理方面的挑战，需要教育界审慎应对。从当前的实践来看，教学数据整合和 AI 自动报告生成已在不少学校得到应用，并取得了初步成效。教师们纷纷表示，以往视为额外负担的数据分析工作，如今已成为期盼之事，因为这些报告确实能有效促进教学改善。在数据的驱动下，教学决策逐步摆脱了经验主义，变得更加实证和科学。这正契合了智慧教育的最终目标：使教师既能充满温度地教书育人，又能冷静地借助数据进行教学反思，在情感与理性之间实现最佳平衡。

4.7　支持学生心理健康：AIGC 在心理陪伴与情绪干预中的角色

学生的心理健康与情绪状态，是教育中不容忽视的重要方面。受成长阶段特点和外部压力影响，中小学生常面临情绪困扰和心理问题。教师作为学生的守护者，需要给予及时的关怀与疏导。然而，由于精力和专业所限，教师无法时刻关注每位学生的心理状况。AIGC 的出现，为心理陪伴和情绪干预提供了新路径。智能对话机器人可以充当学生的"倾听者"和"指导者"，协助教师开展心理健康教育工作。在本节中，我们将探讨 AI 如何发挥共情对话功能、帮助教师识别预警信号、设计情绪调节活动，并与教师共同打造有温度的数字陪伴体系，让每个孩子都能在需要时得到温暖守护。

4.7.1　AI 共情对话与日常情绪疏导

有时候，学生并不愿意直接向老师或家长倾诉内心烦恼，更倾向于寻找一个不带偏见、不会责备的对象倾诉。这正是 AI 聊天机器人可以发挥作用的地方。生成式 AI 展现了一定的"共情"能力，能够模拟理解人的情绪，以温和关怀的语气进行陪伴对话。因此，已有一些学校尝试引入面向学生的心理陪伴 AI，让它成为学生生活中的"贴心朋友"。

例如，一些小学上线了名为"AI 数字伙伴"的虚拟心理助理，设定了亲切友好的虚拟形象。学生只要想找人说说心里话，就可以进入专门设置的私密空间与这些 AI 伙伴对话。据教师反馈，学生非常喜欢与 AI 伙伴交流，他们可以毫无顾虑地谈论自己的小秘密或烦恼。例如，与同学闹矛盾、考试发挥不好导致的沮丧情绪等。AI 伙伴经过专门训练，能够耐心倾听，用理解和支持的语气回应学生："听起来你今天有些难过，可以和我详细聊聊吗？"当孩子倾诉完毕后，AI 伙伴会给予积极的反馈："谢谢你愿意告诉我这些，你已经做得很好了。也许你明天可以试试主动与同学沟通，相信一定会有好转的。"这样的互动为学生提供了安全的情绪释放和情感支持。一些以往不善表达的学生现在每天都会花几分钟与 AI 伙伴交流，把它当作秘密的倾诉渠道。这种方法被证实能够有效缓解学生日常生活中的焦虑和孤独感。

类似的 AI 聊天服务也逐渐在其他地区得到应用。例如，一些地区的中学由于心理辅导资源不足，推出了短信聊天机器人服务。学生可以匿名地通过学校指定的 AI 平台发送信息倾诉自己的压力和烦恼，AI 系统即时给予回复。为了确保沟通的质量和安全性，在学校日常运营的时间段，会有专业团队监督生成式 AI 的回应内容，必要时及时人工介入。这种混合模式确保了每位学生在心理辅导资源不足的情况下，也能获得及时的情绪支持。一些性格较为内向的学生正是通过与 AI 的匿名交流，逐渐获得信任，愿意进一步接受专业心理咨询或辅导，生成式 AI 在这里起到了架设桥梁的作用。

需要强调的是，AI 共情对话的目的并非取代人类的情感关怀，而是一种有益的补充和延伸。一些学校的教育管理者观察到，学生喜欢与 AI 交流的一个重要原因是，人工智能可以保护他们的隐私，不会泄露秘密。同时，每次交流过程中的数据都会经过安全保护，可以作为情绪预警和评估的依据，一旦系统检测到严重情绪问题或潜在风险，会第一时间通知教师进行介入。

展望未来，AI 技术的共情能力将进一步提升，可能会通过声音和面部表情识别等技术更精准地感知学生的情绪状态。例如，在每天课堂开始前，AI 助手可能会友善地提醒全班同学："感觉今天大家有些疲惫，不如我们一起做几次深呼吸吧！"这种细致入微的关怀将更自然地融入校园的日常生活中。

然而，无论 AI 技术如何发展，它仍旧只是辅助工具。真正需要情感支持的时候，学生最渴望的依然是来自教师和同伴的真实关怀与温暖。因此，教师应当积极接纳 AI 伙伴加入心理健康教育的团队，将其视作增进理解学生情绪和心理需求的重要窗口。通过 AI 共情对话，教师能够更全面地掌握学生的心理动态，进而在必要时提供个性化的人文关怀，实现数字化教学与人性化关爱的完美融合。

4.7.2　教师借助 AIGC 识别学生心理预警信号

在一个班级中，某些学生可能正悄悄经历心理危机，如抑郁、焦虑甚至自伤等。很多时候，这些学生不会主动寻求帮助，而教师在日常工作中也很难及时发现蛛丝马迹。人工智能技术可以通过分析学生的行为表现、对话数据和学习情况，帮助教师识别潜在的心理风险，做到早发现、早干预。

例如，某些基于生成式 AI 的心理辅导系统配备了情绪分析功能。当学生与这种 AI 系统进行互动时，系统能根据关键词、语气和对话情景判断其心理健康状况。如果连续几天检测到某位学生情绪低落，频繁使用消极词汇，如"无望""想消失"等，这套 AI 系统就会在后台自动触发预警，将情况及时通知班主任或学校的心理老师。在一所小学的真实案例中，"AI 数字伙伴"的聊天记录就能自动分析和识别学生的心理状态并生成预警提示。例如，一名平时活泼开朗的男生最近多次向 AI 表达"我觉得大家不喜欢我""要是我不在了会怎样"等消极念头，AI 系统便会将这一情况标记为高风险。教师接到系统提示后，可以在日常互动中更加关注该学生的表现，安排学校心理老师单独约谈或者及时联系家长，共同介入帮助学生渡过难关。一位使用该系统的学校管理者表示："AI 的真正价值在于它能在不动声色中发现问题，让学校能够提前进行有效干预。"过去许多学生的问题往往发现得较晚，有了 AI 系统的预警，教师们仿佛多了一双敏锐的眼睛，能及时捕捉到学生内心微妙的变化。

除了对话内容分析，人工智能还能整合多个维度的数据捕捉异常表现。例如，学生的课堂参与度、作业完成情况和请假记录等。如果一位平时表现优异的学生突然出现频繁拖欠作业、课堂参与度明显降低、精神状态不佳的情况，AI 系统通过综合分析这些行为变化，可能推断出该学生具有潜在的心理问题风险，并提示教师进行关注。传统上教师可能会将此类情况简单归因于一时的懈怠或其他问题，而 AI 系统能够基于大量案例分析给出更具深度的预警。虽然最终的判断和干预仍需教师通过与学生的直接交流及家长的配合来完成，但 AI 系统提供了重要的初步筛查功能。另一些学校则运用自然语言处理技术，扫描学生的作业或校内通信，若发现可能存在自伤或其他风险内容时，会立刻通知校内心理辅导人员及时介入。这种方式已经在一些实际案例中帮助教师成功地避免了潜在的悲剧发生。

当然，需要特别强调的是，应用人工智能进行心理预警时必须极其谨慎地处理隐私和误报问题。学校应当事先清晰地向学生和家长说明，哪些数据将用于心理风险检测，并保障相关数据的安全性。教师接收到 AI 系统的预警信息后，也应当注重干预的方式和技巧，避免直接地表达可能令学生产生被监视或侵犯隐私的感受。例如，如果 AI 系统提示某位学生近期情绪异常，教师可以通过自然的方式在课后与该学生进行一般性的交流，借此观察学生的情绪和反应，而不是直接地表达"系统告诉我你有问题"。通过细致入微的关怀与观察，教师可以进一步确认 AI 系统预警的准确性，并在需要时给予学生适当的帮助。

总体而言，AIGC 为教师提供了一种宝贵的可能性，即在整个校园中更早地发现那些暗中挣扎、求助未遂的学生。过去很多心理问题的发生，事后周围人常常会追悔莫及："如果我们早点知道该多好……"。而 AI 预警的价值恰恰在于提供"早知道"的机会，从而让学校和教师能够"早行动"。虽然 AI 技术并不能完全消除所有心理问题，但即使只能帮助一部分学生及时获得关怀和支持，也代表着重要的进步。未来若能进一步将 AI 检测与学校心理健康支持体系有机结合，我们或许能挽救更多年轻的生命，保护更多青少年的梦想与希望。

4.7.3　AI 生成情绪调节活动与心理关怀活动内容

面对学生日常的情绪起伏和心理压力，教师和学校通常会组织一些心理健康活动或提供心理辅导材料。然而，设计有效的情绪调节活动需要一定的专业知识，撰写心理关怀文章也颇耗时间。借助 AIGC 提供创意方案和内容生成支持，可以让心理健康教育更丰富、更易实施。

例如，期中考试后，许多学生可能因成绩不理想而情绪低落。班主任希望组织减压放松活动，却苦于缺乏灵感。此时，通过生成式 AI 的帮助，教师只需输入学生的年龄、活动场景和情绪目标，便能快速获得多种情绪调节活动建议，如户外的团体小游戏——"微笑接力圈"，在传递游戏中让学生释放压力；室内的放松训练——"十分钟正念冥想"，播放舒缓轻音乐引导学生专注呼吸、放松身心；或者开展更具创造性的绘画表达活动——"画出此刻的心情"，并在小组内分享感受。这些新颖的活动创意，有效激发了教师的灵感，让班会变得生动且富有实效。实施活动后，不少学生表示心情舒畅了很多，对学习也更有动力。一位班主任感慨道，以往考试后的班会经常聚焦于批评与要求，让学生更紧张，但自从采用了生成式 AI 提供的活动建议，"学生发现老师也很关心他们的情绪，师生关系明显更亲近了"。

此外，生成式 AI 还能帮助教师生成心理关怀类的文字内容。例如，有些老师习惯定期给全班学生写一封充满鼓励和温暖的信，但长此以往难免词汇枯竭，难以保持新鲜感和感染力。这时教师可以借助生成式 AI 快速生成充满正能量的暖心短文，如《致每一个努力的你》，文中温和地鼓励学生正确面对挫折、坚持向前。教师可根据具体情况稍作润色，作为班级心灵鸡汤分享给学生，或用于班级的心情墙报，让心理关怀更及时、更深入。又如在毕业季时，师生情绪复杂，生成式 AI 可以为教师提供充满真情的毕业寄语底稿，教师简单修改细节后即可使用，帮助师生表达内心深处难以言表的情感。

一些有创意的心理教师更是利用生成式 AI 的能力，为有特定情绪困扰的学生量身定制心理调节材料。例如，针对情绪易焦虑的学生，生成式 AI 可以依据丰富的心理学知识自动生成诸如《缓解焦虑的五步法》等实用手册，学生拿到手册后便可随时进行练习。这类内容过去需要心理教师花费大量时间查阅资料才能完成，而现在依托 AI 工具，效率和针对性都大幅提升。

更为个性化的应用场景也逐渐出现：有的学校尝试利用生成式 AI 为每位主动求助的学生撰写个性化的心理建议信。学生通过匿名方式提交自身烦恼，生成式 AI 即可基于认知行为疗法等专业心理学知识，生成具有个性化的心理调适建议。例如，识别情绪变化的身体信号、情绪日记或事件反思方法等，再由心理老师进行审阅和润色后交给学生。这种方式克服了以往由于心理教师人力有限难以对每位学生提供个性化反馈的困难，真正实现了精准化、精细化的心理辅导。当然，为确保内容的科学性和适宜性，AI 产出的心理建议必须经专业教师严格审核把关。

同时，生成式 AI 也能辅助学校策划规模较大的心理健康教育项目。以往，学校开展心理健康月等系列活动时，可能局限于一些传统的手抄报比赛或专题讲座，而生成式 AI 则能够提供完整而系统的活动套餐。例如，第一周"心理知识竞答活动"，第二周"情绪便利贴树洞"，第三周"团体心理游戏"，第四周"学生成果交流会"等，甚至每个活动的实施细节都有明确的操作说明。这样的设计大大减轻了学校和教师策划活动的压力，也极大提高了学生的参与积极性，使原本枯燥严肃的心理教育变得丰富多彩、生动有趣。

当然需要强调的是，心理健康领域不同于一般的教育教学领域，具有高度的专业性和严格的伦理要求。因此，教师在使用生成式 AI 生成的内容和方案时，必须进行专业审慎的评估和调整。生成式 AI 给出的某些建议可能未充分考虑青少年的心理发展特点，教师需结合自身经验和专业知识进行必要的修改。此外，教师在传达 AI 生成的心理关怀文字时，应注入个人真挚的情感表达，避免让学生产生"套话"的感觉，确保心理关怀内容具备真正的温度和感染力。

总之，借助 AIGC 技术，学校的心理健康教育能够有效突破传统上创意匮乏和人力不足的限制，实现内容生成的系统化、创意化与个性化。教师不仅有了丰富的心理教育"菜单"可以直接采用，更可以借此提升自己的心理教育能力。当学生切实感受到这种用心且专业的情绪关怀，并因此更加健康快乐地成长时，教师也真正实现了"润物细无声"的教育初衷。

4.7.4　教师与 AI 共同打造"有温度的数字陪伴"

无论技术如何发展，学生内心对陪伴和关爱的需求始终如一。生成式 AI 提供了前所未有的数字手段来陪伴学生，但如果缺少教师的人文引领，这种陪伴可能流于冰冷的算法互动。因此，理想的模式是教师与人工智能携手，形成对学生心理健康的双重支持：人工智能负责全天候和规模化的陪伴，教师负责关键时刻和个性化的温情守护。两者相辅相成，共同营造"有温度的数字陪伴"。

所谓"有温度"，是指整个陪伴体系让学生感受到真诚的理解和关怀，而不是机械式地对答。为了达到这一点，学校在引入人工智能时应注重人性化的设计。例如，一些学校所设计的 AI 数字伙伴，便被赋予了名字、性格和生动的虚拟形象。学生与这些数字伙伴交流久了，会感觉这不是冷冰冰的程序，而更像学长学姐般亲切易近。这实际上需要教师和技术开发人员共同努力，为人工智能注入贴近学生日常生活的元素，比如设计 AI 工具学习校园文化、与学生聊聊校园趣事等，以增强学生的亲切感。这背后还需要有心理专家进行调校，学校也要根据学生反馈不断调整 AI 的回应策略。比如，教师可定期将学生对 AI 工具的评价反馈给技术团队，以便不断迭代改进 AI 工具的对话风格，使之愈发贴合学生的真实需求，更具人文温度。

其次，教师在日常教学中要善于利用 AI 提供的信息进行人工干预，以体现更深入的人文关怀。例如，人工智能可能提示老师某位学生最近频繁提到孤独感。富有经验的教师不会置之不理，而是会在现实中主动创造更多融入集体的机会，比如安排他担任小组长，或与更活泼的同学合作参与项目。这种具体的人际交往体验，是 AI 本身难以提供的，但它能够及时提示教师采取行动。可以说，生成式 AI 负责发现问题，而教师则提供解决问题的具体方案与行动。有经验的学校管理者指出，AI 能提前预警风险，教师再针对性地进行心理辅导和个性化支持。这种密切配合让学生既能享受到科技带来的细致监护，也能获得现实中教师温暖而有效的帮助，感受到集体与师长从未缺席的关怀。

"有温度"还意味着尊重学生的隐私与人格尊严。数字陪伴应在明确尊重学生隐私的框架下进行，教师也要注意保护学生的隐私感受，不让学生产生自己隐私被偷窥的担忧。一些学校在引入 AI 陪伴时采取了特殊的措施，比如专门设置安静、安全的空间供学生与 AI 交谈，确保交谈内容不会被他人听到，并且明确承诺除非涉及严重预警情况，否则交谈记录不会泄露给教师或家长。这种隐私保护机制非常重要。教师也应理解，由于青春期的特殊心理特征，某些学生更愿意向 AI 陪伴倾诉而非向人类袒露心声。对于学生与 AI 陪伴交谈的具体内容，教师不应过度介入，而应根据 AI 陪伴反馈的总结信息适度地采取行动。这样既体现了对学生独立人格的尊重，也让学生对这种陪伴模式产生更高的信任感，而不是将 AI 视为教师的监控工具。

此外，教师还需努力营造整体的人文关怀氛围。AI 陪伴固然重要，但若整个校园缺乏温暖的氛围，学生也很难真正敞开心扉。因此，教师需要身体力行，让学生清晰地知道：人工智能在陪伴他们，教师也同样在关心和守护着他们。例如，当 AI 陪伴提示某些学生最近普遍出现紧张、焦虑情绪时，教师可以在班会上坦诚地向学生表达："最近发现大家似乎压力都比较大，其实我也会有压力，我们一起想办法缓解一下，好吗？"通过这样富有共情的表达，学生会感受到老师与他们站在一起，能够真切地理解他们的情绪和需求。使他们清楚地意识到，除了 AI 陪伴提供的随时倾听，老师也一直关注着他们的心理状态。当数字陪伴与教师的人文关怀真正融为一体时，学生才会真正地感受到安全感与心理支持的存在。

总之，"有温度的数字陪伴"需要人机协同才能实现。人工智能提供了全天候、不知疲倦的守护，教师则赋予这种陪伴人性化的温度与智慧的引导，二者相互补充。这样的模式确保了不会有学生因无人倾听而陷入孤立无援，也不会有任何问题因被忽视而变得严重失控。人工智能时代的到来非但没有削弱教育的人文关怀，反而在教师们持续努力的引领下，使校园成为更加温暖而安全的港湾。当教师与生成式 AI 携手协作时，每位学生都能在现实世界与数字世界的双重陪伴下健康、自信地成长。

4.8　职业生涯指导：AIGC 如何辅助教师开展职业发展教育

在中学阶段，帮助学生规划未来的升学和职业路径是教师的一项重要使命。然而，传统的生涯指导往往受限于信息和人力：教师既难以及时掌握大量院校职业资讯，也难以为每位学生提供个性化建议。生成式 AI 的加入，为职业发展教育注入了新动力。通过 AI 对学生画像的分析、自动生成升学择业建议、协助设计职业探索活动、辅助解读测评结果，甚至撰写推荐信和模拟面试问答，教师能够以更高的效率和精度来引导学生认识自我、规划未来。本节将探讨 AIGC 如何在升学/择业建议、职业任务设计、测评分析和求职材料等方面辅助教师，打造智慧化的生涯指导。

4.8.1　基于学生画像生成个性化升学与择业建议

每位学生在兴趣、能力、价值观等方面都有独特的组合。为他们提供升学和职业方向建议，需要全面了解个人特质和外部机会。生成式 AI 可以利用学生画像和大数据，自动生成个性化的升学与择业建议报告，供教师和学生参考。

例如，高三年级时，班主任需要为每位学生填报志愿提供指导。过去只能根据学生成绩和简单意向给出笼统建议。现在，如果学校建立了学生的综合画像，包括学业水平、性格兴趣测评等信息，生成式 AI 可以据此推荐适合的大学专业和未来职业方向。比如，对一个逻辑思维强、喜欢动手实验的学生，AIGC 报告可能写道："建议重点考虑理工科专业，如电子工程、计算机科学等。同时，可关注新兴交叉学科如人工智能等方向。在职业方向方面，你的性格适合从事研发类工作，可往工程师、技术经理等方向发展。"对另一个语言表达出色、热心社会事务的学生，生成式 AI 可能建议："适合选择法学、新闻传播等专业，将来可考虑律师、媒体、公务员等职业。"这些建议基于人工智能对以往类似学生成长路径的数据分析，具有科学性和启发性。当然，教师不会让生成式 AI 直接决定学生的未来，但这些量身定制的方向性提示，为师生面谈提供了有益的起点。

类似的 AI 升学推荐系统已在一些中学试点,学生输入模拟考试成绩、兴趣爱好,系统自动输出几所匹配的大学和专业名单,并附带专业的就业前景介绍。例如,一位成绩中等但对动漫设计兴趣浓厚的女生,AI 升学系统推荐她关注数字媒体艺术专业,并列出几所该专业知名的院校。这样可以帮助学生和家长拓宽视野,了解到除了传统热门专业,还有更适合的选择。不少老师反馈,有系统辅助后,志愿填报咨询的效率明显提升。过去每位学生都要反复咨询,现在先查看系统给出的报告,再由老师根据对学生的了解进行修正补充,使指导更具针对性,覆盖面也更广。

在职业规划方面,生成式 AI 也能根据学生画像给予具体建议。例如,一名高一学生的人格测评显示其社交性高、领导力强,生成式 AI 建议学校安排其参加商业模拟、社团管理实践等活动,以体验企业管理角色,从而判断未来是否适合往管理方向发展。对于一名艺术天赋突出的学生,生成式 AI 可以提醒教师和家长,提前规划艺术专业升学路径并准备作品集。生成式 AI 基于数据的建议常能挖掘学生被忽视的潜力。例如,生成式 AI 通过分析学生的课程选择与表现,发现一名学生对护理类内容特别感兴趣,但此前从未考虑过护理职业。班主任据此建议她尝试相关志愿工作,最终帮助她确定护理职业方向。这类案例表明,生成式 AI 能够捕捉到难以察觉的兴趣偏好,并将其与合适的职业领域联系起来。

当然,生成式 AI 的建议并非绝对。教师在使用生成式 AI 时,应结合对学生的深入了解和学生自身的想法,灵活平衡。生成式 AI 根据成绩推荐某个专业,但学生可能有与常规不同的强烈个人志趣,此时教师应尊重学生意愿,将生成式 AI 报告作为参考而非决定因素。理想的指导方式是:生成式 AI 作为指南针指示方向,教师则像灯塔指明航向。生成式 AI 提供各种可能的选项,教师与学生共同探讨这些选项的适合程度和现实可行性,帮助学生做出最合适的选择。总体来看,AI 极大地丰富了职业指导信息的广度和精度,使生涯规划更加个性化、数据化,有效地帮助学生做出更加明智的未来选择。

4.8.2　AI 协助设计职业探索任务与访谈活动

有效的职业生涯教育不只是纸上谈兵,更需要学生亲身探索和体验。教师通常会设计一些职业探索任务,如职业角色扮演、行业调研等,并安排职业人士访谈等活动。但很多教师缺乏丰富的企业经验,设计任务时容易受到局限。AIGC 则能够提供新颖多样的任务创意和访谈提纲,帮助教师丰富职业体验活动。

例如，在一次主题为"探索职业世界"的综合实践活动中，教师希望每个小组深入研究一种职业并进行班级展示。以往学生通常是简单地搜索网络资料，制作 PPT 进行演讲介绍。这次教师借助生成式 AI，为每个小组生成了富有挑战性的探索任务清单。例如，模拟职业人士一天的工作安排、列出进入该行业所需的技能和资格证书、分析该职业近几年的发展趋势并提出改进建议等。有小组负责探索"医生"这一职业，生成式 AI 建议他们以医生的角色写一篇值班日记，并提供了参考的医院作息安排；另一小组负责探索"建筑师"职业，生成式 AI 提供了入门级的建模教程，引导他们设计一座简单的建筑模型。在教师指导下，学生根据任务要求进行深入探索，最终展示的内容远比过去单纯的演讲更具深度和趣味。这些灵感在很大程度上得益于生成式 AI 的辅助，让学生的职业体验从被动查阅资料升级为主动模拟与实践。

邀请行业人士进校分享经验是另一种常见的职业教育方式，但教师通常需要提前联系并设计访谈内容。生成式 AI 可以为教师提供专业的访谈问题清单支持。例如，一名班主任准备邀请一位从事软件工程工作的校友回校进行经验分享，但教师本人对软件工程领域并不熟悉，于是她向生成式 AI 寻求帮助，生成式 AI 结合高中生的特点生成了一份涵盖职业路径、技能要求、工作内容和行业趋势的访谈问题清单，其中包括："您高中时对现在的职业有规划吗？""进入这一行业需要学习哪些专业技能？""工作中哪些经历让您最有成就感？""您如何看待这个职业的未来前景？"等十余个问题。这些问题精准而深入，嘉宾也表示内容准备充分，访谈效果明显提升，学生的参与和互动效果极佳。

例如，学校组织职场情景模拟活动，希望通过面试或职业情景短剧的形式进行排演。生成式 AI 快速生成了一系列高度仿真的职场情景剧本。有小组模拟求职面试场景，生成式 AI 生成了求职者和招聘官之间的详细对话，包括自我介绍、团队合作经验等经典问题，帮助学生既掌握面试技巧，又锻炼表达沟通能力。另一小组表演新入职教师的日常工作挑战，生成式 AI 创作了新教师面对课堂管理难题，寻求前辈帮助的真实情景剧本，让学生对职业难题有了更深的体验。生成式 AI 编写的脚本有效减轻了师生自行设计情景的压力，使职业模拟活动更加真实、专业。

需要注意的是，生成式 AI 生成的任务或剧本仍需教师进行适当的本土化和情景化调整，以更好地符合学生的实际情况和教学目标。有些内容可能超过学生的理解能力或不适用于现阶段的认知水平，这就要求教师进行筛选和调整。此外，不同行业的访谈嘉宾风格和背景各异，教师也需要根据具体情况灵活调整访谈提纲的顺序和深度。但总体而言，生成式 AI 提供了丰富的创意素材库，教师可以从中灵活组合，有效策划出一系列精彩纷呈的职业探索活动。

借助 AI 技术辅助设计的职业生涯教育活动，显著提升了学生的参与积极性。学生们不仅是被动聆听、记录笔记，而是通过主动的角色扮演和情景模拟，更深入、更生动地体验职业世界。这种实践式学习方式，帮助学生更早发现自己的兴趣所在，同时培养了沟通能力、团队合作能力等重要职业素养。对教师来说，有了生成式 AI 的助力，职业教育课程不再单调枯燥，而真正成为助力学生人生规划的重要基石。

4.8.3 教师与 AI 共同完成生涯测评结果分析

许多学校会为高中生开展职业兴趣测评、性格测评等，以帮助学生更好地认识自我。这些测评通常会提供详细的报告，但由于包含大量专业术语，学生往往难以理解，需要教师进一步解读并结合具体建议给予反馈。使用 AI 技术可以有效地加速这一过程：通过自动分析测评结果并生成通俗易懂的解读与建议，辅助教师更高效地与学生展开个性化的沟通与辅导。

例如，一名学生完成职业兴趣测评后，得到的职业类型代码为"ISE"（调查型—社会型—企业型）。测评报告详细解释："调查型（I）高，说明倾向于研究探索；社会型（S）中，说明愿意与他人互动、给予帮助；创业型（E）次之，但具备一定的组织与领导倾向。"然而，这些专业的文字说明，对不熟悉相关测评理论的教师和学生而言可能难以直观理解。这时，教师可将该测评结果输入 AI 工具，自动生成一段个性化、易懂的解读。例如，"你的兴趣特征显示你喜欢深入思考问题，乐于与人互动并提供帮助，同时还有一定的组织管理能力。这意味着你可能适合从事需要分析研究且涉及人际沟通的职业，如医疗科研、教育培训或管理咨询等。"这种浅显易懂的解释方式比单纯提供三个字母代码要更具实用性和亲和力。

同样，性格测评的结果也能通过生成式 AI 进行亲切易懂地说明。比如学生的测评结果为"INFJ"（内向—直觉—情感—判断型），生成式 AI 可以自动解读为："你是一个富有理想和同理心的人，做事有计划性。尽管你内向，但你非常关注他人的感受，适合在帮助他人的领域发挥优势。未来的职业选择可以考虑心理咨询、公益事业、创意策划等领域，以充分发挥你的洞察力和同理心。"相比标准报告中抽象的维度描述，这种通俗解读让学生更容易理解并感到被理解。教师将这些解读提供给学生，并通过个别约谈讨论，能有效地帮助学生更全面、立体地了解自身的特质。

当然，教师仍需核验生成式 AI 分析结果的准确性。通常测评工具都配备有标准化的解释手册，生成式 AI 生成的内容未必百分之百准确。教师需以自身的专业知识校验和修正生成式 AI 输出的解读，并主动补充一些生成式 AI 可能遗漏但非常重要的信息，如学生性格中的潜在不足之处。尽管如此，生成式 AI 已经完成了大量基础性的文本撰写工作，教师只需进行审阅与调整即可，大幅提高了工作效率。以往对大量学生的测评解读工作可能需要数周时间，如今只需数天即可完成，且保持了较高的质量。

最后，生成式 AI 的使用提升了学生对测评的重视程度。学生收到的不再是晦涩难懂的数据报告，而是一份针对自身特点量身定制的分析解读。这种更具亲和力的报告让学生更愿意认真思考测评内容，并积极与教师讨论自己的优势与不足，更清晰地确立未来的方向。这种教师与学生之间的深度互动正是生涯规划指导的核心目的。在教师的引导下，借助生成式 AI 的辅助，每一份测评都变得更有生命力，为学生的成长道路提供了更加明确和具体的指引。

4.8.4　AI 辅助撰写推荐信、简历和模拟面试问答

在升学申请和求职准备过程中，推荐信、个人陈述、简历及面试表现都很关键，而学生往往难以独立高质量完成，需要教师大量的指导和支持。AI 工具在这些场景中可以扮演辅助写作和模拟陪练的角色，有效帮助教师更好地指导学生，提升材料的竞争力。

首先，在推荐信写作方面。高中班主任和任课教师经常需要为优秀学生撰写详细的推荐信，描述学生的学业表现、人格特质和专业潜力等，这对教师而言是一项耗时且繁重的任务。借助生成式 AI，教师只需提供学生的主要优缺点或具体事例，AI 工具即可自动生成结构清晰、语言流畅的推荐信初稿。例如，对于一名成绩优异的理科学生，生成式 AI 可能生成这样的推荐信初稿："我很荣幸地推荐××同学申请贵校计算机科学专业。在过去的三年中，我目睹了该同学突出的数学能力和积极探索的求知精神……在担任实验室助手时，该同学展现出卓越的领导能力和团队协作精神……我相信他能在大学环境中茁壮成长，并为学术社群做出积极贡献。"这样的推荐信具备明确的结构和具体事例，教师只需进行适度修改与核实细节即可。

不过，教师必须对生成式 AI 生成的推荐信内容进行严格核实，因为生成式 AI 可能会在措辞或细节上有所夸大或不准确。为降低风险，教师应明确提供需要强调的特质和具体事例，由生成式 AI 基于这些要点生成内容。最终提交的推荐信由教师署名，责任仍归于教师，因此审慎核查必不可少。但整体而言，这极大地减轻了教师写作的压力，使教师能在有限时间内为更多学生提供高质量的推荐信。

其次，在个人简历和陈述方面。学生撰写简历和个人陈述时常感困惑，教师则需不断给予模板、建议和修改反馈。AI 工具可以快速生成高质量的简历范本，或基于学生提供的草稿突出核心经历和成果，优化语言表达。例如，学生提交一份参与活动和获得奖项的简单清单后，生成式 AI 可以将其格式化为专业的简历表述，如"组织并实施了三次班级公益活动，共募集善款 200 元"。教师再指导学生核实并补充真实性细节即可。

针对大学申请中的个人陈述，生成式 AI 也可基于学生提供的经历信息生成初稿。但由于涉及原创性和真实性问题，AIGC 初稿一般仅作为写作的参考材料使用。更理想的用法是让生成式 AI 充当写作教练角色：当学生完成个人陈述初稿后，生成式 AI 会给出诸如"建议在开头增加引人入胜的小故事""建议段落之间增强衔接性"等具体的修改反馈。这类反馈可以帮助教师更高效地辅导学生，不断润色材料，最终形成真实、生动且有说服力的个人陈述。

最后，模拟面试也是生成式 AI 辅助教师的一项重要应用。不论升学还是就业，面试都是至关重要的一环。生成式 AI 可充当虚拟面试官的角色，与学生进行不限次数的模拟练习。例如，学生通过设置生成式 AI 为特定招生官或招聘官，生成式 AI 会提出如"你为何选择我们？""你最大的弱点是什么？"等问题。学生作答后，生成式 AI 再根据理想的答题标准给予点评与具体改进建议。通过这种反复训练，学生能够逐渐完善自己的回答技巧，提升自信与从容度。教师也可适时介入，帮助学生更好地理解并内化 AI 反馈。

同时，教师需强调推荐信、简历和面试表现的真实性与个性化。教师应告诫学生不能完全依赖生成式 AI，更不能提供不真实的信息。例如，修改简历时，应防止生成式 AI 美化或捏造经历；模拟面试时，也要避免使用过于机械和标准化的回答方式。教师的职责之一就是在生成式 AI 提供大量建议的基础上，帮助学生保持个性化和真诚表达。当生成式 AI 建议每个人都采用某种典型回答套路时，教师可以提醒学生避免刻板表达，应结合真实的自身经历，真诚地体现自身的特点与成长过程。

综合而言，生成式 AI 在职业生涯准备方面提供了强有力的支持，覆盖推荐信撰写、简历优化、个人陈述润色到面试技巧培训等多个重要领域。教师通过巧妙运用这些工具，不仅能够极大地节省辅导的时间与精力，也帮助学生获得专业化的文书和面试训练，大幅提升竞争力。许多教师表示，过去在文书指导上要多次反复修改，现在借助生成式 AI 生成的初稿材料质量明显提升，整体辅导效率大幅提高。这使得教师可以辅导更多学生，更有效地实现有教无类、因材施教的教育目标。

4.9　小结

从课前备课到课后辅导，从课堂教学到心理关怀，从生涯规划到综合管理，本章通过丰富的案例展示了生成式 AI 对教师工作的全方位辅助。减负增效、赋能增智已成为新时代教师实践的新常态：繁杂琐事交给人工智能处理，教师可以将精力投入到更有创造性和关怀性的工作之中；海量知识由人工智能汇聚整理，教师能够聚焦对学生的个性化指导和精神引领。在这一过程中，教师的角色并未被弱化，反而通过善用人工智能得以如虎添翼，更加专注于发挥自身不可替代的作用。

诚然，人工智能功能越强大，人们越容易担心教师是否会被取代。但正如本章反复强调的那样：教师的价值不仅在于传授知识，更在于塑造灵魂。生成式 AI 虽然能够自动化备课、作业批改、答疑解惑，但始终无法取代师生情感交流中独特的人文温度，也无法模拟人类教育所特有的激情与灵感。未来的课堂也许会充满各种智能设备，但真正能够在学生面前引领课堂的，依然是充满智慧与爱的教师。不同的是，他们将手握人工智能这把利器，使教学更具效果，关怀更为细致。正如教育领域有句名言："人工智能是一种新工具，但教师永远是掌握'厨艺'的人，调配出滋养心灵的教育盛宴。"教师始终处于人机协作的核心位置，他们不仅理解技术，更理解人性，既能驾驭人工智能的力量，又能把握教育的方向。

可以预见，未来教育领域的变革，绝不是教师被人工智能所取代，而是教师角色的强化与升华。教师将从烦琐的日常事务中解放出来，逐渐演化为学习设计者、个性化指导者与情感陪伴者的复合角色。他们将与人工智能共同协作，为每位学生构建更具个性化、多元化的成长环境。在这样的新型教育模式中，教师的专业判断和情感投入仍然至关重要：人工智能可以提供解决方案，但教育的灵魂需要教师赋予；人工智能可以与学生交流互动，但价值观的培养离不开教师亲身的示范与引导。

因此，当下的教师应积极拥抱人工智能，学习并掌握使用人工智能的能力，努力成为"会用人工智能的教师"。唯有如此，我们才能避免在技术快速发展的时代潮流中被动应对，而是能主动利用技术优势，实现自身专业能力的持续提升。我们所要做的，是勇于转型升级，成为既具备教育情怀又精通科技应用的新型教师。

展望未来，教师与人工智能共同开创的教育新模式已经逐步成形。课堂内，人机互动相辅相成；课堂外，数据分析与情感关怀有机融合。教育将因此变得更加智慧、高效，更具人文关怀和温度。而书写这一全新篇章的正是每一位持续学习、不断创新的教师。愿我们坚守教育初心，顺应时代趋势，在 AIGC 时代续写教师价值的新篇章——让每一个孩子都能在人工智能的加持和教师的引领下，迎来属于自己的美好未来。

第 5 章

学生视角：生成式 AI 如何重塑学习生态

生成式 AI 的崛起正在重塑学生的学习生态。从小学课堂到大学研究，不同教育阶段的学生都在与生成式 AI 产生深入互动，获得前所未有的学习支持。对小学生和中学生而言，生成式 AI 能够创造更加个性化、有趣且互动性强的学习体验，激发他们的学习兴趣与探索欲望；在职业教育阶段，生成式 AI 通过模拟真实的职业情景，精准对接就业市场需求，帮助学生提前掌握所需技能；而在高等教育中，生成式 AI 则显著提升了学术研究与跨学科创新的深度和广度，同时引导学生培养批判性思维、反思能力与自主创新意识。

在本章中，我们将从学生的视角，分别探讨基础教育、职业教育和高等教育三个阶段中 AIGC 赋能学习的典型应用与突出特征，并结合丰富的案例，展示人机协同的实践探索与未来教育发展的广阔前景。

5.1 基础教育阶段——兴趣激发与能力启蒙

基础教育阶段是学生学习兴趣与基础能力培养的关键时期。生成式 AI 通过因材施教，能精准构建个性化学习路径、提升互动性与趣味性、提供智能化反馈，并推动家校协同，多维度赋能学生成长。本节将围绕这些方面深入探讨 AIGC 的具体作用，并以案例加以阐述。

5.1.1 个性化学习路径的构建

每位学生的知识水平、学习风格与兴趣偏好各不相同，传统教学中的"一刀切"模式难以有效兼顾个体差异。生成式 AI 可基于学生多维度的学习数据，实时动态地制定专属学习方案，并在学习过程中持续调整、优化学习路径，犹如一位时刻陪伴在身边的私人导师。

例如，通过学生答题行为的实时分析，生成式 AI 能精准识别薄弱环节并主动推送针对性的练习内容；在学生充分掌握某个知识点后，生成式 AI 则及时引导其进入更具挑战性的下一阶段学习。这种"千人千面"的教学模式，极大提升了学生的学习效率和知识保留效果。研究表明，采用生成式 AI 个性化教学后学生知识保持率可较传统课堂模式提升 20% 以上，体现出显著的学习成效。

> **案例：初中生小明的个性化几何学习之旅**
>
> 小明是一名初二学生，对数学兴趣一般，特别是在学习几何知识时经常遇到困难。最近，小明所在学校引进了一款生成式 AI 学习系统，老师推荐他使用，以期待提高他的空间思维能力。交互过程如下。
>
> 1）智能诊断与路径规划
>
> 小明首次登录时，AI 系统对其进行全面的几何能力测评，并结合他以往的学习表现，发现他在立方体展开图识别与三视图绘制方面错误较多。AI 学习系统据此制定个性化学习路线，建议他从"立体几何基础与空间思维训练"模块开始学习。
>
> 2）实时反馈与分层引导
>
> 在基础模块中，小明观看了交互式立方体展开动画，并完成相关练习。当他出错时，生成式 AI 及时提示具体错误位置并鼓励他再次观察动画细节，纠正理解误区。小明连续回答正确后，系统自动提升任务难度，让他自主描述立方体的"T 形展开图"，并即时反馈描述中的偏差，同时提供"T 形展开图"的实际应用练习。
>
> 3）动态调整与长期规划
>
> 经过持续的互动训练，小明的空间几何理解力显著提高，错误率大幅下降。当 AI 系统检测到他已掌握基础知识后，自动解锁更具挑战性的题目，例如，计算立方体表面积的实际应用题，并结合初中物理中简单的承重分析知识，为他设计跨学科的几何模型项目，以深化和巩固学习效果。

借助生成式 AI 的个性化学习路径，小明在几何学习中的表现有了明显的提高，原本惧怕的知识领域变得清晰且有趣，学习的主动性和自信心也大幅提升，兴趣得到了有效激发。此案例生动展现了生成式 AI 如何通过智能分析与个性化路径，为基础教育阶段学生实现真正的因材施教，使学生在适合自己节奏的环境中高效学习，并获得有针对性的帮助。

5.1.2　互动性与趣味性提升

生成式 AI 赋能趣味学习：兴趣是最好的老师，对于中小学生而言，学习过程的互动性和趣味性尤为关键。如果学习活动像游戏一样引人入胜，学生的投入感和积极性自然会大幅提升。

生成式 AI 能够智能地生成文本、图像、音频、视频及互动对话等多模态内容，轻松将枯燥的知识练习转变为丰富的互动体验。例如，生成式 AI 可以化身为虚拟的学习伙伴，既能通过生动的对话与学生互动答疑，又能设计出趣味化、闯关式的练习题，让学生在游戏化的情景中掌握核心知识；此外还可以根据学生的兴趣爱好，智能生成个性化的故事场景、角色扮演剧本等素材，让学生在身临其境的学习体验中产生情感共鸣、激发学习动力。正如相关研究指出："交互式且个性化的学习内容能有效提升学生的参与感，让教育过程更富趣味性、更具成效。"在生成式 AI 赋能下，传统单向灌输的教学模式逐渐转变为学生主动探索、积极反馈的双向交互过程，从而更有效地激发学生的求知欲和创造力。

案例：初中生小宇的智慧农业创客体验

小宇是某中学初二学生，对编程很感兴趣。他报名参加学校组织的"智慧农园"创客项目，任务是设计智能灌溉系统模型。学校引入了一款基于生成式 AI 的 AI 平台，支持语音、手势和触控等交互，并融入游戏元素，让学习变得趣味盎然。交互过程如下：

1）手势互动与即时反馈

项目开始时，小宇在屏幕前以手势设计灌溉管道路径。生成式 AI 实时识别手势并生成 3D 管道模型。当设计弯折过多时，AI 平台及时提示："管道弯折过多，可能影响水压均衡，建议优化。"小宇根据提示调整了设计。生成式 AI 甚至可以编写程序借以实现动画形式直观演示优化后的水流效果，让他深入理解管道设计原理。

2）语音互动与知识引导

在电路设计阶段，小宇遇到土壤湿度传感器与控制阀门的连接问题。他直接向 AI 平台询问，AI 平台清晰回复："推荐使用 Arduino 开发板，传感器接模拟接口，通过继电器控制阀门。"之后自动生成易懂的连接示意图，并突出关键部位。生成式 AI 进一步解释工作原理，帮助小宇顺利完成电路设计。

3）游戏化挑战与创造激励

基础功能完成后，AI 平台提出"进阶挑战"：加入根据天气预报动态调整灌溉的功能，成功即可获得虚拟荣誉徽章。小宇受此激励，在 AI 平台协助下编写了智能调节灌溉频次的代码，创新热情与成就感显著提升。

在这一案例中，生成式 AI 将原本复杂、抽象的科技实践内容转变为充满趣味的探索式体验过程。学生在手势与语音交互中体验真实情景的探索，在游戏化挑战任务的推动下，充分调动起了内在动力和创新积极性。这表明，生成式 AI 在基础教育阶段的创客活动和跨学科实践中，能显著提升学习过程的互动性和趣味性，实现真正意义上的寓教于乐，有效激发学生的自主学习和创造潜能。

5.1.3　学习行为的智能反馈

在学习过程中，及时的反馈就像一面镜子，能让学生立刻看到自己哪些方面做得对、哪些方面需要改进。传统课堂中，教师批改作业或测试卷往往需要一段时间，这不仅影响了反馈的时效性，还可能导致学生错过最佳的纠错时机。由生成式 AI 生成的 AIGC 能够实现对学生学习行为的智能检测和实时反馈。借助生成式 AI 对学生回答的实时理解与评估，学生可以在提交答案后的几秒钟内就得到准确的判断和详细的解析。例如，当学生解一道数学题时，生成式 AI 能够即时检查每一步推导，一旦发现错误，立刻进行提示并引导学生改正；在口语练习场景中，生成式 AI 则能实时评估学生的发音准确度，并针对问题给出具体的纠正建议。这种即时的反馈帮助学生在第一时间澄清误解，巩固正确的认知。

此外，生成式 AI 能持续地采集并分析学生在较长一段时间内的表现数据，形成综合性的学习行为报告，比如反复出错的知识点、不同学习时段的注意力变化趋势等。这些报告不仅可以反馈给学生本人，帮助其进行有效的自我反思与调整，同时能为教师和家长提供详细、科学的依据，以便更好地进行个性化教学指导和家庭教育干预。可以说，这种智能反馈机构建起了"学习—测评—反馈—改进"的闭环，真正实现学习效果的良性循环和逐步提升。

案例：小学四年级语文作文 AI 批改

小佳是一名小学四年级学生，语文老师布置了一篇作文，题目为《我的一次难忘体验》。小佳完成作文初稿后，立即通过学校提供的作文批改系统进行自我检查。该系统由生成式 AI 模拟资深教师从内容、语言、格式等多个维度实时审阅学生的作文，并提供精准而详细的修改建议。小佳准备根据生成式 AI 反馈认真修改作文，提升作文质量。智能反馈过程如下。

1）内容与结构反馈

生成式 AI 首先对小佳作文的整体结构与内容进行了深度分析，并快速给出了总体

评价："作文主题明确，叙事过程较完整，但部分细节描述有待丰富，结尾稍显仓促，需要更自然地过渡。"接下来，生成式 AI 针对每段逐一提供具体的修改建议。例如，在第二段的反馈中，生成式 AI 提示："这一段讲述的经历比较生动，但缺少了环境与心理描写，可以增加一些当时情景或内心感受的细节，使文章更具画面感和感染力。"又比如生成式 AI 还指出某段存在与主题联系不紧密的问题等。这些反馈明确而具体，使小佳迅速明确了文章需要强化的方向，她决定重新组织第三段内容，并进一步丰富细节描述。

2) 语言与字词反馈

接着，生成式 AI 系统逐字逐句地检查作文的语言表达，并精确标出一些用词重复和表述不佳的地方。例如，小佳在作文中重复使用"非常开心"一词，生成式 AI 给出了替代建议："首次出现时建议用更生动的词汇，比如'兴奋得心怦怦直跳'，增加阅读趣味。"针对一句明显重复的表达："我走在回家的路上，心里感到很开心很高兴。"生成式 AI 提醒："'开心'和'高兴'意思重复，建议删除其中一个，使表达更简洁。"此外，对于容易出错的成语拼写，生成式 AI 耐心提醒："文中你写成了'浮想联篇'，正确写法应为'浮想联翩'，请注意纠正。"这些细致的反馈帮助小佳发现自身用词单调和容易忽略的小错误，促使她掌握更多样、更准确的表达方式。

3) 格式与标点反馈

最后，生成式 AI 对作文的格式和标点的使用进行审查，并迅速指出问题。比如，生成式 AI 指出："倒数第二句末尾使用了逗号，实际上这一句已完整，应该改用句号结束。"尽管这些细节老师后续也可能指出，但通过 AI 的即时提醒，小佳在提交作文之前便能够全面完成自我修改，避免细节扣分。

在生成式 AI 智能反馈的帮助下，小佳顺利完成了作文的修订，修改后的作文内容更生动具体，结构更加清晰，用词表达也更准确生动。次日课堂上，老师特别称赞了小佳在作文方面的显著进步。小佳兴奋地体会到，人工智能反馈就像一位随时可用的"小老师"，总能第一时间指出问题并教给她有效的修改技巧。通过这个案例可以看出，生成式 AI 赋能的即时反馈有效地帮助小学生及时修正学习中的问题，使他们在修改过程中不断提高技能。此外，这种实时反馈方式也成功培养了学生的自我反思与主动修改能力：小佳养成了每次写作后主动利用智能工具进行检查和优化的习惯。

这正是生成式 AI 赋能及时反馈的独特价值——在不断改进和反思中实现稳步成长与进步。

生成式 AI 在基础教育阶段，通过构建个性化学习路径、增强互动性和趣味性、提供即时智能反馈，有效提升了学生的学习效果与积极性。具体而言，个性化学习路径能精准满足学生的个体差异，激发学习兴趣与自信；互动性与趣味性的提升使学习过程更具吸引力，增强了学生主动参与的热情；智能反馈机制则及时发现并纠正学生的学习问题，促进自我反思与技能提升。通过真实教学案例的生动展示，我们可以看到，生成式 AI 能全面赋能基础教育，实现真正的因材施教和寓教于乐，推动学生持续、稳步地成长与进步。

5.2　职业教育阶段——技能训练与就业适应

近几年，生成式 AI 模型的迅猛发展使这类技术在教育领域的应用日益受到重视。职业教育因为其与产业实践紧密相连的特性，在这股技术浪潮中迎来了新的机遇和挑战。生成式 AI 正展现出赋能职业教育的巨大潜力，被视为推动职业教育变革的重要力量。职业教育强调动手能力和真实场景应用，需要教学内容紧跟产业发展的步伐。然而传统教学模式存在教材更新周期长，难以及时满足快速变化的技能需求等问题。生成式 AI 的出现为职业院校提供了新的工具来破解这些难题。对于职业院校的学生，生成式 AI 营造出贴近实际的沉浸式学习环境，帮助他们更好地将所学转化为职场所需的技能。职业教育与 AI 技术的融合已是大势所趋，也是培养高素质技能人才的必由之路。

具体来说，生成式 AI 在职业教育阶段的赋能体现在以下几个方面：场景化实训与低成本模拟，提供沉浸式的技能训练环境；职业能力精准匹配，将学生的技能与岗位要求高效对接；学习内容的更新与模块化，使教材与行业前沿保持同步并灵活组合；AI 助力职业规划与终身学习，为学生提供持续的职业发展支持。

5.2.1　场景化实训与低成本模拟

在职业教育中，场景化实训指的是将教学内容置于逼真的工作情景中进行实践训练。这种教学方式可以帮助学生将理论知识应用于实际，提前熟悉职场情景。然而，传统搭建此类实训场景往往成本高昂——需要专门的实验室设备、场地布置，甚至需要教职人员或专业演员扮演顾客、病人等角色。此外，传统实训能提供的场景种类有限，很难频繁更换或无限延展，难以覆盖职场中瞬息万变的情况。生成式 AI 为场景化实训提供了一种低成本且高灵活度的解决方案。

一个强大的对话式 AI 可以模拟出各种不同性格和需求的"虚拟客户"或"虚拟患者"，学生与它对话、解决问题，AI 会根据学生的回应动态生成后续情景，营造出接近真实工作场合的交互体验。这种模拟不需要搭建实体情景或聘请真人演员，学生无论何时何地都可以进入练习。尤其在一些危险或难以大量重复的情景，如机械故障排除、紧急医疗护理中，AI 虚拟模拟能够确保安全——学生即使犯错也不会造成现实损失，反而能从错误中反思学习。生成式 AI 打造的交互场景打破了时间和空间的限制，使复杂工艺的模拟训练变得触手可及，学生可以反复练习直到熟练为止，大大降低了实训的成本。

在护理教学中，生成式 AI 可模拟各种临床护理情景。比如，系统生成一名"虚拟病人"，设定其为中年男性，出现胸痛、呼吸急促等症状。护理专业学生需要像真实医院中那样，与这位虚拟病人对话沟通，询问病史，测量生命体征，并做出初步判断和护理决策。生成式 AI 根据学生的提问和操作实时反馈病人的"症状"变化，如疼痛程度、表情、生命体征数据等，甚至可以模拟病情的突发恶化情况来考验学生的应变能力。在整个过程中，学生仿佛置身医院急诊场景，但实际上这一切都是生成式 AI 在后台驱动的数字模拟。这种训练让学生在正式接触真实病人之前，就积累了大量应对各类患者的经验，既提高了技能又增强了信心。生成式 AI 还可以根据历史数据有针对性地对学生能力提升进行专门的训练。

机械制造专业的学生可以利用生成式 AI 进行机械设备的操作和维护训练，生成式 AI 能够构建虚拟的工厂车间和机器故障场景供学生练习。例如，生成式 AI 模拟一台数控机床在运行过程中突然出现异常噪声和精度下降的状况。学生作为实习技工，需要通过了解"虚拟机床"的状态，如生成式 AI 可提供设备读数、故障日志等生成信息，并结合所学知识判断可能的故障原因，如刀具磨损、轴承故障等，然后提出检修方案。生成式 AI 会"理解"学生的诊断步骤并给予相应反馈：如果学生遗漏了某个检查环节，生成式 AI 会提示可能被忽略的因素；如果诊断正确，生成式 AI 则生成进一步的细节，如故障部位的具体参数等让学生完善方案。通过这样的模拟，学生能够在虚拟车间中动手排除设备故障，所耗费的只是计算机运算资源，却节省了真实耗材，避免了操作失误可能带来的高昂代价。

在电商领域，生成式 AI 可以模拟网络营销和客户服务场景，帮助学生积累实战经验。比如，生成式 AI 可以生成一段模拟的在线客服对话：一位挑剔的顾客在网店联系客服，抱怨商品与描述不符并要求退货赔偿。学生扮演客服，需要查询订单、按照公司退换货政策给予答复。生成式 AI 作为顾客，根据学生的回复不断提出新的质询乃至情绪化的评论，使对话情景复杂化，锻炼学生的耐心和专业应对技巧。再如，生成式 AI 还能模拟电商大促期间库存不足、物流延迟等突发运营事件，让学生以"店长"身份决策如何发布公告、安抚客户并调整供货方案。在这些虚拟演练中，学生所面对的客户和问题都由生成式 AI 动态生成，覆盖了电商运营中常见的各类场景，为他们毕业后走上电商岗位打下了实践基础。

通过生成式 AI 打造的上述场景化实训，学生获得了一个沉浸式、交互式的练习环境：他们可以不限次数地反复练习某项技能，直到掌握为止——这在现实教学中往往受到时间和成本限制而难以实现。同时，生成式 AI 还能根据学生的表现及时给出反馈和指导。例如，在汽车维修专业的虚拟实训中，学生完成对"故障车辆"的诊断后，可以询问扮演数字导师的生成式 AI："我的处理步骤是否正确？还有哪里需要改进？"生成式 AI 会立即指出他是否遗漏了某个检测步骤，或者赞扬他正确完成的环节，并进一步解释最佳实践。这种实时反馈有助于学生及时纠正错误，防止错误习惯的养成，大大提高了学习效果和效率。总之，场景化实训结合生成式 AI 的虚拟模拟，不仅降低了传统实训的设备和人力成本，也显著提升了训练的真实度和丰富性，为职业教育提供了一种全新的高效实践教学模式。

5.2.2　职业能力精准匹配

每个职业院校的学生在技能水平、兴趣特长，以及未来志向上各不相同，而社会上的岗位需求也千差万别。如何让学生所具备的职业能力与合适的岗位精准匹配，实现人尽其才、学有所用，是职业教育阶段面临的重要课题。

传统情况下，学校的就业指导往往以"大水漫灌"的方式进行：提供岗位信息、组织招聘会，学生则需要自行筛选信息、海投简历。在这种模式下，很多学生对自身适合什么岗位、企业真正需要什么人才并不清晰，可能出现"优秀的人没找到对的位置"，或"岗位空缺找不到合适的人"的情况。

生成式 AI 为解决这一匹配难题带来了新的思路。基于人工智能的分析，学生甚至可以为自己建立职业能力画像，再将其与庞大的职业需求数据库进行智能比对，从而找到高度契合的职业方向。具体而言，生成式 AI 可以从以下几个层面实现职业能力的精准匹配。

- 智能诊断：利用生成式 AI 对学生进行多维度评估，生成详尽的个人职业能力图谱。AI 智能诊断系统可以综合学生在校期间的成绩、作品、实训表现，以及他们的兴趣爱好、自我测评结果等数据，突破传统人工测评碎片化、主观性的局限，形成一个动态更新的数字画像。例如，AI 分析发现某机械专业学生在 CAD 制图方面表现突出，同时在车床实操方面稍显薄弱；另一名护理专业学生在沟通交流和同理心方面评分很高。通过这样的职业体检，学生和教师都能清晰了解个人的优势和短板。

- 精确匹配：在获得学生画像后，生成式 AI 会将其与岗位画像进行匹配。岗位画像是生成式 AI 从海量招聘信息、行业数据中提炼出的对某一职位的技能要求和特质描述。通过整合岗位要求、行业发展趋势、区域就业数据等多元信息流，人工智能的匹配算法可以计算出学生与具体岗位的契合度，给出人岗适配的客观评价。这意味着，从过去的"广撒网"式的就业推荐，转变为有针对性的"靶向输送"——学生只需要重点关注与自己高度匹配的岗位，从而大幅提高求职效率和成功率。同时，人工智能匹配系统还能根据学生志向推荐相近的职业路径，并指出需要提升的技能，提供个性化的学习或实习方案，让学生为目标岗位做好准备。

- 持续追踪：生成式 AI 的作用不仅是一次匹配，它还能对人才培养和就业情况进行持续追踪。借助人工智能构建每位学生的就业档案链，学校也可以跟踪毕业生的职业发展轨迹和岗位表现。这些数据将反哺教育教学环节，帮助学校了解其人才培养与行业需求的契合度，为后续调整课程设置、教学重点提供科学依据。例如，如果生成式 AI 发现某届电子商务专业毕业生在数据分析类岗位上发展良好且需求旺盛，那么学校可以据此强化相关课程模块；如果发现某技能方向的学生就业情况不理想，学校能及早干预、改善培养方案。通过动态跟踪和反馈，形成"招生—培养—就业—再培养"的良性循环，不断提高职业教育的人才培养质量。

借助上述 AI 驱动的"诊断—匹配—追踪"机制，职业院校和学生都能更精准地对接产业需求。通过生成式 AI 的精准匹配，职业教育实现了从过去"广撒网"式的粗放就业服务向"靶向输送"式的精确对接转变。每位学生都能更清楚地了解自身的优势与不足，并据此锁定契合的职业目标；而用人单位也能够通过智能匹配找到更合适的人才，大大提升了人岗匹配的效率和成功率。对于学校来说，AI 提供的数据洞察使人才培养更有针对性：课程设置、实训安排可以紧密围绕行业需求来调整，从源头上避免了技能供给与岗位需求脱节的现象。

可以预见，随着这一模式的发展，学生所学与所用将无缝衔接，职业教育的毕业生就业率和岗位匹配度都将稳步提高。在这个过程中，生成式 AI 既扮演了放大镜，看清人才与岗位的细节匹配，又充当了导航仪，指引学生职业发展的方向，极大地提升了职业教育的人才培养质量和就业服务水平。

5.2.3　学习内容的更新与模块化

当今，产业技术更新换代的速度越来越快，新知识、新工艺、新工具层出不穷。这给职业教育的课程内容带来了挑战：如何及时更新教学内容，并以灵活的模块化方式组织课程，以便既跟上行业前沿又满足不同学生的学习需求。传统教材往往数年才修订一次，教学大纲的调整也需要经过漫长的审批流程，导致学校课程内容可能滞后于产业最新发展。另外，不同学生在已有知识和学习进度上存在差异，课堂很难做到完全因材施教。生成式 AI 在这方面提供了强有力的支持，使"实时更新、按需组合"成为可能。

首先，生成式 AI 可以帮助快速更新学习内容。凭借对海量信息的获取和加工能力，生成式 AI 能够从最新的行业报告、技术规范、学术文章中提取关键信息，迅速生成适合教学使用的材料。教师只需要提出需求，例如，"更新一节关于最新新能源汽车动力电池技术的课程内容"，生成式 AI 便可以搜索整理相关资料，产出通俗易懂的讲解文本，配以示意图甚至多媒体素材。这意味着，当行业出现新技术或新规章时，学生无需等待传统教材再版，借助生成式 AI 生成的内容模块就能第一时间获得新知识并进行学习。

其次，生成式 AI 支持教学内容的模块化重组。模块化是指将课程拆分为相对独立的小单元或模块，如知识点模块、技能训练模块等，学习时可以根据需要灵活选取组合。生成式 AI 能够根据不同专业和岗位的需求，将庞杂的知识体系划分成若干模块，并智能标注每个模块的关键能力点。更为重要的是，生成式 AI 可以将复杂的技能学习过程转化为可拆解、可定制的学习情景，将大的学习目标细化为若干可以独立练习和掌握的小单元。例如，对于"汽车发动机维修"这样复杂的技能，生成式 AI 可以生成若干子模块：发动机结构理论、常见故障诊断、零件更换操作、安全规范等，学生可以按照模块逐一攻克，最终拼合成完整的技能图景。不同学生还可以根据自身情况，有所侧重地学习某些模块，从而实现个性化的培养方案。

最后，生成式 AI 赋能模块化教学还能保证教学内容的针对性和灵活性。职业教育需要面向不同地区、不同行业的具体需求，课程内容不宜"一刀切"。借助生成式 AI，教师可以方便地定制课程模块以匹配区域产业特色或特定岗位要求。例如，电子商务专业在沿海地区可能需要增加跨境电商法规模块，在内陆地区则侧重本地农产品电商运营模块；机械专业针对装备制造业发达的地区可加入智能制造相关模块，而在汽车产业集中的地区则加强汽车工程模块。生成式 AI 能够根据这些不同需求，自动生成或调整相关模块的教学内容，大大缩短课程开发周期。甚至在同一课堂上，生成式 AI 也可以帮助实现"千人千面"的内容推送：根据学生的实时学习数据，动态调整教学重点和资料难度，让拔尖的学生有拓展材料可学，让基础薄弱的学生有巩固练习可做，协调个性化教学与规模化培养之间的矛盾。

通过生成式 AI 实现学习内容的快速更新与模块化，使职业教育展现出前所未有的灵活性和适应性。一方面，教学内容紧密追随产业前沿发展，确保学生所学内容始终"保鲜"，减少了技能过时的尴尬；另一方面，模块化的课程结构使教学安排富有弹性，可根据不同专业方向和学生个体需求进行调整组合，实现因需施教、因材施教。可以说，生成式 AI 让职业教育的课程体系进入了一个"自我进化"的时代：课程内容可以像积木一样增减拼搭，持续优化。在这种模式下，教师从烦琐的教案编写和资料搜集中解放出来，可以将更多精力投入教学创新和学生指导；学生则获得了更贴合实际、更丰富多样的学习资源。学习内容的常学常新和模块组合，有助于培养出适应力更强、技能结构更完善的技术技能人才。

"生成式 AI+职业教育"为我们描绘出一幅充满希望的图景：学生能够在沉浸式的虚拟情景中反复打磨技能，在智能分析的指导下精准对接最合适的岗位，在动态更新的课程内容中学习最新技术，并在 AI 的陪伴下规划和走好自己的职业之路。可以说，生成式 AI 正以前所未有的方式赋能着职业教育的各个环节，极大提升了技能训练效果和就业适应能力。

5.3　高等教育阶段——科研创新与批判性思维

高等教育阶段承担着培养高层次创新人才的使命。处于这一阶段的学生，不仅需要深入掌握特定领域的专业知识，更需要具备独立开展科研、探索创新实践，以及批判性思考等高阶能力。生成式 AI 的出现，为高等教育赋予了前所未有的活力与机遇。具体来说，生成式 AI 能够辅助学生与研究人员更高效地开展学术研究，缩短知识发现和理论创新的周期；它有助于实现跨学科知识的高效融合，催生全新的知识体系和创新成果；在教学实践中，生成式 AI 更能以互动、个性化的方式激发学生的创造力与批判性思维，强化学生的多元认知策略，促进学习效果的提升。然而，伴随技术赋能而来的，也包括学术诚信风险、知识产权争议，以及技术伦理边界界定等新的挑战，高等教育机构必须积极应对，通过完善制度规范、加强伦理教育，推动生成式 AI 在高等教育领域的可持续、负责任应用。

5.3.1　学术研究的辅助与加速

对于大学生和研究生而言，参与学术研究是培养创新能力的重要途径。然而，科研过程往往繁杂冗长，涉及大量文献查阅、实验设计、数据分析及论文撰写等环节。近年来，生成式 AI 逐渐成为科研人员的重要"数字助手"，帮助他们加速科研各个阶段的进程。

首先，在文献综述阶段，生成式 AI 能够快速从海量文献中搜集、筛选和提炼关键信息。学生只需要输入研究的主题或关键问题，生成式 AI 便可生成与之相关的重要文献列表、核心观点及研究成果摘要。这种方式大幅提高了文献调研的效率。尽管生成式 AI 产出的内容仍需要人工核验，但其对信息检索效率提升的作用不可忽视。

其次，在实验设计与数据分析环节，生成式 AI 同样发挥着关键作用。面对特定的研究假设或课题需求，生成式 AI 能提出多种实验设计方案，为学生提供灵感。此外，针对实验过程中产生的大量数据，生成式 AI 还能迅速进行统计分析和图表生成，给予初步的解读和趋势判断。尤其在涉及计算模拟、算法实现等技术领域的研究中，生成式 AI 的编程辅助能力更为突出，显著缩短了技术实现环节的耗时。

再次，在论文撰写方面，生成式 AI 可作为智能校对和润色工具，检查论文的语法、格式和术语准确性，提供措辞优化建议。此外，AI 能快速将中文初稿翻译成英文初稿，显著提高论文的撰写效率和语言质量。

最后，在科研创新与选题阶段，部分专业的生成式 AI 甚至能自主提出具有潜力的研究假设。例如，由知名机构研发的"AI 科学助手"通过跨学科文献的综合分析与推理，提出了此前未被人类关注的创新假设，加速了科学探索的进程。

5.3.2　跨学科整合与知识创新

高等教育积极倡导跨学科教育，鼓励学生拓展学科视野，因为众多重大的创新与突破往往产生于不同学科知识交叉融合之处。然而，跨学科学习的最大挑战之一在于不同学科领域知识结构差异巨大，学生难以精通所有领域。生成式 AI 能够有效搭建学科间的桥梁，帮助学生建立跨领域的知识关联，并激发创新思考。

首先，生成式 AI 依托于广泛的训练数据，掌握了跨学科的基本概念与术语。当学生尝试理解非本专业知识时，生成式 AI 能够通过熟悉领域的类比与映射，降低知识吸收难度。举例而言，一名计算机专业的学生若希望学习生物学中的"神经网络"概念，生成式 AI 可以先讲解生物神经元的运行机制，再类比于人工神经网络的工作原理，从而实现知识迁移，促进跨学科知识的有效吸收。

其次，生成式 AI 可高效整合多学科信息，解答涉及多个领域的复杂问题。例如，面对"气候变化对经济发展的影响有哪些？"这样在回答涵盖环境科学和经济学的跨学科问题时，生成式 AI 可以迅速汇总相关领域的研究成果，提供全面且具启发性的回答，使学生能够深刻体验跨学科思维的价值。

再次，在科研选题方面，生成式 AI 可以根据不同学科的最新研究动态，激发交叉创新的灵感。例如，生成式 AI 能够主动提出诸如"医疗影像分析可借鉴天文领域信号处理方法"的跨学科建议，帮助学生发掘创新切入点。许多现代重大创新，如现在利用 AI 技术寻找靶点等都是跨学科协同的成果，而生成式 AI 凭借广泛涉猎信息的能力，能协助人类连接看似不相关的知识点，促进创造性突破。

最后，生成式 AI 能有效推动跨专业团队的协作学习。在跨学科项目合作中，具有不同专业背景的学生往往面临沟通障碍，而生成式 AI 可充当"知识翻译"，以学生各自专业术语相互解释，促进共同理解，推动高效合作。

5.3.3　高阶思维与元认知训练

高阶思维能力，如分析、评价、创造和元认知等对自身思维过程的觉察与调控是高等教育着力培养的核心能力。传统上，这类能力的培养方式主要包括课堂讨论、论文写作、专题研讨和导师面对面指导。随着生成式 AI 的广泛应用，学生的高阶思维训练获得了新的工具与互动平台。

首先，生成式 AI 可以作为学生的"虚拟陪练"，通过引导式对话激发学生深入思考。例如，一位哲学专业的学生可以与生成式 AI 进行苏格拉底式的对话，由生成式 AI 持续追问与质疑其观点，或要求其详细阐述某个概念。这种无压力但高密度的互动模式类似于高强度的思维训练，可以促使学生从多元视角重新审视原本熟悉的理论或问题。一些研究表明，在生成式 AI 连续不断的质疑和提示下，学生更容易主动发现自己观点中的逻辑漏洞和未明确的假设，从而强化自身的批判性思维能力。

其次，生成式 AI 还可以辅助学生进行自我反思与总结。比如，学生完成一道复杂的数学证明题后，可以请生成式 AI 分析其解题步骤是否存在更优化的方法，或者提出其他可能的解决思路。通过生成式 AI 即时而具体的反馈，学生能更好地理解自己解题策略的优劣，从而促进元认知的提升。同理，在撰写学术论文时，学生可以请生成式 AI 审阅文稿并指出可能存在的论证漏洞或隐含的假设问题，从而督促学生主动反思并优化论述的逻辑严密性与全面性。

再次，生成式 AI 能够提供多样化的观点，帮助学生突破思维定式。学生在探讨社会学、政治学、经济学等议题时，如果局限于单一理论视角，生成式 AI 则能主动提供不同理论框架的分析供学生参考与比较。这种观点交叉碰撞，能有效培养学生的开放思维、分析比较和综合评价能力。

最后，在案例分析、法律辩论或管理决策模拟等需要角色扮演的教学情景中，生成式 AI 也能有效模拟持不同立场的角色，与学生展开对话或辩论。通过与 AI 不断交流互动，学生的说理能力、论证能力，以及批判性思考能力均能得到显著提升。

不过需要强调的是，尽管生成式 AI 在促进思维训练上优势明显，但也存在一定的局限性，比如它可能会生成看似合理但实际上有误导性的答案。如果学生未经批判性地全盘接受生成式 AI 的观点，反而可能削弱自身的独立思考与判断能力。因此，在教学实践中，需要特别强调学生应保持质疑与批判精神，将生成式 AI 作为锻炼思维的辅助工具，而非绝对的权威来源。

综上所述，生成式 AI 为高阶思维与元认知能力训练带来了全新可能。学生通过与生成式 AI 的人机互动，可以不断在深入的探索、反思和优化中成长，形成更加严谨而灵活的思维模式。这种与生成式 AI 交互式的练习极大提升了学生在辩论时的逻辑严密性与准备充分性。教师同时提醒学生要注意生成式 AI 提供的信息可能存在误导性，需要批判地看待生成式 AI 输出的内容，如生成式 AI 偶尔会有一本正经地胡说八道，甚至还会虚构引用不存在的研究文献等幻觉现象。通过这种批判式教学实践，学生不仅培养了严谨而细致的思维能力，也提升了辨别信息真伪的元认知能力。

总体来看，在教师有效引导与监督下，生成式 AI 已成为高校培养学生高阶思维与元认知的重要教育工具，极大丰富了传统教学手段，提升了教学效果。

5.4　小结

综观基础教育、职业教育和高等教育三个阶段，生成式 AI 在每个阶段的赋能侧重点各有不同，这是由各阶段的人才培养目标所决定的。基础教育阶段以兴趣激发和能力启蒙为核心，生成式 AI 应用着重于个性化、有趣味的学习内容创设，通过互动式学习场景、动画角色和情景化对话，引导孩子主动探索知识世界，关注每个孩子的全面发展。职业教育阶段以技能训练和就业适应为导向，生成式 AI 则聚焦于真实职业情景的模拟、岗位能力的精准辅导，以及个性化的职业规划建议，帮助学生迅速对接实际工作岗位，提升就业竞争力。高等教育阶段着重于创新思维和高阶认知发展，生成式 AI 主要应用于辅助科研探索、跨学科知识融合，促进学生开展批判性思考与学术辩论，鼓励学生主动探究与深度反思。这些差异清晰地体现了教育目标对人工智能应用的深刻塑造：人工智能的应用并非千篇一律，而是需要根据不同阶段的培养目标"量身定制"。教育者必须明确各阶段的核心诉求，再选择和设计恰当的人工智能赋能方案，使技术服务于人的成长，而非主导教育过程。

尽管基础教育、职业教育和高等教育在人工智能赋能方面各有侧重，但也存在诸多共性。首先，在个性化支持方面，基础教育通过生成式 AI 提供差异化学习内容和趣味活动；职业教育通过生成式 AI 设计个性化技能训练方案；高等教育通过生成式 AI 支持个性化科研与思辨路径规划，均体现了因材施教的教育理念。其次，在互动反馈方面，生成式 AI 都发挥了"智能交互对象"的作用：基础教育阶段提供生动的交互游戏，职业教育阶段模拟真实岗位对话和情景，高等教育阶段则通过苏格拉底式的提问与对话，激发深层次的批判性思考。

最重要的一点，无论技术发展多么迅猛，教育的核心依然是人。技术无论多么先进，都无法替代教师的情感引导、人格影响，以及学生自身的实践与成长。无论教育的外在形式如何改变，"以学习者为中心、促进人的全面发展"的理念必将长久不变。只要我们持续平衡好技术与人文的关系，充分发挥生成式 AI 的技术优势，同时坚守教育初心，人工智能就能成为新时代教育生态的重要组成部分，助力培养更多面向未来的创新型人才。

第 6 章

AIGC 时代的家庭教育重构

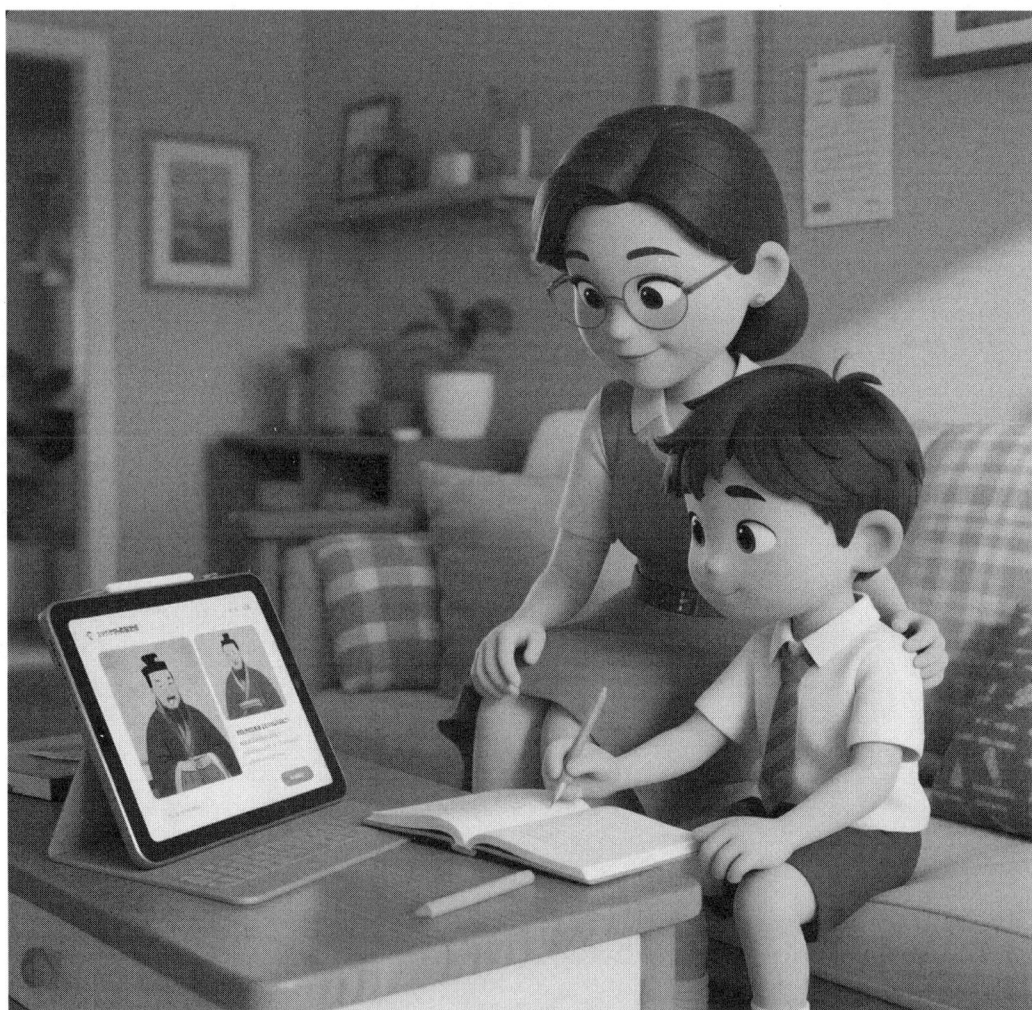

6.1　理解与转型：家长如何适应 AIGC 时代

6.1.1　家长与 AIGC 的"第一次相遇"：从焦虑到接纳

在生成式 AI 尚未广泛传播之前，多数家长对人工智能在教育中的实际应用知之甚少。随着生成式 AI 进入公众视野，许多家长的第一反应是担忧与焦虑。

一段在网络上流传的视频引发了广泛共鸣：一位小学生问父亲，"现在人工智能几乎无所不能，而我们还在学加减乘除，我有点焦虑，长大还能找到工作吗？"孩子对未来的不确定感折射出家长心中的忧虑，在智能技术高速发展的背景下，下一代如何找到属于自己的定位？有学生甚至发出疑问："人工智能生成的代码没有错误还能自我修复，拍照的机器手比我们稳得多，那我们还能做什么？"面对这些疑问，不少家长一时间难以回应，心中充满迷惘。

这种焦虑不仅源于对未来就业的不确定性，也源于对 AIGC 可能带来负面影响的担心。部分家长听闻学生使用人工智能完成作业或写论文，担忧其会影响学习主动性，助长依赖心理。某些教育管理部门甚至曾限制校园网络访问 AIGC 相关工具，以防止其对教学秩序造成干扰。也有家长忧虑子女接触生成内容可能遇到偏颇观点、不良信息，或沉迷于与 AI 的交流，从而疏远现实生活中的人际互动。这些未知和潜在风险令部分家庭选择了回避与封锁的态度，仿佛生成式 AI 是一头不容触碰的"猛兽"。

但随着了解逐渐深入，越来越多家长的观念开始悄然转变，有的家庭甚至分享了积极体验。例如，某位家长观察到，生成式 AI 工具可以耐心地回答孩子们五花八门的问题，帮助他们建立好奇心与探索精神；也有家庭尝试让孩子与生成式 AI 一起编程、写故事，从中发掘了孩子潜藏的创造力。这些经历为不少原本抗拒技术的家长打开了新视角。

教育专家指出，面对技术的演进，回避并非良策。引导孩子正确使用人工智能，远胜于盲目禁止。一些教育机构主动组织面向家长的人工智能知识普及活动，用生活中常见的例子解释人工智能的原理与边界，帮助家长建立基本理解。

近期的一项教育调查显示，多数家长对生成式 AI 持开放态度。在一项覆盖数百个家庭的匿名调查中，明确反对孩子在校使用 AIGC 的家长比例较低，而支持其作为学业辅助工具的家长比例超过 4 成。这表明，其实不少家长并不完全拒斥 AIGC 在教育中的应用。他们的态度之所以逐渐开放，源于对 AI 教育潜力的逐步认可，以及对未来教育趋势的理性判断。

同时，也有调查指出，尽管家长们高度认同生成式 AI 对未来发展的重要性，但他们也普遍表示自己不清楚学校是否有提供相关教育内容。这种矛盾心态折射出他们的核心关切：在生成式 AI 浪潮来临的背景下，他们希望孩子尽早接触、合理使用生成式 AI，但又担心教育体系尚未做好充分准备。

如今，随着社会各界对生成式 AI 的深入讨论，家长整体上已从最初的恐慌逐步过渡到理性接纳，甚至主动寻求学习与应对之道。他们开始思考：如何才能帮助孩子在安全、健康、富有意义的前提下，科学地使用 AIGC 工具，从容地迎接未来社会的新挑战。

6.1.2　AIGC 时代家长的认知升级：从"技术小白"到孩子的 AI 向导

在 AIGC 逐步走入家庭学习场景的今天，家长首先要"补课"——了解人工智能的基本概念及其在教育中的应用场景。只有掌握了相关技术的基本原理与局限，才能更有效地引导孩子安全、合理地使用这些工具。幸运的是，这些知识并不艰深，我们可以用通俗的语言逐步解释清楚。

简单来说，AIGC 是基于生成式 AI 的一种应用成果，它通过学习海量数据，识别其中的文本、图像、视频与声音等规律，再"生成"新的内容。生成式 AI 便是一种广泛使用的生成式 AI 形式，其常见机制是在已有信息的基础上，预测下一个最可能出现的内容，从而构建出符合逻辑的回答。

需要强调的是，生成式 AI 是在"模仿"人类语言模式，并不具备真正的理解或意识。它们更像是大型模式匹配系统，而非具有思维能力的"对话者"。正如一些专家指出的，生成式 AI 是在"计算"，而不是在"思考"，因此它在输出时会出现错误，甚至有时会编造虚假的信息，这在技术上被称为"幻觉"现象。比如，它可能非常自信地给出一个并不存在的参考文献，或错误叙述一个历史事件。这提醒我们：生成式 AI 不等于权威答案，其生成内容需要由人进行判断和核实。

家长除了要了解其局限性，还应积极掌握生成式 AI 在教育中的几种典型功能，以下是当前相对成熟、在家庭中易于使用的几类用途。

- 个性化学习助手：根据孩子的知识水平和学习节奏，生成式 AI 可以生成适合其需求的习题、提示或解释，有助于实现"因材施教"。

- 随时答疑的 AI 伙伴：孩子做作业遇到疑问，可以通过生成式 AI 即时提问。AI 能够根据孩子的表达调整解答方式，比如用比喻、故事或更简明的语言解释复杂概念。

- 创意激发工具：在写作或项目设计中，生成式 AI 可协助孩子头脑风暴选择主题、提供素材、构思提纲，帮助他们突破创意瓶颈。

- 语言学习伙伴：孩子可以用外语与生成式 AI 练习对话，由生成式 AI 进行语言修正与反馈，还能辅助作文修改和语法解释，增强语言表达能力。

- 支持特殊需求：例如，为视力障碍学生朗读内容，为阅读困难学生简化文本表达，或者生成多模态学习资源以增强学生的理解力。

要想在 AIGC 时代真正发挥好家庭教育的作用，家长不仅要懂得如何使用技术，更要理解其背后的教育理念与责任。技术的发展从来不是孤立发生的，它对孩子认知方式、学习习惯乃至价值观的影响，往往悄无声息而深远。作为孩子最亲密的引导者，家长如果能够在生成式 AI 使用过程中发挥"导航仪"的作用，不仅能帮助孩子避开误区、掌握方法，还能共同探索技术带来的新机遇。下面这五点建议，可以帮助家长从技术认知、教育引导、伦理意识等多个层面，逐步成长为孩子在生成式 AI 使用过程中的"合格向导"。

- 生成式 AI 不是全知：生成式 AI 根据概率生成内容，并不保证绝对准确，家长和孩子都应保持质疑与审视的态度。

- 生成式 AI 可能有偏见：训练数据中的隐性偏见可能在输出中体现，需要引导孩子辨别和思考其中的问题。

- 生成式 AI 可助力个性成长：生成式 AI 的反馈能力和内容定制能力可以成为家庭教育的有力补充，关键在于合理引导和使用。

- 生成式 AI 不能替代努力：告诉孩子，生成式 AI 可以激发思路、解答疑问，但学习成果仍靠自己的坚持与思考。

● 规范与责任使用：明确家庭的使用规范，让孩子在安全、负责任的前提下探索生成式 AI 的潜能。

通过上述学习，家长可以逐步从"技术门外汉"成长为孩子使用生成式 AI 的陪伴者和指导者。接下来，在认知能力提升的基础上，还可以进一步思考家长在教育方式和角色中的转变。

6.1.3 家庭教育中的角色重塑：从"看护者"到"学习伙伴"

在传统家庭教育模式中，家长常被视为"陪读者"或"监督者"——负责检查作业、督促复习，必要时甚至请家教补课。此类角色定位使父母更多地担任"学习任务的看护者"，较少真正参与知识的探究过程。然而，随着生成式 AI 工具的广泛应用，这一传统模式正经历深刻变革。

在生成式 AI 的辅助下，部分知识讲授与练习指导工作可由智能系统承担，家长得以从重复性的监督事务中解放出来，转而投入到更有创造性和情感深度的陪伴实践中。这种转变赋予了家长"学习伙伴"的新角色——他们不再是"看管作业的守门人"，而是孩子探索世界旅途中的同行者与引导者。

"学习伙伴"不同于传统的教学者或控制者，更接近于一种融合同伴探索与引导功能的新型身份。家长不仅陪伴孩子学习，更与其一同提问、探讨，并在生成式 AI 工具的协助下获取信息、验证观点，从而建立起一种"人—人—AI"的三方学习共同体。

例如，若孩子对宇宙现象产生好奇，过去家长可能只是购置科普读物交由孩子自行阅读。如今，借助生成式 AI，家长可以和孩子一起探索："黑洞是如何形成的？""能否用比喻来解释黑洞？"——他们共同向人工智能发问，阅读解答，再围绕这些内容展开讨论。即便家长本身不具备相关知识，也能通过 AI 工具实现与孩子的同步成长，真正参与到学习中去。

这一转变还反映在家长教育心态的变化上：从以"教"与"管"为核心的权威姿态，走向以"学"与"导"为核心的平等协作。表 6-1 揭示了传统家长角色与 AIGC时代新角色之间的差异。

表 6-1　传统家长角色与 AIGC 时代新角色之间的差异

传统家长角色	AIGC 时代家长扮演新角色
知识监督者：检查作业，纠正错误，确保完成任务	知识共探者：与孩子一起提问，借助生成式 AI 获取答案，共同学习新知
权威指导者：灌输经验，孩子被动接受	协同学习者：放下权威，与孩子平等讨论，彼此启发
陪读守护者：盯着进度，防止偷懒和分心	动力支持者：借助生成式 AI 激发学习兴趣，共同制定学习计划
结果导向：关注分数与成绩	过程导向：注重思维成长与亲子探索的互动乐趣

从表 6-1 中可以看出，这一新角色的实现需要家长提升自我学习能力、更新教育理念。一些家长坦言，过去面对孩子的问题常常应付了事；而如今，他们更愿意与孩子一起查找答案，勇敢承认"我也不知道，让我们一起来探索"。这一转变不仅有助于解决具体问题，更重要的是为孩子树立了"终身学习"的榜样。

生成式 AI 的介入，也正在悄然改变家长在家庭学习中的角色。家长不再只是"批改作业的人"或"监督完成进度的人"，而是以朋友与教练的姿态，参与孩子的思维构建与知识探索。每个家庭可以结合实际情况，灵活制定适合自己孩子的生成式 AI 使用方式，让技术成为家庭教育的得力助手。以下是一些可供参考的 AI 家庭使用策略，帮助家长更好地引导孩子在 AIGC 时代下成长。

- 与孩子共同探索：首次使用生成式 AI 时，建议家长陪伴在侧，共同操作并交流看法，帮助孩子建立正确的使用习惯，避免将生成式 AI 当作"答案机器"。

- 设定使用规范：明确规定生成式 AI 的使用范围。例如，可以用来查阅资料、开展对话练习，但不适合在独立完成的测验中使用，帮助孩子树立学术诚信意识。

- 鼓励孩子主动提问：引导孩子大胆发问，不懂就问生成式 AI，并尝试多种提问方式，如"换一种说法试试看"，从而获得多样化、深层次的回答。

- 结果一起评估：生成的内容并非"绝对正确"，家长应与孩子一起查证、讨论，通过多角度评估，提升孩子的判断力和批判性思维能力。

- 控制使用时间：合理安排每日生成式 AI 使用时间，避免过度依赖或长时间注视屏幕，确保劳逸结合和视力健康。

通过以上策略，家长可以更有信心地把握生成式 AI 赋能教育的主动权，不仅减轻教学负担，也为孩子提供更多学习的可能性与学习体验。科技为家庭教育插上了翅膀，而父母要做的，就是掌稳方向盘，与孩子一起飞向更开阔的知识世界。

6.2　实践与赋能：家长如何参与和支持孩子的 AI 学习之路

6.2.1　作业辅导与难点讲解：家长与 AI 的共学共育

这是家长最常遇到的生成式 AI 应用场景。许多父母在结束一天的工作后，还需要辅导孩子的作业，但面对某些学科，可能已多年未接触，难免感到力不从心。这时，生成式 AI 便可以成为家长的"备课搭档"，帮助家长快速理解知识要点，提升家庭学习质量。

例如，当孩子面对一道难题不知从何下手，而家长也一时想不起解法时，可以将题目输入生成式 AI，请它逐步展示解题思路。一方面，家长能迅速理解问题的解决逻辑，再用自己的话解释给孩子听；另一方面，也可以让孩子在生成式 AI 的引导下逐步推进思考。

在数学学习中，这种方法尤为适用。家长可以向生成式 AI 提出请求："请不要直接给答案，只提供第一步的思路。"生成式 AI 生成提示后，孩子尝试解决；如仍有困难，再请求下一步提示。这种"层层提示、逐步引导"的方式，不仅避免了孩子对答案的依赖，也激发了孩子主动思考的能力，家长则在一旁扮演支持者和对话引导者的角色。亲子和 AI 组成"学习小组"，在互动中攻克难题。

类似的帮助还可以延伸至知识点的再讲解。比如，孩子在课堂上未能听懂某一节课的内容——如物理课中关于电路原理的讲解，家长自己也不太清楚电学知识，传统方式只能翻教材、查资料；现在，可以请生成式 AI 用孩子易于理解的语言重新解释，甚至加入类比、拟人或故事化的呈现方式。

举例来说，当要解释"电流"和"电压"的区别时，可以请求生成式 AI 用生动形象的方式说明："请用生活中的比喻向孩子解释'电流'和'电压'的不同。"生成式 AI 可能生成这样的内容："电流像水流，电压就像推动水的压力。"如果希望更吸引孩子的注意力，还可以要求生成式 AI 讲一个小故事，比如一个"电子小勇士"穿越电路、完成任务的冒险旅程。

通过这些方式，哪怕家长并非某学科的专家，也能借助生成式 AI 生成内容给孩子有效引导。更重要的是，AI 的辅助不仅解决了孩子的学习难点，也让家长在此过程中收获了新的知识与理解。这是一种双向赋能、共同成长的教育体验。

一位家长向生成式 AI 提问："请用孩子能理解的方式解释'为什么会下雨'。"生成式 AI 回答："天空中的云就像一个装满水的壶。太阳晒着地面，水蒸气升到空中，云壶里装满了小水滴。等水壶满了，水滴就从天空跳下来，这就是下雨啦！"

在这个例子中，家长提出了一个清晰的问题，生成式 AI 生成了"云是水壶"等形象生动的比喻，帮助孩子理解自然现象。家长还可以进一步拓展活动，对孩子说："你觉得这个比喻有趣吗？我们一起来画一张'云朵倒水'的图吧！"由此，一个知识点不仅被理解，还转化成亲子共创的艺术表达，实现了科学素养与创造力的双重提升。

6.2.2　激发阅读与写作兴趣：让 AI 成为亲子共读共写的桥梁

许多家长对孩子的阅读能力与写作水平感到焦虑，尤其是对语文成绩、写作兴趣和表达逻辑等方面无从下手。实际上，生成式 AI 在这方面大有可为，不仅能为家长减轻负担，更能让阅读与写作成为富有乐趣的家庭活动。

1. 阅读方面：AI 化身故事伙伴，激活读者想象与理解

家长可以将生成式 AI 作为孩子的"阅读小伙伴"。例如，孩子读完一篇文章后，家长可以让生成式 AI 生成几道理解题目，与孩子一起尝试回答。这种"即读即问"的方式，不仅帮助家长了解孩子的阅读理解程度，也使孩子养成主动回顾与思考的习惯。

对于年龄较小、刚开始接触独立阅读的孩子，还可以利用生成式 AI 增强故事的互动性。比如阅读一部经典童话后，可以请生成式 AI 扮演故事中的角色与孩子对话。读完《小王子》后，生成式 AI 可以以"小王子"的口吻问孩子："你觉得我的玫瑰花特别在哪里？"孩子作答后，生成式 AI 继续回应，从而构建出一场"角色对谈式"的阅读体验。这种形式比单纯复述更能加深孩子对故事人物情感和内涵的理解，同时锻炼了孩子的语言表达能力和逻辑思维能力。

2. 写作方面：AI 成为写作教练与"反面教材"

在写作方面，生成式 AI 同样可以成为既有趣又实用的"写作伙伴"。不少家庭已开始尝试一种新颖的做法：让孩子参与"续写"或"改写"故事。

例如，家长和孩子共同设计一个故事的开头，让孩子口述情节发展，然后请生成式 AI 继续编写，再一起评判是否合理、有趣、逻辑清晰。家长可以引导孩子从语言表达、内容结构、人物动机等角度分析生成式 AI 生成的文本，有针对性地提出修改建议。这种"共同创作+即时反馈"的过程，让写作不再是独自面对空白纸页的煎熬，而是充满互动和趣味的头脑风暴。

还有一种颇受欢迎的做法是"反向点评法"。比如，请生成式 AI 生成一篇符合某年级水平的作文，然后和孩子一起当"小老师"，挑出文中不通顺的句子、不够精彩的段落，甚至提出修改建议。孩子在这个过程中学会判断什么是好文章、如何提高表达质量，也提升了批判性思维。这种"角色互换"——让孩子站在"编辑者"而非"写作者"的视角进行写作训练，是传统教学中不易实现的，但在生成式 AI 的辅助下变得触手可及。

AI 赋能写作的三种常见方式如下。

- 范文生成器：当作文题目无从下手时，可请求生成式 AI 生成一份范例，作为结构与思路上的参考。

- 互动续写器：与孩子一起输入开头内容，让生成式 AI 续写内容，引导孩子参与修改与创作。

- 批改练习本：请生成式 AI 生成一篇普通文章，让孩子练习挑错、润色和点评，锻炼孩子的鉴赏力和文字表达力。

总之，在生成式 AI 的辅助下，阅读和写作不再是一项孤独而枯燥的任务，而是一场可以全家参与的、有趣的智力游戏。生成式 AI 成为连接孩子思维和语言的桥梁，也成为家庭教育的重要帮手。

6.2.3 制定学习计划与检测：AI 成为家庭学习的"规划师"与"分析师"

生成式 AI 不仅可以解题和讲故事，更可以在家庭教育中担任"学习管家"的角色，帮助家长科学地规划孩子的学习节奏，并持续检测学习成效。尤其对于时间紧张、需要系统安排学习任务的家庭来说，生成式 AI 带来了新的解决路径。

1. 个性化学习计划制定

家长可以将孩子的基本学习情况（年级、学科偏弱、课业安排等）输入到 AI 工具中，借助其生成能力快速得到一份初步的学习计划草案。例如，一周内的安排可能包括：

- 周一复习教材的哪些内容；

- 周二完成某章节练习题；

- 周三安排一次英语听力训练；

- 周末进行一个科学小实验等。

这些内容既系统又具有操作性，家长可以根据家庭实际节奏进行微调。比起从零开始手动设计，生成式 AI 的辅助不仅节省时间，还能带来启发，提醒家长补足原本被忽略的环节，如"间隔复习""主题整合""趣味实践"等内容，从而形成"计划合理 + 家庭可执行"的个性化方案。

2. 错题分析与针对性提升

在执行计划的过程中，生成式 AI 还可以扮演"学习效果分析师"的角色。例如，孩子完成一套测试后，家长可以将答错的题目录入 AI 工具，请求分析错误背后的知识盲点，并自动推荐针对性的练习内容。

例如，"孩子在小数与分数的互化中错误较多，请分析出哪些知识点薄弱，并推荐相关的练习题目。"生成式 AI 便会据此提供分析与建议，帮助家长精准聚焦孩子的薄弱环节，而不是广撒网式地重复训练。这种方式有助于实现"查漏补缺—即时修正"的高效学习闭环。

3. 生成小测验与即时反馈

在学习检测方面，生成式 AI 也展现出实用优势。传统上，家长出题来检测孩子学习效果，需要耗费大量时间和精力，命题质量也未必专业。现在，家长可以直接向生成式 AI 提出请求："请根据五年级上册数学'分数'单元，出 10 道由易到难的应用题。"生成式 AI 能够快速生成符合目标要求的测验题，并附上参考答案及解析。

完成这些题目后，家长可以带着孩子逐题讲解。借助生成式 AI 生成的标准答案与分析，家长省去了批改环节的工作量，把更多时间用于理解引导和知识巩固。另外，AI 生成的题型多样，不拘泥于传统题库形式，往往能提供一些新颖角度，激发孩子的好奇心和探究欲。"这道题有点意思，我以前没见过！"——这样的反馈常常意味着孩子被激发了更深入的思维动能。

6.3　AI 家庭学习场景的扩展：交互式、游戏化、探索式

在传统的家庭学习中，孩子多数时间对着课本、练习册等，难免感到枯燥。AI 技术的加入，为家庭学习打开了新天地——更加交互式、游戏化和探索式的学习场景正在出现，让孩子在家也能享受到类似游乐场般的学习体验。

6.3.1　交互式学习：让知识"活"起来

在传统学习中，孩子往往只能被动接受知识。而如今，在生成式 AI 的支持下，知识第一次真正"活"了起来，孩子可以像与朋友聊天一样，与知识本身展开互动。

1. 知识人格化：孩子能"采访"历史人物、科学家与老师

借助生成式 AI 的角色模拟能力，家长可以陪伴孩子体验"拟人化"学习场景。例如，让生成式 AI 扮演一位历史人物，孩子就可以与"孔子"或"某位科学家"对话，提出自己的问题并获得沉浸式回应；让生成式 AI 化身生物老师，孩子可以畅快提问："鲸鱼会唱歌吗？""萤火虫为什么会发光？"等趣味问题。生成式 AI 不仅能准确回应，还能用孩子能理解的方式讲述复杂原理。

随着语音识别与合成技术的发展，这种交互已不再局限于打字。孩子可以直接通过语音与生成式 AI 对话，仿佛在与一位永不疲倦、始终耐心的老师通话。这种沉浸式交互让学习变得轻松而生动，极大地提升了孩子的专注度、提问兴趣和思考兴趣。

2. 主动式探索：围绕孩子的好奇心展开的学习旅程

交互式学习的魅力在于，它以孩子为中心展开。孩子问什么、聊什么，学习内容就围绕他们的兴趣展开。这种由好奇心驱动的学习节奏，和传统的"被动听讲"有本

质差异：它是孩子主导的，是探索式的，是开放而富有反馈的。

更妙的是，生成式 AI 还能根据孩子的反馈动态调整互动策略。例如，如果生成式 AI 发现孩子对枯燥的数字问题不感兴趣，它可能会"即兴改变策略"：设计小问答、小游戏或带有故事情节的数数练习，提升趣味性，让孩子在游戏中学习，而家长可以轻松观察学习效果，无需时刻纠结讲解方式是否准确。

这种"因人而异、因时而变"的互动体验，是生成式 AI 的独特优势：如果孩子感到困惑，生成式 AI 可以自动换一种方式解释；如果孩子展现出浓厚兴趣，AI 还能进一步引导深入思考。

3. 家庭互动升级：家长不再是"催促者"，而是"引导者"

家长在这种学习结构中不再只是单向灌输的角色，而成为一名引导者和陪伴者。比如在亲子共读时，可以让生成式 AI 适时跳出提问，引导孩子对文章内容进行延伸思考；当孩子走神或疲倦时，可以请生成式 AI 讲一个笑话、设计一个游戏，将注意力自然拉回到学习任务中。

家庭学习也因此变得灵动起来。生成式 AI 作为一个"永远在线的学习伙伴"，不仅能持续响应孩子的提问，还能根据交流中的细微线索调整互动风格。这为家长创造了一个新契机：将"唠叨"转化为"协作"，让亲子之间围绕生成式 AI 生成的内容展开更多有趣、有价值的讨论。

交互式学习不仅提高了孩子的学习效率，也重塑了家庭学习的氛围。孩子通过对话探索世界，家长则在一旁陪伴与引导——生成式 AI 不再只是工具，更是连接知识、兴趣与亲子情感的重要桥梁。

6.3.2　游戏化学习：让学习像"玩游戏"一样快乐

AIGC 将游戏机制巧妙地融入学习中，让"在家学习"变得既轻松又充满乐趣。现代教育理念强调"在玩中学"，但许多家长在家庭场景下往往不知如何设计有效的学习游戏。如今，许多 AI 辅助学习工具或平台已内置游戏化元素，自然融合了知识训练与激励反馈，为孩子创造了积极、愉悦的学习氛围。

1. 学习"升级打怪"：激发挑战精神与内驱力

许多教育类大模型应用引入了"攒星星""开宝箱"和"通关升级"等环节，将学习过程比作"升级打怪"的游戏旅程。这种机制大大提高了孩子的参与积极性和专注力。相比传统单一的题海战术，这类设计让孩子在完成任务的过程中获得即时奖励与反馈，从而产生持续的动力。

更重要的是，游戏化学习传递了一个积极心理暗示："失败没关系，可以重来。"孩子在尝试中慢慢建立起对挫折的承受力，逐渐习得"挑战—失败—调整—再挑战"的成长型思维方式。这对于儿童早期的抗挫力和情绪管理能力的培养极为重要，远胜于仅关注分数高低的应试路径。

2. 实例场景：写字、识字、探险，一体化融合

在一些 AI 写字应用中，孩子学习汉字的过程被设计成一场多感官互动的游戏体验：每写对一个字，就能获得星星奖励和愉快的音效；写错也不会被"批评"，而是得到鼓励性反馈和再次尝试的机会。更有趣的是，不同关卡还融合了地理、人文等跨学科知识，使孩子在识字过程中拓展了自然科学知识。

此外，系统还通过触摸反馈与音乐节奏，将写字过程变得富有节奏感和创造力：每个孩子的书写轨迹都会触发不同的音效与视觉反馈，仿佛在"演奏"一段专属的学习交响曲。这种"写+玩+听"的多维度设计，提升了记忆深度，也让学习过程摆脱了枯燥。

3. 多学科适配：数学、英语的"闯关式"体验

除了语文类学习，数学、英语等学科也广泛采用了游戏化设计。例如，有的数学应用设置"知识闯关"与"题目探险"模式，让孩子每解出一道题就能过一关、收集徽章；英语学习则通过"拼词打怪"或"词汇寻宝"等形式，引导孩子在语境中记忆词汇，提升语言实际运用能力。

家长可以根据孩子的兴趣，选择合适的学习内容，从而将"玩游戏"的热情转化为"学知识"的动机。但也要提醒，游戏化不等于"纯粹娱乐"。适度的游戏机制有助于激发学习动机，但过度依赖奖惩或通关目标，可能反而弱化对知识本身的关注。

在孩子进行游戏化学习的过程中，家长的角色依然关键。可以不时参与孩子的游戏学习中，与其交流："你这一关主要学了什么？""哪道题最难？为什么觉得难？"这样不仅能帮助孩子回顾内容、深化理解，也能防止孩子只关注积分、奖励等表层目标而忽略学习本质。

游戏化学习是技术赋能教育的一种巧妙路径，它让孩子在不知不觉中爱上学习，也为家长提供了参与和引导的新方式。只要把握好节奏与方向，游戏就可以成为学习最好的"引路人"。

6.3.3　探索式学习：将世界搬进孩子的学习场景中

在生成式 AI 的辅助下，家庭学习的"教室"已不再局限于书桌和平板，而是被拓展到一个充满想象力与沉浸感的"虚拟宇宙"。无论是科学实验、历史探秘，还是跨学科探究，AIGC 为孩子打开了更广阔的学习视野，让知识真正"可感、可触、可探"。

1. 打通学科知识，构建系统认知

比如，孩子在课堂上学到了关于火山喷发的地理知识，又在化学课上接触了氧化反应。家长可以和孩子一起向生成式 AI 提出问题："火山喷发过程中是否涉及化学反应？有哪些反应？"生成式 AI 通常会给出综合性的解读，既包括地质过程，也涉及化学变化。通过这种方式，家长和孩子可以一起发现知识之间的内在关联，从而将课堂中零散的知识"串珠成链"，实现系统性学习。

再如，阅读到"四大发明"相关历史内容时，家长可以进一步启发孩子提问："造纸术的传播，对后来的文化发展有哪些影响？"此类问题已超越课本范畴，但在生成式 AI 的辅助下，孩子也能获得初步理解，并尝试从更广阔的视角看待历史与现实的关系。这种延伸学习，不仅拓宽了知识边界，也激发了孩子对综合性、深层次问题的好奇心。

2. 虚拟实验室：突破场地与安全限制的科学体验

传统科学实验往往受限于场地、材料、时间和安全风险。现在，许多由生成式 AI 驱动的虚拟实验室工具已经将实验搬到孩子指尖。孩子可以在平板或可穿戴设备上模拟化学实验，甚至通过增强现实将试管、药水"投影"到家中的桌面，仿佛一个微型实验室在眼前运作。

在这个过程中，孩子可以像玩游戏一样操作实验器材，混合不同"试剂"，观察反应现象，而生成式 AI 会实时进行解释："这个颜色变化代表了氧化反应""你看到气泡，是因为释放了某种气体"……在真实世界中难以进行或危险系数高的实验，如

爆炸性反应、剧毒物质的反应过程，孩子也可以在虚拟环境中大胆尝试、安全学习。

这种低成本、低风险、高反馈的科学探索方式，不仅让孩子玩得投入，更大大提升了孩子的学习效率与科学素养。

3. 虚拟时空漫游：让历史与地理"活起来"

在地理和历史学习方面，生成式 AI 同样展现出令人惊叹的能力。借助沉浸式学习应用，孩子可以进入虚拟博物馆、古代遗迹或跨时空交互的学习空间。

想象一下，孩子戴上头显，就能置身于一座古代城市广场，由 AI 扮演的"时空导游"带领他们参观市场、与虚拟商人对话，了解古人如何交易、如何生活；又或者走进一座金字塔，生成式 AI 逐一讲解壁画上的神话与文化。以往这些体验只能靠文字或插图呈现，如今孩子足不出户即可"身临其境"，理解力与记忆力自然也大大增强。

4. 多维融合：AIGC 赋能的不只是一种学习方式

需要强调的是，交互式、游戏化、探索式这些新型学习方式，往往并非彼此孤立的，而是互为支撑、彼此融合的。

比如，一个语言学习类 AI 应用，既有互动式对话（交互），也有单词闯关（游戏），还有文化沉浸式体验（探索）；一个科学对话过程中，可能融合了小游戏、小测试、拟人化讲解……这些都是 AIGC 带来的整体式学习体验，它不拘泥于教材，也不受限于学科，而是围绕孩子的兴趣和认知路径灵活展开。

5. 家庭学习新生态：以好奇心为驱动的终身学习新起点

越来越多的家长反馈，在 AIGC 的辅助下，孩子变得更敢问、更爱想、更主动探索。他们不再害怕犯错，而是敢于尝试；不再被动等待任务布置，而是主动开启学习旅程。

这些变化正是未来社会所需要的"终身学习者"的特质。而 AIGC，恰好为这种成长提供了支持土壤。它所赋予家庭教育的，不是替代教师或家长的功能，而是为家长和孩子提供了一套"共同成长的工具箱"。

一位从事艺术工作的父亲，起初对编程一无所知。尽管孩子对机器人充满兴趣，他却难以提供有效支持，往往只能说"去问老师"。随着生成式 AI 工具的普及，这位父亲决定与孩子一起尝试学习。他们使用了一款面向青少年的编程 AI 助手，每周固定时间一起学习基础编程语言。遇到不懂的术语和代码含义时，他们便向 AI "求助"。在 AI 提供的直观引导下，父亲也逐渐掌握了编程知识。几个月后，父子共同完成了一个小游戏开发，孩子兴奋不已，父亲也获得了久违的成就感。这种"共同成长"的经历显著拉近了亲子关系。

每一次"虚拟旅行"、每一次"沉浸实验"、每一次"知识对话"，都是孩子构建自我认知与理解世界的宝贵一步。家长要做的，就是在旁边给予理解、引导与陪伴。让家庭学习，不仅是知识传授的空间，更是亲子共同探寻世界、共同成长的乐园。

6.4　构建面向未来的家庭教育生态

随着 AIGC 深入家庭教育，我们有必要跳出具体应用，从全局审视家庭教育生态的重构。所谓家庭教育生态，指的是围绕孩子成长，家庭内部的学习环境、资源配置、人际互动，以及家庭与学校、社区等的连接方式。AIGC 的引入，为这个生态注入了新元素，我们需要思考如何构建一个面向未来、健康可持续的家庭教育生态系统。

6.4.1　学习环境升级：打造面向未来的智慧教育空间

随着 AI 技术的发展，家庭学习环境正迎来从"传统"向"智能"再向"创造性空间"的转型。过去家庭学习空间的核心是书架与写字台，如今，越来越多的家庭开始配置学习平板、智能音箱、AR/VR 设备等，使得家庭教育场景走向数字化、智能化与沉浸化。

1. 空间升级：构建属于孩子的 AI 学习角

家庭教育环境的优化并不意味着要追求高端配置或大面积空间，而在于精心设计和赋予空间教育意义。家长可以尝试布置一个"AI 学习角"——在某个角落放置联网终端设备，安装适龄教育类 AI 应用，墙面张贴孩子的学习日程板、读书计划表或原创绘画作品，形成一个既安静又充满创意的小天地。

这个专属空间能够激发孩子的探索兴趣与自主学习意识。同时，家长也可以设置自己的"学习角"，如工作区或阅读区等，让孩子看到"全家人在共同学习"，营造浓厚的家庭学习氛围。空间布局在潜移默化中传递着一个信息：学习是每个人的日常，是全家的价值共识。

2. 资源扩容：从内容消费者变为内容创造者

除了硬件环境，内容生态的建设更是家庭教育升级的关键。过去的家庭教育依赖统一教材和外部资源，而在 AIGC 的辅助下，家长和孩子都可以成为教育内容的"共创者"：

- 家长可借助 AI 工具为孩子定制个性化练习册，聚焦其薄弱环节或兴趣领域；

- 孩子可以用 AI 工具创作故事、绘制图像、生成演示文稿，将想象变为成果，张贴在"家庭学习墙"上；

- 学习不再只是"听讲—记忆—练习"的单向流程，而是"构思—生成—评估—展示"的动态循环。

这类生成式学习不仅增强了孩子的学习主动性，也激发了孩子的创造热情和表达能力。

3. 数字资源管理：家庭教育的"馆长思维"

随着人工智能赋能教育资源的不断丰富，家庭需要逐步建立一个属于自己的"数字资源库"。这个资源库可以包括：

- 生成式 AI 生成的语文、数学、科学等学科的个性化资料；

- 孩子的电子作品集，如 AI 绘本、自动作文、音乐作品等；

- 在线课程、知识视频、科学纪录片等权威资源。

家长不只是信息的搬运工，而应成为"数字馆长"——管理、筛选、分类并定期更新这些资源。例如，每月与孩子一起回顾上次学习成果，移除冗余资料，添加新兴趣点内容，激活学习资料的"流动性"。

这种资源管理思维，实际上是"数字素养教育"的一部分，也将帮助孩子逐步建立起有效学习、组织信息和积累知识的能力。

家庭学习环境的升级，不仅体现在设备更新和内容增加，更体现在教育理念的转变——从"布置任务"到"共建生态"，从"内容接收"到"创意输出"。当家长意识到自己也是这个生态系统的一员，并通过空间与资源的精心营造，与孩子共同创造一个面向未来的智慧学习场域时，家庭教育就不仅有了温度，也拥有了时代的力量。

6.4.2　人物角色重塑：家庭中的"教育共创者"时代

在生成式 AI 深度参与家庭学习的背景下，家庭成员的角色正在悄然发生转变。AIGC 不仅重构了学习方式，也在重塑每个人在家庭教育生态中的身份与责任。

1. 父母协同：从"单线负责"到"双导师共育"

在传统家庭教育中，往往由一方承担主要教育职责，而另一方则处于相对边缘的位置。随着 AIGC 工具的普及和可操作性的提升，每位家长都有了参与教育的新路径，也更容易根据自身特点找到适合的参与方式：

- 如果父母中有一位更擅长技术，则其可以承担 AI 工具的挑选与维护任务；
- 如果父母中另一位更善于沟通表达，则可以关注孩子的心理状态和学习反馈；
- 在陪伴孩子使用 AI 工具学习时，父母可分别扮演"提问者"与"回应者"，轮流与孩子互动，共同构建学习情景。

这种"双导师"模式不仅减轻了单一家长的负担，也增强了家庭教育的整体稳定性和亲密感。孩子在这种氛围中能切实感受到来自父母双方的平等支持与共同参与，从而提升学习动机和情感安全感。

2. 孩子的角色转变：从"被教者"到"共创者"

在 AIGC 赋能的环境中，孩子不再只是被动接受知识的"学习终端"，他们常常在技术熟悉度与使用能力方面超越父母。当孩子展现出更强的数据敏感性时，家庭内便出现了有趣而积极的"角色互换"现象：孩子教会爷爷奶奶、姥姥姥爷如何使用语音助手听新闻，又或者教爸爸妈妈如何用 DeepSeek 这样的大模型……

此类互动不仅提高了孩子的参与度，也强化了他们的责任意识与表达能力。家长在这种"被孩子指导"的情景中，若能真诚表达认同与感谢，不仅可以增强孩子的自信心，也能在潜移默化中树立"人人皆可为师"的家庭文化观念。

3. 共同成长：打造"人人皆师，人人皆生"的学习生态

未来的家庭教育场景将呈现出一种更加弹性和协作的结构——没有固定的讲台与讲师，每个人都可能在不同时间、不同主题中成为"指导者"或"学习者"。

- 父母应该引导孩子树立正确的价值观，并向孩子反馈更适合的技术操作方式；

- 长辈提供生活经验，给孩子带来时代视野；

- 家庭内部的知识流动更为平等、开放、双向。

这种生态鼓励的是一种基于相互尊重与共同探索的教育关系。AIGC 作为桥梁与催化剂，强化了这种互动式学习文化，让"家庭"不再只是生活空间，更是一个动态、生长型的学习共同体。

AIGC 不仅解放了家庭教育的时间与空间，更推动了"人的角色"的重构。在这种新型学习生态中，父母不再是孤军奋战的教育者，孩子也不只是接受者——每一位家庭成员都成为学习网络中的积极参与者与贡献者，共同成长，共创智慧生活。

6.4.3　制定使用准则：规则让生态有序，情感使生态温暖

一个健康、可持续的家庭学习生态，离不开明确的规范来引导技术的使用方向。生成式 AI 虽具有强大潜能，但若缺乏节制与引导，容易导致家庭节奏紊乱、生活习惯被打乱，甚至削弱亲子之间的情感连接。因此，制定一套全家共同遵守的家庭 AI 使用准则，已成为新时代家庭教育的重要一环。

1. 明确使用规则：共同制定、全家参与

家庭应以协商而非命令的方式，与孩子共同制定科技使用规范，使规则更具约束力与参与感。

- 使用时间有度：约定每日使用 AI 工具进行学习或创作的时间上限，避免长时间使用电子屏幕对视力、睡眠等造成影响；

- 使用场景清晰：规定 AI 工具可用于学习辅助、知识探索、创意表达等情景，但不得在独立作业或考试中用于抄袭与替代，强化学术诚信意识；

- 信息安全守则：告知孩子不得在与 AI 工具对话中输入真实的姓名、住址、证件号码等个人隐私信息，提升数字安全素养。

这些准则建议以图示或卡片形式张贴在家庭学习区域，成为家庭教育生态的可视化"制度墙"，方便提醒、便于监督。

2. 保护亲情连接：在 AI 陪伴之外保留人的温度

AIGC 的渗透力愈发强大，许多家庭已经习惯使用语音助手哄孩子入睡、让 AI 聊天机器人陪伴孩子交谈。这些工具虽在某些时刻解放了父母的精力，但也可能悄然削弱原本充足的亲子情感交流。

家庭应设立"无科技亲子时光"，作为情感维系的仪式性安排。例如，每天睡前 15 分钟，全家关闭电子设备；父母主动与孩子聊聊今天的学习成果、情绪状态或未来的小计划。

这样的高质量陪伴，既能加深亲子之间的情感共鸣，也能帮助孩子构建情绪表达与反思的能力。更重要的是，它提醒孩子：人工智能是工具，不能替代爱。

3. 技术为辅，关系为本：生态中的核心价值不动摇

在家庭教育结构中，AIGC 是强有力的助力者，但绝不应成为主导者。真正稳固的教育生态，不是依赖最新的技术，而是依赖人与人之间的深度连接、互信与陪伴。当孩子明白，无论科技多先进，家人始终是最可靠的依靠；当家长理解，再高效的 AI 也比不上一次用心倾听的对话……这样的家庭教育生态，才真正具备了科技赋能与人文关怀的双重底色。

规则让科技使用有边界，情感让教育生态有温度。在生成式 AI 广泛进入家庭的时代，家长唯有在技术红利中坚持育人初心，才能为孩子创造一个既有智能效率，也有爱与成长的未来居所。

6.4.4　共生融合迭代：迈向共创的家庭教育新图景

面向未来的家庭教育生态，必然是开放的、动态的、持续进化的。家庭不能孤立于社会之外，而应主动连接学校、其他家庭、社区及社会教育资源，共同构建一个连通共生的学习网络。在这样的生态中，家长的开放心态尤为关键：敢于接受新知、乐于尝试新技术、善于审视新趋势。

1. 接纳变化：家长成为生态更新的引领者

生成式 AI 迭代飞快，今天流行的应用或许在一年后甚至更短的时间内就被更新的模型或模式所取代。面对这一现实，家长应持续保持对教育科技的关注，在必要时

参加线上分享会、线下讲座、社群交流等，不断更新自身对教育工具与方法的理解。

比如，许多家长在社群中交流使用体验："哪些 AI 工具应用适合做阅读理解练习""如何用图像生成类 AI 激发孩子的美术兴趣"等。这些实践探索分享能为家庭教育注入新的活力与灵感。

更重要的是，家庭教育生态不是一成不变的模板，而应像一个四季流转的花园。每隔一段时间，家长可以与孩子一起评估：

- 当前使用的 AI 工具是否仍有效？

- 孩子的兴趣和学习重心是否发生变化？

- 是否可以尝试新的跨学科学习项目？

在这个动态调整的过程中，让孩子参与生态设计与资源更新，不仅增强其学习主动性，也提升其对家庭教育空间的归属感与责任感。

2. 科技与传统融合：双轮驱动的教育理想

在擘画未来的同时，也不应忽视传统教育方式的价值。真正理想的家庭教育生态，不是"推倒重建"，而是在科技与传统之间实现共融共生。

亲子共读依然是不可替代的亲密时光。家长可以借助生成式 AI 推荐优质书单，但阅读本身仍以纸质书、面对面共读为核心；静心练习如书法、国画等，依赖手眼协调与感官体验，更适合脱离数字媒介进行；传统节日、仪式感活动依然在家庭文化传承中发挥着不可替代的作用，生成式 AI 可作为内容生成工具，但不能替代文化本体。

正如有家长总结："我们既保留了传统家庭的温情节奏，又融合了人工智能带来的效率与创新。"技术为家庭注入效率和更多可能性，而亲情为家庭保留根系与温度。

3. 家庭教育的新图景：系统性思维与主动治理

迈向未来的家庭教育生态，不仅需要工具升级，更需要系统性思维与前瞻意识。家长应将家庭视为一个"微型教育社会"，有其内部的规划系统、协同机制、运行规范与创新驱动。在这个系统中：

- 家长是引导者与参与者；

- 孩子是学习者与共创者；

- 人工智能是工具，但不是主导者；

- 传统是根基，创新是枝叶。

一旦这样的生态真正建立，孩子将在其中茁壮成长，家长也将在"教"与"学"的双重角色中找到教育的意义与价值。

未来已来，家庭教育正处在重构的十字路口。只有那些愿意接纳变化、善于动态调整、坚持人文底色的家庭，才能真正驾驭 AIGC 浪潮，把握教育的主动权。让我们张开双臂，迎接那个共生共创、温度与智能兼具的家庭教育新蓝图。

6.5　协同与未来：家庭如何与学校、社会共同托举孩子成长

6.5.1　家校协同：AIGC 时代的共育共治新格局

家庭与学校原本就是共同承担育人责任的两个场域。进入生成式 AI 深度参与教育实践的时代，这种关系更加紧密。家长与教师不再是"界限分明"的角色，而应转变为"协同共育"的合作者。唯有理念同步、规则共建、信息互通、素养共育，才能在 AI 快速演进的背景下，为孩子提供连续、稳定且具有时代适应性的支持系统。

1. 理念同步：打破观念鸿沟，构建理解基础

在 AIGC 的应用问题上，最先需要解决的是观念一致性问题。如果家庭在鼓励孩子使用 AI 辅助学习，而学校却一味禁止、视其为学术风险来源，这种理念上的冲突极易让孩子产生混乱甚至钻空子、左右摇摆。因而，家校之间必须建立起开放的对话机制，加强对 AIGC 的沟通理解。很多学校已经开始行动，如通过家长说明会、AI 主题家长日等形式，邀请老师介绍学校的 AI 教学原则，让家长了解哪些使用方式将被鼓励、哪些行为将被限制。在这种共识基础上，家长也更容易接受学校的 AI 课程安排，而教师也能在教学实践中更有信心地尝试新技术。对于孩子而言，看到父母和老师在 AI 使用上的态度是一致的，能有效减少困惑，提高规则意识。

2. 规则共建：共同制定规范，协同监督执行

当理念基本统一后，家校双方应合作制定更具可操作性的 AI 使用规范。这些规范不仅是校规校纪的延伸，更应该成为家庭学习场景中的指导原则。例如，学校可能规定学生在独立作业中不得直接使用 AI 生成内容，除非注明引用来源，那么家长在家中就需要承担监督与引导责任，避免孩子在家庭环境中出现"违规行为"。反过来，当学校鼓励学生在课题研究或语言练习中合理使用 AI，家长也应积极支持，甚至可以协助孩子提升提示词设计能力、查证信息的准确性。

有些学校还设计了家校协同的 AI 项目，如在科学课中让学生使用生成式 AI 模拟实验，再邀请家长参与家庭展示报告。这种做法不仅帮助学生深化对 AI 使用场景的理解，也让家长亲身体验学校鼓励的实践方式，从而更好地配合。在规则执行上，如果学生在生成式 AI 使用中出现剽窃、作弊等苗头，老师可及时与家长沟通，协同进行纠正教育；若学生有良好使用记录或积极探索行为，教师也可将其反馈给家长，让家庭给予及时鼓励。孩子在这种"双重认可"中，更易形成规范意识和成长动力。

3. 信息共享与反馈：让数据流动赋予教育温度

AIGC 生态下的新型家校关系应是高度互动与透明的。借助智能系统的分析能力，学校可以更精准地掌握学生的学习动态，并以报告形式分享给家长。这些数据包括学习节奏、错误类型、学习偏好等内容，能够帮助家长及时把握孩子的薄弱点和进步点。在此基础上，家长也应主动向学校反馈孩子在家使用生成式 AI 学习的真实状态。例如，是否能独立完成任务、在哪些方面容易迷失、对哪些功能特别感兴趣等。

这种双向沟通，有助于学校和家庭对孩子的学习状态形成"全息理解"。很多时候，学生在校表现与在家状态会存在差异。例如，课堂上积极与生成式 AI 互动，但回家后却无法消化知识。教师单方面可能察觉不到问题，而家长的反馈成为及时补位的重要机制。技术带来的是翔实、可量化的过程数据，而人与人之间的理解与协作，才能让这些数据真正产生有温度的教育意义。

4. 协同培养 AI 素养：家校共育未来关键能力

生成式 AI 已经成为这个时代的基础技术之一，未来的孩子必须具备足够的 AI 素养。这不仅包括基本的操作能力，更重要的是提示词构建能力、信息辨别能力、对 AI 局限的理解能力，以及技术伦理的判断能力。这样的素养，不能仅靠学校课堂来

完成，家庭的补充和延展也必不可少。

家校可以围绕 AI 素养开展丰富多样的联合活动。例如，学校开设 AI 专题讲座，邀请在工作中熟悉人工智能的家长现身说法；或者布置亲子合作型 AI 项目，如用生成式 AI 共同生成互动短剧、进行图像创作展示等，这些实践既能增强学生技能，也提升家长对技术教育的敏感度。在 AI 伦理教育方面，家长和学校也必须步调一致。如果教师强调不得使用人工智能生成他人形象恶搞图像或传播虚假内容，家庭中也要反复强化这种底线意识。一个孩子只有在校园与家庭接受到一致的价值观输入，才可能真正建立起技术时代下的自律与责任感。

5. 共建社会生态：从协同执行走向协同倡导

家校协同的价值，绝不仅限于单个孩子的成长，更关乎整个教育系统的生态转型。AIGC 的普及，若仅靠学校单方面推动，家长态度消极甚至抵触，很可能让很多教育改革受阻。反之，如果家长集体认同、积极参与，则能为学校的 AI 教育创新提供强有力的社会支持。

在这个过程中，家长也不应只是配合者，更应成为倡导者和推动者。他们可以联合教师向教育管理部门建议推出更科学的生成式 AI 使用政策，呼吁设立未成年人使用 AI 的指导平台，甚至共同发起地区性的"家校 AI 协同实践联盟"。这些自下而上的努力，能够有效提升社会层面对 AI 教育的认知水平与制度建设能力。真正优秀的教育生态，从来不是单点突破，而是系统共振。

在生成式 AI 的浪潮下，家庭与学校的关系正被重新定义。家长和教师不再是各自为政的个体，而是共同面对新技术挑战与育人使命的"教育同盟"。理念一致、规则协同、信息互通、素养共育，这些关键词将构成 AIGC 时代下最有生命力的家校关系图景。那些率先拥抱协同进化的家庭与学校，必将率先孕育出真正适应未来、拥有独立判断与创新能力的新一代学习者。

6.5.2　心理陪伴与家庭温度：AI 时代的情感支持策略

随着生成式 AI 深入家庭教育场景，我们必须重新思考一个从未过时的主题——家庭的情感温度。在技术日新月异的当下，孩子依然需要来自家庭的爱、关注与心理支持。AI 技术的介入，为情感陪伴提供了新的可能，也带来了新的挑战与反思。本节围绕如何在 AI 时代为孩子提供心理关怀、守护家庭温暖，提出具体策略。

1. AI 辅助的情感陪伴

越来越多的孩子开始将 AI 语音助手或聊天机器人视为"倾诉对象"或"陪伴者"。这并不令人意外。AI 工具通常能够持续、耐心地回应孩子的问题，无论是解答学业疑问，还是讲笑话、唱歌等，甚至在孩子心情低落时给予鼓励。这种稳定、永不疲倦的互动，在心理层面满足了孩子对倾听与回应的需求，尤其对于性格内向或独处时间较长的孩子来说，人工智能成为一种新的情感出口。

家长可以有意识地利用人工智能丰富陪伴方式。比如，在做饭时，让孩子与生成式 AI 进行词语接龙；在长途旅行中，生成式 AI 可以陪孩子讲故事、唱歌，使旅程更有趣。此外，一些生成式 AI 应用已具备初步的心理疏导功能，能在孩子遇到烦恼、不愿与父母倾诉时，提供初步的情绪疏导。这种"情绪外化"本身就有助于孩子缓解压力。

然而，生成式 AI 的情感支持仍是一种"模拟性回应"，无法取代父母的真实情感交流。真正的关怀不仅是语言上的"安慰"，更来自父母的身体语言、眼神交流与持续陪伴。因此，家长在使用人工智能辅助情感陪伴时，不能将情感责任"外包"给技术。应在孩子与人工智能交流之后，主动介入，引导孩子进一步表达与整理内心世界。人工智能是触发，父母是回应。这种协同陪伴，才能在新时代实现技术与温度的结合。

2. 防止情感疏离

使用人工智能最需要警惕的风险之一是"情感替代"。如果父母因工作繁忙缺少陪伴时间，而用 AI 工具"填补"亲情空白，孩子表面上可能变得安静听话，但长期看，亲子情感联系可能被稀释。孩子甚至可能误以为"父母不再重要"，从而逐渐只愿与 AI 交流，疏远现实中的亲密关系。

亲情是无法由算法模拟的。一个眼神、一句叮嘱、一次拥抱，所传递的情感，是 AI 永远无法取代的深层体验。家庭需要设立"无 AI 时段"或"真实交流时刻"。例如，每天晚餐全家共同用餐不看屏幕，每周进行一次不依赖电子产品的亲子活动，如户外散步、手工制作或纸质绘本共读。家庭温度的维持，离不开这些具象、可触的人与人之间的互动。AI 可以点缀情感生活，但不能构筑情感的核心。

3. AI 助力心理健康教育

AI 不仅可以陪伴孩子，还能在心理健康方面扮演"辅助教练"的角色。一些 AI

工具具备情绪识别能力，能够通过分析孩子的语音或文字内容，识别其情绪状态。当 AI 在连续对话中检测到"压力""孤独""难过"等关键词频繁出现时，便可向家长发出提醒，提示家长关注孩子是否正经历负面情绪。

更进一步，生成式 AI 也可成为家长的心理支持工具。许多家长在面对孩子的情绪问题时，缺乏应对策略。生成式 AI 可以成为他们的心理咨询师——在家长与孩子面谈前为他们提供应对建议、情绪对话技巧、年龄阶段心理特征等方面的咨询。例如，面对青春期孩子的冷漠沉默，生成式 AI 可以提供如"避免强迫交流、从兴趣话题切入、营造非对抗性氛围"等建议，帮助家长建立沟通信心。

此外，生成式 AI 也可成为父母自身的情绪出口。面对高压生活和复杂育儿场景，父母常常感到身心俱疲。生成式 AI 可通过冥想引导、日记记录、正念练习等方式，协助家长调节情绪、纾解压力，从而以更健康的状态陪伴孩子成长。家庭情绪氛围的改善，从父母的心理状态优化开始。

4. 培养孩子正确对待 AI 情感的观念

生成式 AI 的"善解人意"可能让孩子产生情感错觉，误以为它是真正的朋友、关心自己的个体。这种情感投射虽然常见于童年阶段的想象游戏，但如果长时间沉迷其中，可能会弱化孩子的现实交往动机。因此，家长需要在尊重孩子感受的基础上，引导其区分人工智能与真人的关系边界。

可以通过日常交流告诉孩子："人工智能的陪伴目前是编程设定的，它不会真正理解你或爱你。真正爱你的人，是你的亲人、朋友、同学和老师。"通过这样的解释，让孩子逐步建立起对人工智能的正确认知，避免在"虚假情感"中寻找依赖。

此外，还应引导孩子在使用生成式 AI 时保持数字礼仪与尊重。例如，当孩子因为 AI 没有给出满意答案而大声呵斥 AI 时，家长应指出：即使 AI 没有感受，我们也应保持礼貌，因为语言习惯会影响现实中的行为方式。对 AI 的不尊重，可能转化为与人互动中的冷漠或粗鲁。

在生成式 AI 陪伴愈发常态化的时代，引导孩子形成健康的技术认知与人际情感观，已成为家庭教育不可或缺的一部分。

在人工智能广泛融入家庭生活的当下，情感陪伴不再是传统方式的唯一表达。AI 工具的介入，为亲子沟通与心理支持提供了新的路径与策略。只要使用得当，它们可以成为父母的得力助手，丰富孩子的情感体验与心理表达。

但需要始终牢记：温暖来自人心，生成式 AI 只是那柴火旁的一阵微风，吹旺了火焰，却不是火本身。唯有科技与爱共同作用，才能构建一个既智能又有温度的家庭心理支持系统。在这场情感与技术交织的变革中，智慧的家长不是技术的逃避者，也不是情感的让渡者，而是引领者和守护者，陪伴孩子在智能时代依然走得踏实、温暖、有方向。

6.5.3　面向未来的成长支持：职业规划与终身学习的家庭责任

AIGC 时代的到来，让我们必须以更长远、更系统的眼光来理解孩子的成长路径。上一代家长关注的是"考个好大学、找份稳定工作"，而这一代家长的责任已经延展得更深更广——不仅要关注孩子的学业成绩，更要帮助他们做好应对变化社会的心理准备，具备长期适应未来的职业规划意识与终身学习能力。本节将探讨，在生成式 AI 驱动的未来中，家庭应如何成为孩子成长过程中的引路人、陪伴者与共同学习者。

1. 职业世界的巨变与挑战

孩子所面临的职业世界，将与我们成长时截然不同。根据相关研究预测，在 2030 至 2060 年，全球约一半的职业将可能被人工智能部分或完全取代。中值年份被估算为 2045 年，也就是说，现在的小学生在步入社会或中年之际，他们所能选择的职业类型，可能早已与今天大相径庭。

家长不能再用"热门专业""铁饭碗"的旧逻辑为孩子设定教育路径。未来的就业图景将由新兴行业主导，如 AI 提示词工程师、数字心理咨询师等。更重要的是，职业能力的核心已从"知识记忆"转向"综合素养"。

在人工智能难以替代的领域，人的优势体现为"六大核心能力"：审美力、幸福力、意义感、创造力、沟通力与同理心。这些看似抽象的能力，却是未来适应性、韧性与竞争力的关键所在。家长应在日常教育中有意识地培养这些能力，比如通过美育活动提升审美力，通过家庭议题讨论锻炼沟通力，通过志愿服务增强同理心等。孩子一旦拥有这些深层素养，无论未来职业如何演变，都将拥有强大的跨界生存能力。

2. 职业启蒙与规划

面对未来的不确定性，家长的态度应当从"等孩子长大再说"转向"越早启蒙越有准备"。AIGC 为家庭提供了前所未有的职业探索工具。它不仅可以根据孩子的兴趣进行职业匹配推荐，还能用通俗易懂的方式讲解各类现代职业的具体工作内容。

家长可以借助人工智能，带孩子探索海量的职业世界：对自然科学感兴趣的孩子可以了解生物信息工程师、生态数据分析师等职业；喜爱艺术的孩子，则可能会被引导至数字插画家、虚拟交互设计师等方向。人工智能甚至还能提供职业情景模拟，如虚拟设计一座建筑、模拟医生诊疗过程等。这种沉浸式体验，有助于孩子更早理解职业背后的技能需求与现实挑战。

家庭也可以定期开展"职业畅想"活动，每周选定一个职业，由孩子主导信息搜集，父母协助分析，并请人工智能充当"从业者"接受孩子的"采访"。这一互动既能扩展孩子的职业认知，也能提升其提问能力、信息整合能力与表达能力。

此外，家长可以用自己的职场经历、亲友职业故事为素材，为孩子构建真实、温暖、有价值感的职业图景。AIGC 带来的是大数据与技术便利，而家长的引导则给予孩子对工作的情感认同和意义理解，两者结合，效果最佳。

3. 激发志向与梦想

AIGC 时代赋予孩子更多的资源与可能性，但也带来了"选择过多"的困扰。在众多选项面前，孩子容易迷失方向，家长的价值引导与兴趣激发作用显得尤为重要。AIGC 可以将一个萌芽中的兴趣点，转化为具象的项目、职业路径或可呈现的成果，从而为梦想赋形、赋能。

一个热爱绘画的孩子，可以在人工智能的协助下制作漫画、设计角色，萌发成为动画设计师的志向；一个热衷于搭积木的孩子，在人工智能协助下设计建筑模型、实现 3D 打印，也许会憧憬成为工程师。曾有 9 岁儿童在父母支持下，借助生成式 AI 完成 7 万字的原创科幻小说，出版后获得可观稿酬，这不仅是一场技术赋能的奇迹，更是家庭+AI 合力点燃梦想的典范。

家长的任务，不是设限，而是点燃梦想。即使梦想尚未成熟，也应给予鼓励与资源支持。AIGC 可以帮助孩子更早尝试职业角色、更快完成兴趣成果、更容易体会成就感。一旦孩子的小梦想变成可视化的作品，他就会更有信心去拥抱更远的未来。梦想，从不是遥不可及的概念，而是一次次被肯定的探索与尝试的积累。

4. 培养终身学习者

终身学习能力，已成为 AI 时代孩子安身立命的关键。AIGC 的高速发展意味着知识更新周期缩短、职业要求更迭加快。不具备"自学—转型—再适应"的能力，将很难跟上节奏。家庭教育应从小培养孩子持续学习、自我迭代的能力与习惯。

家长可以通过日常实践教会孩子使用 AI 工具，如 AI 助教、课程平台、翻译工具、知识整合系统等。让孩子学会主动搜索、智能提问、结构化记录、跨语种阅读等技能，这些能力将陪伴他们一生。同时，也要鼓励孩子面对新知识时"敢学、能学、会学"，从而消除对变化的畏惧，建立适应未来的自信。

更重要的是，父母也要成为终身学习的榜样。展示自身如何用人工智能学习新技能、适应职场变化、规划自我成长，是最有说服力的教育。未来，家庭学习的形态可能出现新趋势——父母与子女共同在线学习、共同评估人工智能生成的报告、共同参与知识探索，家庭不只是教育的发起点，更是教育的同行者。

5. 拥抱变化，积极应对

AIGC 时代的来临既带来了职业结构的不确定性，也孕育着无限的可能。家长要向孩子传递的是"变化之中有机遇"的积极未来观，而不是"技术将毁掉一切"的焦虑叙事。可以告诉孩子：人工智能不会消灭就业，只会淘汰拒绝进化的观念和行为。只要持续学习、敢于创新，人工智能就将成为个人成长的助推器。

例如，人工智能将大量低端重复性劳动交由机器完成，使人得以从事更具创造性与思考性的工作；人工智能也可能创造出前所未有的新职业、新产业，让孩子有机会在无人涉足的领域开辟未来。那些用 AI 绘图、创作、编程的青少年创业者，已经在现实中成为榜样。

当然，在鼓励孩子憧憬未来的同时，也应强调基础学习与扎实能力的重要性。人工智能不是捷径，而是工具。只有脚踏实地、厚积薄发，才能真正驾驭人工智能，成就更好的自己。

在生成式 AI 深刻改变社会的时代背景下，家庭教育的重心早已不再是"辅导作业"或"应对考试"，而是要培养一个面向未来、心中有志、手中有技、脚下有路的终身学习者。职业规划不再只是青春期阶段的临时思考，而是从小就要种下的成长基因。

家长的责任，从今天延展到孩子的五年、十年、二十年之后。幸运的是，我们拥有人工智能这把钥匙，也拥有爱与教育的力量。让我们用智慧与温度，为孩子铺就一条通向未来的生命跑道。

6.6　小结

回望本章，我们见证了普通家长的成长旅程：从最初对生成式 AI 的焦虑与不安，到逐步理解、接纳，再到主动掌握、灵活运用，最终完成一场内在的"智慧转身"。这不仅是技术的学习，更是角色的重塑与教育观的升级。

越来越多的家长意识到，生成式 AI 并非教育的"威胁者"，而是家庭教育的"赋能者"。它可以承担重复的任务，为家长腾出时间关注真正重要的事——情感连接、价值引导、人格塑造。它可以拓展孩子的学习边界，让他们接触更广阔的世界、探索更深入的问题。而家长的角色，也从传统意义上的"陪读监督员"转变为"学习合伙人"和"成长教练"。

在这样的转型过程中，家长不仅帮助孩子适应未来，也重新点燃了自身的成长动力。他们学会了使用 AI 工具，提升了数字素养，更新了教育理念；更重要的是，他们走进了孩子的世界，理解他们面对的时代与挑战。教育不再是单向的"教"，而成为一种双向的"共成长"。

本章描绘了 AIGC 时代家长的多重身份：是学习的共探者，在 AI 工具面前与孩子并肩好奇；是游戏的同伴，用 AI 工具构建亲子互动的新形式；是情感的守护者，不让技术替代温暖；是未来的领航员，引导孩子穿越不确定的时代，走向更辽阔的天地。

在这一切背后，家长需要的是三种内在力量：终身学习的意愿、开放包容的心态、始终如一的爱。AI 技术在变，但教育的核心从未改变——真正的智慧，正是在不变的爱与变动的科技之间找到和谐共处的那条路。

让我们以一个温馨的未来画面作为结尾——在不远的某个夜晚，孩子坐在客厅，与 AI 学习助手兴致勃勃地讨论天体物理，母亲坐在他身旁，陪他一起感叹宇宙的奥秘；父亲则在书桌前，用另一款 AI 翻译平台研读一篇报告，为明天的工作准备内容。学习结束后，全家关闭设备，围坐交流彼此今天的新发现与小收获，然后相拥道晚安。窗外，是城市夜色中闪烁的霓虹；窗内，是家庭灯光中映照的微笑。这正是 AIGC 时代智慧家庭的缩影：科技让知识的光芒更耀眼，而爱的火炬，始终是那光芒不灭的源泉。

愿每一位家长都能完成这场智慧转身，带着好奇与坚定，陪伴孩子一起走向充满挑战与机遇的未来。

第7章

学校视角：机遇与实践

7.1 学校加强生成式 AI 的布局

AI 技术快速发展，与教育行业的深度融合已成为大势所趋。澳大利亚、日本等国纷纷出台应用框架、学校试点等政策文件，加强对学校应用该项技术的引导，不少高校和中小学也意识到这一发展趋势，纷纷加强在该领域的布局，在管理服务、教学科研、合作交流等方面开展实践应用，以适应未来教育的新挑战。生成式 AI 可以显著提升管理效率和服务体验，提高师生的教学质量和学习效果，实现教育内涵的实质提升。学校在布局生成式 AI 时，一方面应注重校园新型基础设施建设，确保先进技术能够顺利落地和应用，同时充分利用科技企业在技术研发方面的技术优势，加强校企合作、资源共享，并借鉴国内外成功案例的经验，不断调整完善自身的布局策略；另一方面，要持续关注生成式 AI 的伦理和法律法规问题，确保技术合规和安全可靠。只有全面考虑技术、场景、伦理和法律法规等因素，才能确保生成式 AI 可以持续地为师生提供智能且安全的教育环境，助力源源不断地培养出具有创新和实践能力的人才，成为推动教育变革和提升教育质量的重要引擎。

7.1.1 生成式 AI 在学校管理和服务中的布局

对于教育管理者而言，生成式 AI 能够高效完成大量的常规任务，在事务性工作和决策性工作等环节精简人力，提高效率。例如，生成式 AI 可以帮助管理人员快速起草日常事务文档的模板或大纲，迅速撰写家校联系信、学校通知等内容，满足"语气委婉""号召力强"等特殊要求，使得原本耗费大量时间的工作变得简单快捷；还可以自动生成各种规章制度，减轻管理人员的文书负担，将更多的时间和精力投入到更具创造性和战略性的工作中。在决策性工作环节，生成式 AI 通过全面的数据分析和比较，辅助管理者做出更加公平和公正的决策。

生成式 AI 还可以用于生成心理健康知识，通过分析学生的行为、言语和情绪等信息评估学生的心理状态，帮助学生进行心理评估，提供进一步的心理咨询服务。

7.1.2　生成式 AI 在教学和评价中的布局

生成式 AI 在高校和中小学的应用日益广泛，从个性化学习、虚拟现实教学，到智能辅导系统和自动化评估，再到支撑高校专业发展、推动学科资源建设，都为教育带来了前所未有的便利和高效。通过分析学生的学习数据和行为模式，生成式 AI 不仅能够为学生提供定制化的学习内容和学习方法，提升学习体验和学习效率，而且也为教师的教学、教研和科研创新提供基础支撑。在美国，某高校在教学中引入了生成式 AI，生成个性化的学习计划和教学资源，实现"因材施教"，最大程度贴合学生的学习习惯；同时，还可以自动生成课堂作业和考试题目，减轻教师的工作负担。在英国，某中学利用生成式 AI 辅助语言学习，根据学生的语言水平和学习需求，自动生成适合的学习材料和练习题，改变以往枯燥且艰难的语言学习，提高了学生的学习兴趣和积极性。

生成式 AI 也在推动传统评价体系向多元化评价体系转型，为教师提供丰富的评价工具和决策支持，使教育评价更加多元、及时和完整。例如，结合了生成式 AI 的作文评价，不仅能够给出分数，还可以综合考量学生的创造力、写作能力和问题解决能力等多个维度，更全面地反映学生的综合素质。在课堂教学中，通过实时评价，教师可以迅速判断学生的学习问题，根据学生的反馈及时调整教学内容和方法，提高课堂知识的吸收率。国外某高校为了提高新生的留校率，开发了"课程预测系统"，通过分析学生的学习历史、课程表现、努力程度，以及个人特征等学习数据，预测学生是否会在期末考试中不及格，并据此提供早期警告和干预措施，以提高学生的学业成功率。未来，教育评价有望在人工智能、机器人和大数据分析的推动下，变得更加科学、客观和有效，实现更全面和公正的评价。

7.1.3　生成式 AI 在科研中的布局

生成式 AI 可以辅助科研创新，不少高校师生利用生成式 AI 进行文献综述、生成摘要和数据分析，一定程度上提高了科研效率。例如，在药物和材料等特定的科研领域，麻省理工学院的科研人员利用生成式 AI 推算出更加坚韧耐用的高效能复合材料，拓宽了科研创新的边界，为产生更有创新意义的科研成果提供了可能；得益于生成式 AI 强大的数据处理能力，苏黎世大学与企业开展研究合作，开发生成式 AI 工具，设计新的药物分子，并取得一些成功案例，如图 7-1 所示。

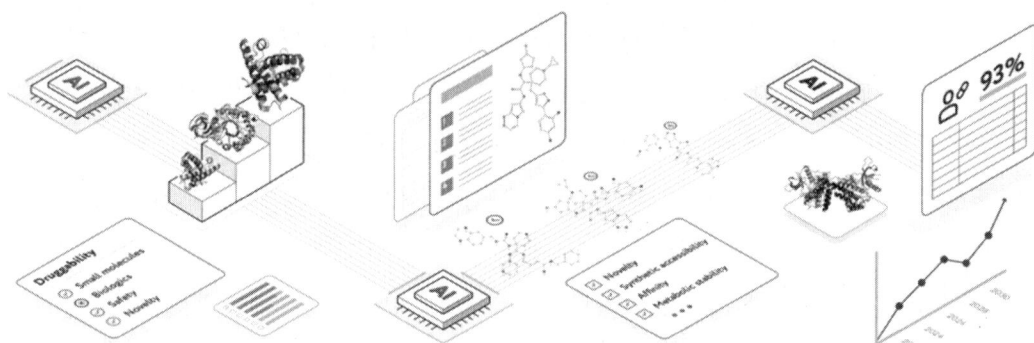

图 7-1　高校与企业联合开发的 pharm.AI 应用于药物研究

7.1.4　生成式 AI 在专业设置中的布局

为了提高高校在招生和就业方面的竞争力，培养学生对生成式 AI 的兴趣和能力，提高该领域的人才储备，一些高校开始规划建设生成式 AI 的人才培养体系。例如，美国的斯坦福大学和加州大学伯克利分校都开设了与生成式 AI 相关的课程和研究项目，为学生提供丰富的学习资源和实践机会；清华大学和北京大学都已成立人工智能院系，开设生成式 AI 的相关课程；加拿大的多伦多大学和澳大利亚的悉尼科技大学开展了与生成式 AI 伦理和法律法规相关的研究和教育项目，为学生提供全面、深入的指导和支持。此外，不少高校也积极引进海外优秀人才，布局生成式 AI 的科研体系，提升高校在该领域的研究能力。

7.1.5　生成式 AI 在合作交流中的布局

不少学校从宏观角度布局产学研合作，加强与国际教育机构和组织的交流，了解最新的技术和应用趋势，推动生成式 AI 的研究和发展。英国的帝国理工学院和德国的慕尼黑工业大学都与业界建立了紧密的合作关系，为学生提供丰富的实践机会和就业渠道。日本于 2023 年 7 月公布《初等中等教育阶段生成式 AI 利用暂行指南》，公开招募 53 所生成式 AI 试点学校，致力于通过使用生成式 AI 提高教育活动的效率，验证生成式 AI 在学校的实际应用情况，导入生成式 AI 的有效案例和课题。生成式 AI 还能帮助学校理解教育政策变化，制定招生策略，进行财务规划，并提供国际合作的策略建议，为学校提供全面、立体的教师评估和发展平台。伴随着这些跨领域沟通交流的开展，学校可以加强与产业界、学术界的合作，了解最新的技术动态和应用需求，引进先进的技术和理念，提升自身的科研能力和教学管理水平，同时也为学生提供更多实践机会和就业渠道，学生得以更好地了解市场需求和技术趋势，提高自己的竞争力。

7.2　学校教育中生成式 AI 的应用

生成式 AI 对学校的教育管理理念和教学实践产生了重大影响，是推进学校治理数字化转型、提升学校软实力的重要举措。

7.2.1　生成式 AI 在校园服务方面的应用

生成式 AI 支持的校园服务系统，可以起草各种通信文档，如给家长的通知材料、新闻宣传文案和学校管理制度（如图 7-2 所示），使原本需要耗费大量时间的文书工作变得简单快捷；可以帮助组织班级或校车时间表，分析复杂数据以识别需求，可以执行信息查询、情感调研交流、评估学校文化氛围等任务。

生成式 AI 可以赋能教务部门，为学生提供校园活动介绍、个性化选课指导和未来职业规划服务。美国的佐治亚州立大学使用聊天机器人 Pounce 帮助招生、经济援助、课程注册和使用校园资源，加州大学伯克利分校也提供伯克利聊天机器人，满足学生的各种事项的查询，一周时间内就管理了 1500 多个对话，解决了涵盖经济援助、注册、计费和支付的查询。澳大利亚迪肯大学推出的聊天机器人 Deakin Genie，可根据每位学生的学术和个人抱负提供量身定制的个性化帮助，是人工智能驱动的"学术旅程伴侣"。北京工业大学建设以"燕小北"为标识的 AI 就业指导助手，打通 AI 大模型应用与智慧校园间的"最后一公里"，登录该校的网上办事大厅，一键或语音唤醒"燕小北"，即可体验一站式全新服务，为学生就业提供智能帮扶。

校园服务与校园内的每个人都息息相关，生成式 AI 在校园安全服务中的应用，显著提升了管理和服务的效率。生成式 AI 通过训练模型，分析学生的行为模式，可以识别和预测潜在危险，提前预警可能出现的暴力现象，并采取预防措施，为学校师生提供更加全面的保障。我国台湾地区的某高校成立校园安全研究中心，结合人工智能技术、监控技术和校园警察调度系统，战略性地在整个校园内放置了 18 个配备安全摄像头的红色应急亭，通过统一分析处理采集到的数据，再生成关键信息传输至校园警察，将响应时间从以前的平均 10 分钟缩短到 3 分钟。

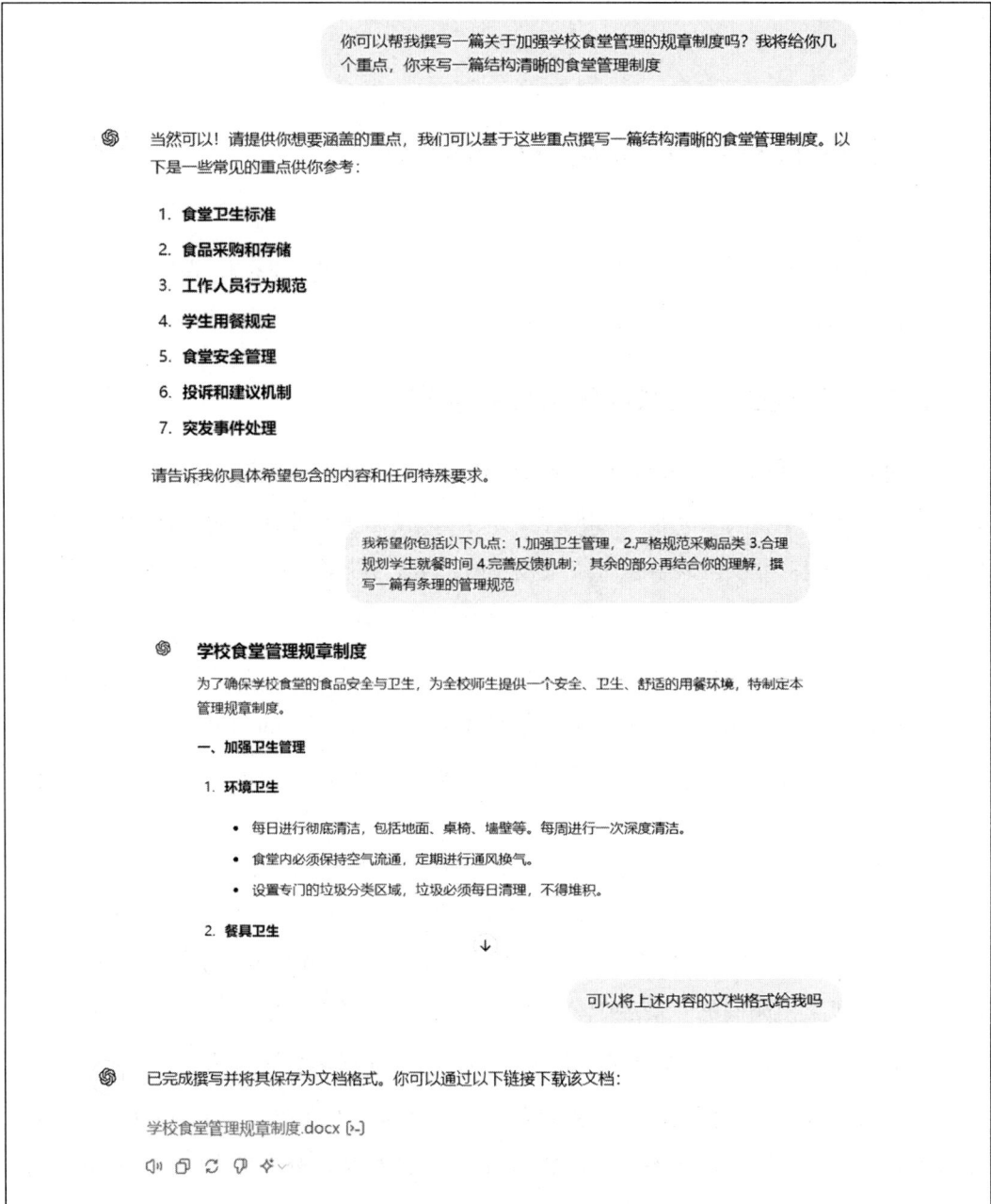

> 你可以帮我撰写一篇关于加强学校食堂管理的规章制度吗？我将给你几个重点，你来写一篇结构清晰的食堂管理制度

当然可以！请提供你想要涵盖的重点，我们可以基于这些重点撰写一篇结构清晰的食堂管理制度。以下是一些常见的重点供你参考：

1. **食堂卫生标准**
2. **食品采购和存储**
3. **工作人员行为规范**
4. **学生用餐规定**
5. **食堂安全管理**
6. **投诉和建议机制**
7. **突发事件处理**

请告诉我你具体希望包含的内容和任何特殊要求。

> 我希望你包括以下几点：1.加强卫生管理，2.严格规范采购品类 3.合理规划学生就餐时间 4.完善反馈机制；其余的部分再结合你的理解，撰写一篇有条理的管理规范

学校食堂管理规章制度

为了确保学校食堂的食品安全与卫生，为全校师生提供一个安全、卫生、舒适的用餐环境，特制定本管理规章制度。

一、加强卫生管理

1. 环境卫生

- 每日进行彻底清洁，包括地面、桌椅、墙壁等。每周进行一次深度清洁。
- 食堂内必须保持空气流通，定期进行通风换气。
- 设置专门的垃圾分类区域，垃圾必须每日清理，不得堆积。

2. 餐具卫生

↓

> 可以将上述内容的文档格式给我吗

已完成撰写并将其保存为文档格式。你可以通过以下链接下载该文档：

学校食堂管理规章制度.docx [↗]

◁）） ⎘ ⟳ ▽ ✦ ⌄

图 7-2　利用生成式 AI 工具起草学校管理文件

7.2.2 生成式 AI 在决策管理方面的应用

通过对教育过程中产生的海量数据进行精准分析，生成式 AI 可以辅助学校进行专业调整、学生管理、课程规划和资源配置等关键决策，实现自上而下的智能化管理。例如，当学校管理者需要决定是否开设 STEM 课程时，生成式 AI 可以提供如学生兴趣、受益程度、教育资源、师资情况和教育政策匹配度等参考指标，并列出已经开设 STEM 课程的学校名单，有助于帮助管理者权衡利弊，做出最优选择；在选拔学校学科主任的过程中，生成式 AI 可以综合分析候选人的数据，为管理者提供决策支持，帮助管理者更全面、准确地了解候选人情况，确保决策的公平性和合理性；在教研活动与课堂巡课中，生成式 AI 对课堂教学的多模态数据进行多角度分析，管理人员利用这些数据进行自动化评课，提供教学效果反馈，辅助教学决策；在高校的财务管理工作中，需要进行预算规划、资金分配、生成财务报告等，生成式 AI 可以根据历史数据和预算规则，自动生成预算报告和财务分析；学校还可以根据预设规则对学生申请、教师报销、项目审批等工作进行自动审批，并生成审批结果和通知。

7.2.3 生成式 AI 在课堂管理方面的应用

智能课堂管理在校园中的推行正在逐步改变教学和学习环境，让教育变得更加个性化、高效和有趣。通过自动收集与分析课堂教学的全过程、全方位数据，构建出反映教学活动行为全貌的动态模型，并针对课堂表现活跃度、学生参与度、注意力集中度、课堂行为时序等多种核心维度进行量化分析，建立多模态数据与教学行为的映射表征方法，揭示教学过程中的关键特征和潜在规律，为教学问题的精准诊断提供数据支撑。

当前的技术实现方案主要分为以下几类：一是课堂语音的识别，用于判别课堂中不同声音的来源和角色，以及进行语音的分类；二是行为姿态的识别，用于判别不同课堂行为，比如阅读、书写、听讲、起立、举手和趴在桌子上等行为；三是图片文字识别，用于判别黑板板书、教材笔记等数据；四是在多模态数据融合视角下，基于生成式 AI 对课堂的重要信息进一步展开，对课堂进行多维度的分析，如图 7-3 所示。

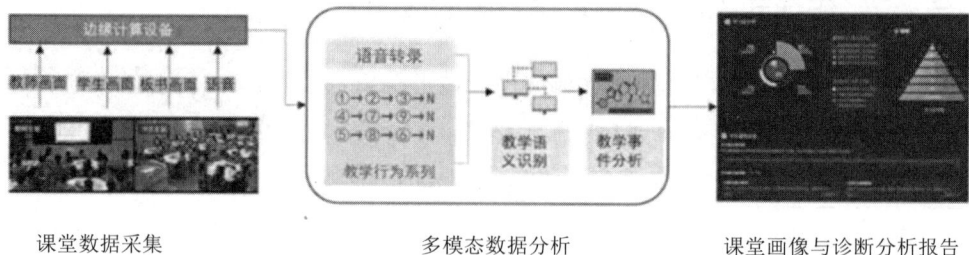

图 7-3　某企业的智能课堂管理系统逻辑图

北京市某中学采用智能课堂管理系统,在部分教室里安装了摄像头和传感器,对师生教与学的情况进行对照分析与科学评价,快速精准地定位教学问题,实现对教师"如何教"的指导,提升教师的教学效果。这套系统的优势在于具有多层次的分析能力,通过摄像头和传感器对教室内的动态进行实时捕捉,分析教师的教学内容,以及学生的学习行为。基于这些数据,教师可以获得针对性的教学建议,从而改进教学方法,提高教学质量。同时,这套系统通过捕捉学生的学习行为,识别出学生的专注度、参与度等关键指标,并根据这些数据提供个性化的学习建议,如学生在课堂上的注意力出现下降的变化趋势,系统则提示教师调整教学节奏,以调整学生的学习状态。此外,结合学生课堂及日常表现累积的大数据,智能课堂管理系统还可以生成"第二成绩报告单",不仅涵盖了学生的学科成绩,还科学、系统、全面地呈现其德育、体育、美育和劳育的表现,学校和家长能够更全面地了解学生的发展情况,发掘学生的特长和潜力,为学生的全面发展提供有针对性的支持和指导,如图 7-4 所示。

智能课堂管理在营造个性化学习环境、设计高效教学环节等方面有着独特的优势。通过构建情景丰富、感知生动的教学场景,学生不仅能够掌握基础知识,还能培养高阶思维能力和创新驱动能力。北京市另外一所中学建设的智慧课堂项目,为每位教师和学生都配备有一个平板电脑,教室里有一个"超脑",整个教学环境通过联网的平板电脑实现。在平板电脑组成的网络之外,教室中还配有智能课堂反馈系统。依托教学大模型,结合交互智能平板、教学观察摄像机等硬件设备,课堂智能反馈系统能够对教师的授课过程进行无感采集和即时反馈,不仅可以成为教师在课前的 AI 备课助手,还能依据课堂实际情景数据生成具有针对性的教学改进建议,有助于教师准确评估每堂课的教学效果,如图 7-5 所示。

教学行为分布

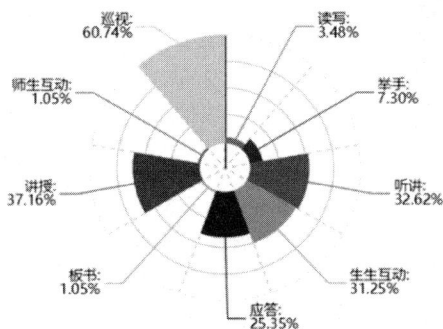

巡视：60.74%
读写：3.48%
师生互动：1.05%
举手：7.30%
讲授：37.16%
听讲：32.62%
板书：1.05%
生生互动：31.25%
应答：25.35%

课堂行为时序

● 教师　● 学生

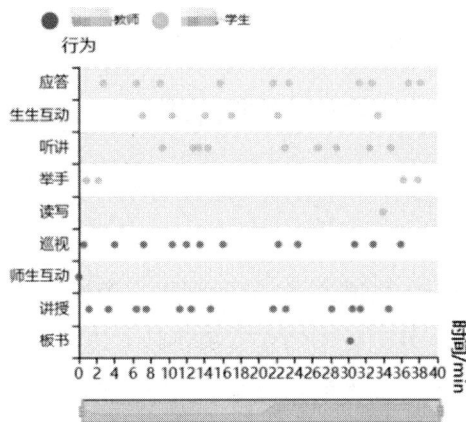

行为

应答
生生互动
听讲
举手
读写
巡视
师生互动
讲授
板书

0 2 4 6 8 10 12 14 16 18 20 22 24 26 28 30 32 34 36 38 40

时间/min

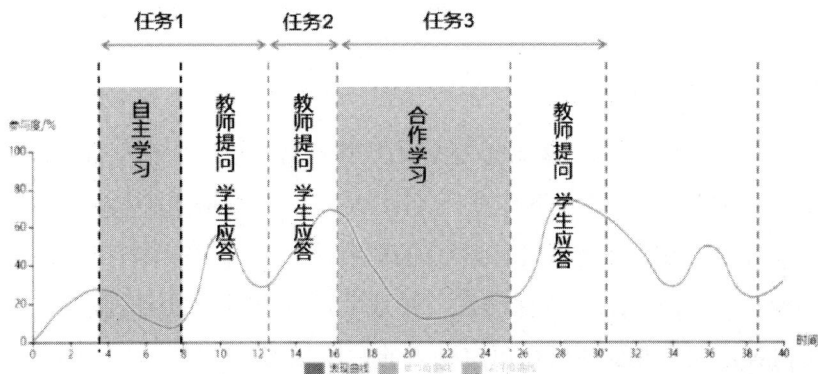

情景导入　　探究新知　　巩固提高　总结归纳

任务1　任务2　任务3

自主学习　教师提问 学生应答　教师提问 学生应答　合作学习　教师提问 学生应答

参与度/%
100
80
60
40
20
0

0 2 4 6 8 10 12 14 16 18 20 22 24 26 28 30 32 34 36 38 40 时间

表现曲线（任务时间分配）

图 7-4　智能课堂管理的分析结果

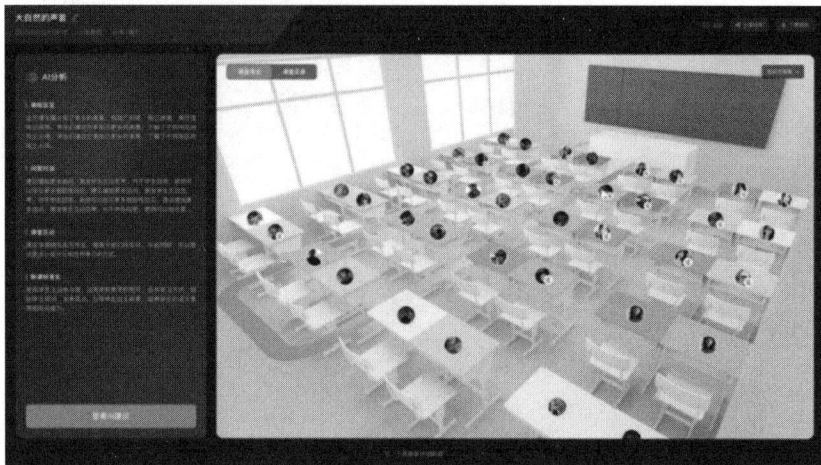

图 7-5 利用大语言模型生成教学建议

7.2.4 生成式 AI 在教学方面的应用

生成式 AI 在知识整合和提炼呈现上比人类教师更有优势，可以大幅提高学生学习知识的效率。通过对多项课堂数据进行实时获取，分析学生的学习行为、学习进度和反馈信息等过程性数据，生成式 AI 能匹配生成个性化的辅导材料，以及适合学生学习的路径和资源，为个性化教学的实现提供技术支持。同时，生成式 AI 也能实现教学过程的精准回溯和教学问题的精准定位，为教师提供决策支持，以便更有效地分配教学资源和优化教学策略，推动基于数据驱动的常态化、精细化教研活动。

从生成式 AI 教学应用的种类来看，可分为文本对话类、模拟实验类、综合辅导类等应用。

（1）文本对话类应用。

生成式 AI 具备自然语言理解和表达能力，其背后的语言大模型拥有庞大的知识库，可根据学生的提问并结合上下文进行互动回答，是目前应用于教学的最普遍的方式之一。一些语言学习软件使用文本类生成式 AI 为用户提供一对一授课体验，甚至允许用户进行角色扮演来练习多种语言，并且可以按照用户的意愿随时转变角色或是生成解析内容，大大改变了以往语言练习的枯燥氛围。

还有一些学校将生成式 AI 引入高中英语写作课堂，辅导学生的英语写作，通常分为三个阶段：第一阶段，学生用英语撰写一篇主题作文，如给朋友写一封邮件介绍自己最喜欢的运动，这一阶段教师利用生成式 AI 订正学生的词汇和语法错误；第二阶段，学生对比、分析修订内容，通过研讨反思修订建议是否合理，并且总结出更正确、更得体的表达方式；第三阶段，学生会再次用英语撰写一篇类似主题的作文，可以运用上一阶段学到的新表达方式，批判性地吸收生成式 AI 给出的写作反馈，学生在互动中学习正确、得体的语用表达，促进了认知能力发展，同时内化了语用知识和技能。

（2）模拟实验类应用。

学校可以利用生成式 AI 生成逼真的虚拟场景，让受训者在虚拟环境中进行模拟演练，提高其应对实际问题的能力。生成式 AI 具备图像生成功能，可以根据学生的描述或提示，快速生成照片、绘画、动画等内容，为教育工作者和学习者提供了新的工具和资源。北京大学已经采用相关技术进行教师培训，通过生成虚拟课堂场景，让教师们模拟授课过程，提高教学水平。美国斯坦福大学也采用类似的技术，通过生成的虚拟实验室环境，让学生和教师进行实验操作练习，提高实验技能。

应用于教学领域的生成式 AI 工具开始涌现。例如，专注于艺术创作的生成式 AI 在美术教育中发挥了重要作用，为学生带来独特的启发与参考；一些虚拟仿真实验网站，为学生生成各种虚拟实验。基于游戏引擎平台的生成式 AI 则可以更便捷地创建各种仿真模拟场景，在历史事件模拟等教学场景中无疑有很大的优势。结合虚拟现实和增强现实技术，生成式 AI 可以为学生提供沉浸式的实验和模拟体验，提升学习体验。

（3）综合辅导类应用。

通过对学生的学习行为、兴趣偏好等数据进行分析，智能辅导系统为每位学生提供个性化的学习资源，从而更好地满足学生的个性化需求。同时，智能推荐系统还可以帮助教师更好地了解学生的学习情况，提高教学效果。通过对大量的教学资源进行深度学习和分析，生成式 AI 可以自动生成符合学生需求的个性化学习资源，这些资源包括但不限于教材、课件、练习题、视频等，能够为学生提供全方位的学习支持。许多高校采用智能辅导系统来推动个性化学习，提高教学质量，利用机器学习来分析个人学习模式、满足学生需求、监控进度并提供量身定制的反馈，最终提高学业成绩；另一方面，也为教师减轻了工作负担，使他们能够更专注于创造性教学和学生个体差异的关照。

在一些试点项目中，生成式 AI 被用作虚拟导师，为学生提供即时反馈和基于个人表现的定制指导。参与该项目的学生在短期内学习进步显著，成绩明显优于未使用该系统的学生。

国外一些研究机构构建了由高性能 AI 大语言模型驱动的高级智能辅导系统，用来模拟真实导师，为学生提供逐步的学习指导。此外，一些团队设计了人工智能辅助考试系统，可以个性化地生成题目并进行智能纠错，为学生的个性化评测和教师的协作备课提供了创新思路；还有的研究团队甚至探索了多模态演示文稿的智能生成技术，基于大量视频和幻灯片内容，实现了自动生成字幕和口头讲解，形成了创新的生成式辅助教学模式。

7.3　面对生成式 AI 的校园策略

7.3.1　积极拥抱变革

生成式 AI 正在融入学校的日常工作中，不仅对人才培养标准、课程设置、教材编写、考试评价、管理方式等方面产生影响，还对整体教育体系产生深远影响。主要的教育服务企业都已开始将人工智能与搜索界面结合在一起，并将其纳入写作、演示和通信工具中，学校的管理和教学方式也因此发生了深远的变化。利用生成式 AI 进行学生个性化学习路径的规划和推荐，需要学校重新设计学习评价体系，以更好地反映学生的真实学习情况；同时，对于教职工的培训和考核，也应考虑到他们在生成式 AI 应用方面的能力和表现。

因此，学校管理者应及时调整策略，以更加包容和高效的方式来迎接科技变革，拥抱技术对校园管理方式的改变。首先，学校管理者必须增强主动意识和责任担当，不断提高对生成式 AI 教育价值的认识，把握技术与课堂教学之间的密切关系，推动技术赋能课堂教学。其次，学校管理者应对生成式 AI 在课堂教学中的使用进行广泛讨论和严格监督，制定规范和监督机制，确保其各个环节的规范和有效性。最后，从"以人为本"的角度出发，学校管理者可以积极组织相关培训课程、研讨会和实践活动，引进有 AI 技术背景的老师，并提升现有教师和学生对生成式 AI 的认识和使用能力。学校要在资金、设备、人力等方面持续投入，支持生成式 AI 的应用研发。

从教师来看，作为直接参与者，需要对生成内容进行人工筛选、验证和确认，确保其质量和准确性。同时，还应密切关注学生使用生成式 AI 的全过程，进行监督和引导，防止学生过度依赖人工智能完成作业或考试。教师可以利用生成式 AI 收集学生的过程性资料，如学习行为、学习进度和反馈信息等，并根据这些数据进行教学创新设计，制定个性化教学方案。通过课堂讨论、作业评审等方式，培养学生的批判性思维和独立思考能力，避免学生过度依赖技术。

7.3.2　安全第一

人工智能技术已应用于校园安全、教学管理、学生管理等多个方面，同时也带来一系列新的问题，如隐私保护、数据安全等。面对生成式 AI 的校园管理策略，安全性始终是首要考虑的因素。学校需要制定严格的数据保护政策，确保学生的个人信息和学习数据不被滥用或泄露。隐私保护的第一步是明确数据收集的范围和用途，确保所有收集的数据都有明确的教育目标。学校应对数据的收集、存储、处理和分享进行严格的控制，确保只有经过授权的人员才能访问敏感信息。学校还应建立全面的数据安全策略，包括数据备份、访问控制、日志审计和应急响应等措施。数据备份是确保数据在意外损失或系统故障情况下能够恢复的重要措施；日志审计能够记录系统的操作行为，帮助学校发现和追踪异常活动；应急响应措施可以帮助学校在发生数据泄露或其他安全事件时迅速采取行动，减少损失和影响。

为了确保生成式 AI 的安全性，学校还需要定期进行安全检查和漏洞修复，防止外部攻击和恶意破坏，及时发现系统中的潜在漏洞和安全隐患，并采取措施进行修复，如定期更新系统和安装安全补丁，确保系统始终处于最佳安全状态。系统的可靠性和稳定性是生成式 AI 规范运行的前提保障。在校园日常管理中，这些系统可能会涉及课程安排、学生评价、教学资源分配等多个方面，任何系统故障都可能对正常的教学秩序造成影响。因此，学校需要建立有效的维护和更新机制，建立安全事件响应团队，制定应急预案，确保在发生安全事件时能够迅速响应和处理，出现故障时能够迅速恢复系统的正常运行。

7.3.3　减轻负面影响

新的技术可能带来一些新的社会问题和挑战，学校需要通过教育和引导，帮助师生正确理解和使用生成式 AI，避免错误使用带来的负面影响。一些研究者关注技术应用于教育时的个人隐私保护和数据防泄露、保障教育内容的真实性和可信度、防止深度伪造和信息污染等问题。另有研究者提到技术可能引发高校师生交往互动不足和形成信息茧房、需要关注技术的开放透明和包容性建设问题，以及进行风险分级、设定工具等级边界等建议。此外，生成式 AI 通常具有复杂的结构和算法，有可能会出现一些杜撰的虚假信息，导致用户难以分辨结果的真伪，容易出现幻觉、误导师生。师生也应保持批判性思维，对重要信息进行多渠道验证，以防被误导。

基于智能教育机器人的"双师课堂"有助于激发学生的学习动机，并且对学生的自信心、自我价值感起到促进作用，但在实验中也发现若干问题。例如，教育机器人扮演辅导者、干预者和评价者等多重角色，疏离了学生与教师之间的情感联结。有研究团队采用大语言模型 T5-PEGASUS 自动生成问题，开发学生与 AI 问题共创工具 Co-Asker，构建了人机问题共创系统，来测试大学生课外阅读的批判性思维，促进阅读理解能力的提升，但在实验过程中发现，学生抄袭 AI 生成内容的现象严重，不利于学生的深度学习和批判性思维发展。

学校应该积极构建支持人机协同学习、与"师—生—机"三元结构相匹配的评价、管理和激励机制，在保护学生视力、避免沉溺于网络和技术依赖、避免抄袭、保护隐私等方面提供更有效的保障机制。此外，学校还应关注生成式 AI 对校园文化和学生心理的影响。北京教育科学研究院专家就曾提出——"除了防止学生代写的一些政策文件外，学校应该明确学生在使用生成式 AI 后，应主动介绍自己的 AI 使用情况，比如说在哪些部分，或者是哪些方法上使用了生成式 AI，以此来确保作业任务或者是研究内容的原创性和真实性，同时遵守学术诚信原则"，针对生成式 AI 的不恰当使用的检测也已经开始得到应用。

学校应注重伦理和法律法规问题，指导学生正确使用生成式 AI，避免侵犯知识产权和隐私等问题。通过教育引导和管理监督，学校可以确保学生在使用生成式 AI 时遵守法律法规和道德规范，避免潜在的风险和纠纷。例如，学校可以开设专门的课程，教授学生有关 AI 伦理和法律法规的知识，培养学生的责任感和道德意识。生成式 AI 直接在教学中让学生使用有一定的风险，可能会出错或产生一些超越课程标准的内容，因此需要对其做一些微调和定制，才能更好地用于教学。生成式 AI 本质上是一种在线教育系统，它在推动知识互动过程中发挥了重要的中介和推动作用，但师生之间的行为和情感互动则是无法用技术代替的。因此，生成式 AI 的发展向我们展示，比起书本知识的传授，更为迫切的是学生价值观的引导、创新能力的培养、良好习惯的养成，以及健康身心的成长。

7.3.4　平衡监督和创新

制定一套完善的校园生成式 AI 应用规范和标准，对于保障学生权益、推动教育创新也至关重要。规范和标准需涵盖包括数据隐私保护、算法透明度、公平性等多方面内容，确保生成式 AI 在教育环境中的应用既高效又安全，还需规范生成式 AI 在教学中的使用，确保其符合教育目标和伦理标准。这些政策应明确 AI 技术的适用范围、使用条件和责任划分，防止其被滥用或误用，还应规定教师和学生在使用 AI 工具时的权利和义务，保障他们在教育过程中享有公平、公正的待遇。

完善的应用规范离不开健全的监督机制，学校应对生成式 AI 在课堂教学和学校管理中的应用进行持续监控和反馈，确保其发挥积极作用。学校可以设立专门的监督委员会，由技术专家、教育工作者和师生代表组成，定期评估人工智能系统的使用效果和潜在问题，并根据反馈不断优化系统。这种持续的监督和反馈机制，有助于及时发现和纠正人工智能应用中的不足，确保其始终符合教育目标和伦理标准。

学校在加强监督管理的同时，也应合理把握规制措施的力度，适度鼓励对于影响范围和影响程度受限可控的生成式 AI 应用，做到加强治理防范和提升教育创新活力并举，避免强监督管理措施对人工智能教育创新带来负面效应。学校应加强与外部合作伙伴的沟通和协作，包括与技术供应商合作，以获取最新的技术支持和解决方案；与教育研究机构合作，研究和探索生成式 AI 在教育领域的更多可能性；与政府部门合作，以确保校园管理策略的调整符合相关政策法规的要求，共同推进生成式 AI 在校园管理中的应用和发展。

DeepSeek 原理与实践快速入门

A.1 DeepSeek 的原理解析

A.1.1 DeepSeek：崛起的 AI 新星

当我们谈论大模型时，大多数人首先想到的可能是 ChatGPT。但近年来，有一家名为 DeepSeek 的中国公司迅速崛起，它在短短 7 天内就达到了 1 亿用户，这是一个令人震撼的纪录。DeepSeek 为什么如此迅速地受到全球关注，它与其他 AI 巨头有什么不同？首先，我们要从 DeepSeek 这家公司谈起。

DeepSeek 的全称为杭州深度求索人工智能基础技术研究有限公司，由著名量化投资公司幻方量化的创始人梁文锋在 2023 年创立，总部位于杭州。这家公司专注于研发高性能且成本极低的大模型，目标是让顶尖的 AI 技术变得更加普及和易用。

增长 1 亿用户花费时间

回顾历史上著名互联网产品达到 1 亿用户的时间，Tiktok 用了 9 个月，微信用了 1 年多，甚至曾经风靡全球的 Instagram 花了整整 2 年半。然而 DeepSeek 只用了 7 天，创造了一个 AI 领域令人震撼的纪录。这种高速增长，不仅体现了 AI 产品本身的强大魅力，也证明了用户对于新兴、高效的 AI 工具的强烈需求。DeepSeek 之所以迅速崛起，很大程度上得益于其核心的技术创新，具体体现为以下几点。

1. 混合专家结构

DeepSeek-V3 模型率先应用了混合专家（Mixture of Experts，简称 MoE）架构，拥有 6710 亿参数的超大规模。但与同等规模的传统模型相比，训练成本却低得惊人，仅为约 557.6 万美元。MoE 允许模型根据具体的任务场景自动调用最合适的"专家"子模型，使其在灵活性和推理效率上都实现显著提升。

2. 多头潜在注意力机制

DeepSeek 进一步创新性地应用了多头潜在注意力机制（Multi-head Latent Attention，简称 MLA），提高了模型对于复杂语言任务的理解和生成效率，使其在处理语言、推理任务时更加迅速精准。

3. FP8 混合精度训练

传统的大模型训练通常需要高昂的计算成本。DeepSeek 创新性地采用了 8 位浮点混合精度训练，大幅降低了训练过程中对硬件资源的需求，极大减少了能耗和计算资源成本。

4. 强化学习主导的新模式

DeepSeek 在 2025 年推出了 R1 模型，尤其是 DeepSeek-R1-Zero 版本更是一次革命性的尝试。它彻底放弃了传统的监督微调，转而完全采用强化学习（RL）进行优化。这一突破性尝试，使得模型能够自主地进行深度推理，不再依赖于人工注释的思维链（Chain-of-Thought），大幅降低了人工成本和训练周期，仅用 8000 次左右的训练循环即可达到优秀的性能。

与 OpenAI 广受认可的 GPT 模型系列相比，DeepSeek 具备如下显著优势。

- 成本优势：DeepSeek 的训练和使用成本仅为 OpenAI 同类产品的约十分之一，显著降低了普通用户和企业的使用门槛。

- 开源策略：DeepSeek 采用完全开源的策略，积极与全球开发者和研究机构合作，让更多人参与到 AI 创新中。

- 性能高效：得益于创新的 MoE 和 MLA 架构，DeepSeek 在诸多应用场景中表现出色，尤其在需要快速反应和深度推理的任务中优势明显。

例如，DeepSeek-R1 模型在医疗诊断、法律咨询、学术研究等需要深入思考的领域表现极佳，甚至可以与 GPT-4 相媲美。DeepSeek-V3 则在日常问题解答、实时互动和娱乐领域受到广泛欢迎。

DeepSeek 以 7 天实现 1 亿用户的快速增长，意味着人工智能技术的门槛正在迅速降低，AI 工具正迅速融入普通人的生活与工作。这种普及趋势不仅让人们日常生活更加便利，也推动了更多企业积极探索如何利用 AI 技术改造业务流程，提升效率。

DeepSeek 的迅速崛起不是偶然，它代表了一种 AI 产业全新的发展路径：通过技术创新与开源模式，降低高端 AI 技术的使用门槛，让更多人享受到人工智能带来的便利与优势。

展望未来，DeepSeek 不仅将在教育领域进一步拓展应用范围，更可能引领整个 AI 行业走向更加普惠和高效的发展阶段。凭借开放的生态、创新的技术架构，以及大众对高效、低成本 AI 技术的迫切需求，DeepSeek 的前景无疑令人充满期待。

A.1.2　大模型思考的快与慢

人工智能近年来快速发展，尤其以"大模型"最为瞩目。相信很多人都接触过 ChatGPT、DeepSeek 这类智能助手。它们有时能闪电般地给出答案，有时却又似乎在深度思索，让人等上一会儿。这背后究竟发生了什么？原来，大模型的"思考"方式，也可以像我们人类一样，用"快"与"慢"来区分。

这种分类的灵感，来自诺贝尔奖得主丹尼尔·卡尼曼的经典著作《思考，快与慢》。在书中，卡尼曼提出了著名的"双系统理论"，即人的思维可分为两种模式："快思考"（系统 1）和"慢思考"（系统 2）。

1. 快思考：本能与直觉的快速反应

快思考，顾名思义，就是迅速、自动的直觉反应。例如，当你看到熟悉的朋友面孔时，立刻认出是谁；或者听到一道简单的计算题"2+2=？"，马上脱口而出"4"。这种思维无需努力，靠直觉、本能、经验和记忆就能快速完成。

在 AI 领域，典型的"快思考"代表，例如 OpenAI 的 GPT-4o 和 DeepSeek 的 V3 模型。这类模型训练规模庞大，吸收了海量文本知识。它们最擅长迅速地理解、反应，并给出看似瞬间生成的回答。

例如你提问："今天天气如何？"或者提问"莎士比亚是哪国人？"，它们几乎毫不迟疑地回答。这是因为它们背后庞大的参数使得模型可以快速匹配和联想出最可能的答案，类似我们人类的大脑直觉反应。

然而，这种快速生成的答案有时也可能不够深入细致。如果遇到更复杂的问题，例如深奥的哲学话题或高度专业的分析任务，快思考模式的模型可能表现出明显的局限——虽然答得迅速，却未必精准、全面。

2. 慢思考：理性与深度推理的精细分析

相比之下，慢思考需要我们更加专注、刻意地去推理与分析。比如解答一道复杂的数学题目、规划一场旅行行程、撰写一篇严谨的研究报告，这些任务无法靠直觉和快速反应完成，而需要缓慢、精细地处理信息，进行推理和判断。

在人工智能领域，这种慢思考模式的典型代表，比如 OpenAI 的 o1 模型和 DeepSeek 的 R1 模型。它们被设计用来处理更复杂的任务，强调精细的推理和逻辑分析，甚至在面对严肃的学术、科研问题时展现出优异表现。

例如，o1 模型在荷兰数学考试中，展现出接近满分的推理能力。DeepSeek 的 R1 模型同样在医疗诊断、法律法规分析等复杂场景中，表现出更深层次的逻辑推演能力。

不过，相比快速模型，这些慢思考模型在处理一般问题时，速度略慢，回答问题需要稍多一些等待的耐心，但结果通常更可靠、更全面。

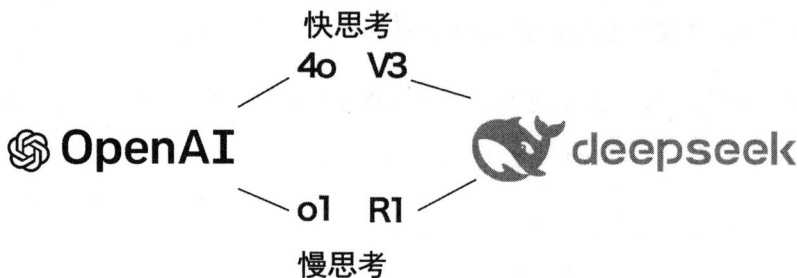

大模型的快与慢思考

我们为何要关注大模型思考的快与慢？实际上，这关乎我们如何更好地使用人工智能工具。

在日常生活中，如果我们需要快速获取资讯、常规对话与简单的互动，快速的模型无疑更加高效、便捷。但如果面对专业决策、学术研究、法律咨询或医学诊断这类严肃而复杂的问题，慢思考的模型则更具优势。

也就是说，我们需要根据具体场景、任务难度和所需的精度，合理选择使用不同类型的大模型，发挥它们各自的特长。

在未来的发展中，这种"快慢结合"的模式可能成为主流趋势。例如，先由快思考的模型迅速响应初步问题，而当发现问题复杂，超出能力范围时，自动触发慢思考模型进一步深入分析，就如同人类遇到复杂问题时从直觉转向理性分析。

可以预见，随着技术的进一步发展，这种快慢融合的模式，会使人工智能越来越接近于人类真实的思维状态，让 AI 更智能、更可靠。

人工智能的发展之路，正在通过"快与慢"的平衡，更加贴近我们的需求，更好地帮助我们探索未知，推动进步。

A.1.3 大模型三大法宝：提示词、微调与 RAG

近年来，AI 已经渗透到生活的方方面面。人们通过与 DeepSeek、ChatGPT 这样的 AI 助手交谈，已经深刻感受到了 AI 的便捷。但你有没有想过，AI 背后的"智慧"究竟是如何炼成的？今天我们就来谈谈三种非常重要的技术：提示词工程、微调和检索增强生成。

1. 提示词工程：巧妙引导，四两拨千斤

提示词工程听起来很复杂，但其实原理非常简单。它就像是给 AI 写一份"说明书"，告诉它我们想要什么样的回答。

举个例子，如果你希望 AI 为你创作一首诗，而你只是输入了"写一首诗"，结果可能会五花八门。但如果你详细地输入："以'秋天的落叶'为主题，写一首伤感的七言绝句"，AI 立刻就能精准地为你创作符合需求的作品。这便是提示词工程的魅力所在。

提示词工程的优势非常明显：实施简单，不需要改变 AI 模型本身的结构，成本低廉，非常适合快速迭代和日常互动。你只需精妙地设计问题，就可以得到更准确的答案。这种方法已经广泛应用在日常互动、教学辅助、创意设计等领域。

2. 微调：为 AI 量身打造特定技能

相比提示词的简便，微调则是更深入、更精细的一种方式。所谓微调，就是在 AI 原有模型的基础上，额外加入特定领域的数据，对模型进行再训练。

例如，一家医疗机构希望开发一种专门为医生解答复杂医学问题的 AI 助手。这时，仅靠提示词就不足以确保 AI 给出的答案足够专业。于是机构通过向 AI 提供大量医疗领域的专业数据，对模型进行微调。这种经过"再教育"的 AI，就能够精准地理解和回答医学上的专业问题。

微调最大的优势在于高度定制化，能显著提高模型在特定领域的表现。但它的代价是需要耗费大量的计算资源、专业数据，以及更多的训练时间。因此，微调通常用于法律咨询、医学诊断、学术研究这些对专业性要求很高的场景。

3. 检索增强生成（RAG）：AI 的"藏经阁"

检索增强生成（Retrieval-Augmented Generation，RAG）是一种最近非常流行的 AI 技术，它巧妙地结合了 AI 的推理能力与实时检索外部知识的功能。

我们不妨把 RAG 理解成给 AI 建造了一个"藏经阁"。每当我们提出问题时，AI 首先去"藏经阁"检索相关的信息，然后再根据这些具体的信息进行推理和生成答案。例如你问"最近有什么重大科技新闻？"传统的 AI 可能无法及时回答，因为它只了解训练数据截止到某个时间点的信息。但使用了 RAG 模式的 AI，可以迅速检索最新

的资讯，再生成准确且时效很新的答案。

RAG 技术有两个显著优势：实时性强，可以快速获取最新信息；其次是准确性高，大大减少了传统 AI 生成虚假或不准确信息的风险。目前广泛应用于新闻摘要、企业内部知识库问答、实时数据分析等领域。

我们可以从几个维度来比较提示词工程、微调和 RAG。

- 实施难度：提示词最简单，RAG 次之，微调最复杂。

- 成本控制：提示词成本最低，RAG 居中，微调成本最高。

- 适用场景：提示词适合快速交互与原型开发，微调适合专业领域和高度定制任务，RAG 适合知识密集和实时需求场景。

A.2　DeepSeek 使用原则

A.2.1　正确打开 DeepSeek 的三种模式

前面我们已经提到了 DeepSeek 具备的不同思考方式。接下来，让我们更深入地了解 DeepSeek 提供的三种不同模式：深度思考（R1）模式、联网搜索模式，以及默认模式。其中，"深度思考模式"和"默认模式"体现了 DeepSeek 的不同思考特点，而"联网搜索模式"则强调了 DeepSeek 实时获取信息的能力。

我是 DeepSeek，很高兴见到你！

我可以帮你写代码、读文件、写作各种创意内容，请把你的任务交给我吧~

给 DeepSeek 发送消息

深度思考 (R1)　　联网搜索

DeepSeek 的三种模式

1. 深度思考（R1）模式：理性又严谨的"专家模式"

首先，让我们来认识一下 DeepSeek 中的"深度思考（R1）"模式。如果把 DeepSeek 看作一位智慧的学者，那么这个模式下的 DeepSeek 就像是戴上了一副专注的眼镜，拿起了细致的放大镜，准备去严密地分析每一个细节。这个模式有几个显著的特征。

- 深入推理能力强：能够进行复杂的逻辑分析和推导。

- 响应相对缓慢：因为思考更加深入和严谨，回答问题需要更多时间。

- 适合专业领域：比如数学题目、哲学论证、医疗诊断、法律分析等，都是这个模式最擅长的领域。

例如，当你问它一个复杂的数学证明，或者提出一个深奥的哲学问题，这时 DeepSeek 就会启动 R1 模式，以更加谨慎、理性的方式一步一步推理，力求为你提供一个精确可靠的答案。

2. 联网搜索模式：拥有实时数据的"记者模式"

接下来，我们来看看 DeepSeek 的"联网搜索"模式。如果把刚才的 R1 模式看作严谨的专家，那么联网搜索模式就是一个及时了解新资讯的新闻记者。这个模式下的 DeepSeek 并不只依靠过去积累的知识，而是直接通过网络去实时获取最新的资讯，并快速反馈给你。联网搜索模式的优点非常明显。

- 信息实时更新：可以第一时间获取并提供最新的数据和信息。

- 准确性更高：减少了 AI 回答可能产生的"幻觉"，因为它会援引具体来源。

- 响应速度适中：介于深入推理和默认模式之间，响应速度取决于网络状态。

例如，如果你提问："今天的股票行情怎样？"或者提问"最新的热点事件是什么？"DeepSeek 就会立即启动联网模式，查找最新的实时数据和新闻，向你提供当前最可靠的信息。

3. 默认模式：快速便捷的"日常伙伴模式"

最后，让我们看看 DeepSeek 不使用这两种模式时的默认状态。这种模式下，DeepSeek 的表现就像一位亲切、随和的朋友，它随时准备和你聊天，回答一些日常性、普通的问题。默认模式的特点如下。

- 快速响应：回答问题迅速，几乎无需等待。

- 基于内置知识：所有答案都来自训练数据，这意味着它只能提供训练截止时的知识。

- 适合日常互动：非常适合回答一般问题，比如历史事件、基本百科知识，以及轻松的日常交流。

举个例子，你提问"莎士比亚是哪国人？"或提出"讲个笑话吧"，DeepSeek 会毫不犹豫地立即回应你，轻松自在，适合随时随地的闲聊互动。

这三种模式各适合哪些情况呢？深度思考（R1）模式适合专业人士，处理严谨复杂的学术问题和专业咨询；联网搜索模式适合普通用户需要实时信息更新的情景，比如股票、新闻和实时数据；默认模式则适合我们日常生活中的轻松对话和快速问答。

那么，如何选择最适合自己的模式？其实，这三种模式并不是互相排斥的，反而可以搭配使用，如果你对问题的精准度和逻辑性有很高要求，R1 模式是不二之选。如果你关注最新资讯，联网模式让你走在信息的最前沿。如果你仅仅需要一次快速简单的对话交流，那么默认模式是最便利的选择。了解这三种模式后，你就能更好地利用 DeepSeek，让它更高效、更贴心地为你服务。

A.2.2　DeepSeek 使用中的四大误区

大模型的出现，让人们能够轻松地获得大量信息，解答各种疑问。但由于技术发展的复杂性，用户在使用过程中容易陷入一些误区。下面，我们就针对 DeepSeek 使用中常见的四大误区逐一进行分析和澄清，让大家更好地了解和运用这些先进的人工智能工具。

误区一：什么时候都要勾选"深度思考"

许多人认为，使用 DeepSeek 时应随时启用"深度思考"模式，以确保获得最详细、最全面的答案。事实上，"深度思考"模式意味着模型会进行更深入的推理，处理过程相对缓慢，适合复杂的逻辑推理或专业分析问题。

但并非所有问题都适合使用这一模式。简单的问题或日常交流，更适合使用默认模式，以便快速获得答案。过度依赖深度思考模式不仅会降低效率，还可能造成不必要的等待。因此，明确问题的复杂性并合理选择模式，才能发挥 DeepSeek 的最佳效果。

误区二：大模型可以毕其功于一役

人们往往倾向于"一步到位"，希望通过一次提问就解决所有问题。这种心理源自对高效、便捷的追求，认为 AI 应当一次性提供覆盖所有方面的详细信息。然而，现实并非如此。

大模型虽强大，但在涉及多个领域、多个角度或复杂关联的问题时，单次问答可能难以达到完全理想的效果。逐步互动、分步骤解决问题，往往更能确保回答的质量与精度。因此，用户需要学会适当拆分问题，与模型进行多次、有针对性的互动，逐步获得满意答案。

误区三：大模型总是可以给出正确的答案

尽管 DeepSeek 等大模型经过大量数据训练，知识储备丰富，但这并不意味着它们总能给出完全正确的答案。模型的表现与训练数据质量密切相关，数据存在偏差、不完整或过时情况都会影响答案的准确性。

此外，大模型缺乏人类特有的常识推理和经验积累，尤其在处理情感、文化、道德等人文问题时，更容易出现误差。此外，大模型在回答问题时倾向于表现出很强的自信，使得答案看似可信却未必精准。因此，用户在获取答案后，应保持一定的批判性思维，谨慎判断并进一步验证信息。

误区四：一"说"到底

许多用户在与 DeepSeek 交流过程中，会注意到生成内容受之前交流内容的影响。这表现为"注意力残留"、"概念漂移"和"风格污染"等现象。注意力残留是指新问题的回答中可能残留着旧主题的关键词，这是因为模型的注意力机制依赖于之前的对话内容。而概念漂移则是说术语或概念可能被前面的对话错误定义，从而影响后续对话的准确性。此外，正式场合的问题可能得到口语化的回复，这是由于模型在生成回复时受到之前生成模式的惯性影响。

要避免这些问题，用户可以适时地开启新会话，确保问题明确、简洁，并在提问中尽可能避免冗余信息和不必要的上下文。了解并避免这些常见误区，能够帮助我们更合理地利用 DeepSeek 及类似的人工智能工具。我们需要明确以下原则：

- 根据问题难易程度选择合适的模式，避免盲目使用深度思考。

- 不要指望一次提问就能解决所有问题，分步互动更有效。

- 对 AI 生成的信息保持审慎态度，必要时进行二次确认。

- 当交流内容过多或主题变更时，及时清理上下文，避免对话污染。

合理、科学地使用人工智能工具，不仅可以提升效率，更能让我们在与 AI 互动中获得更好的体验。本节内容能帮助大家更清晰地了解 DeepSeek 的特点与局限，更好地发挥其智能助手的潜力。

A.2.3 随机应变的小技巧

1. 多模型交叉验证

人工智能模型虽然强大，但仍有可能出现错误或不准确的情况，比如生成一些看似合理但实际上并不存在的信息。这种现象在 AI 领域被称为"幻觉"。为了确保生成内容的可靠性，我们可以使用多模型交叉验证方法。

具体而言，当你使用 DeepSeek 生成一个答案后，可以再用其他知名模型（例如，豆包、Kimi 或者智谱清言等）对结果进行交叉验证。如果其他的大模型均未指出错误或者疏漏之处，说明内容的可信度较高；若其他大模型指出了问题，则需要进一步确认并更正。这种方法尤其适合时间紧迫、无法逐句核对的情景，有效提高了输出内容的准确性。

2. 专业提示词工程技巧

提示词是引导 AI 模型输出的关键因素，一个高质量的提示词能够显著提升大模型生成内容的精度和相关性。然而，普通用户未必具备设计专业提示词的经验与技巧。在这种情况下，我们可以利用大模型自身生成提示词。

具体做法如下：你首先需要清晰地表述你的需求。例如，"我希望撰写一篇关于生成式 AI 应用于教育的文章"。接着再告诉 DeepSeek："假设你是一位人工智能领域的资深提示词工程师，请根据我的需求，生成一个高质量的提示词。"此时建议打开 DeepSeek 的深度思考模式，因为在这种模式下，大模型会进行更加深入的分析和推理，提供更为专业、准确的提示词。

3. 应对"AI 率"与消除"AI 味儿"

近年来，AI 技术快速普及，写作、绘画、音乐甚至学术论文都能快速生成。由此产生了一个重要问题：我们怎样判断一篇文章究竟是人类原创的，还是 AI 生成的？为了解决这个问题，"AI 率"检测工具应运而生。这些工具能够检测一篇内容由 AI 生成的可能性，但也因此引发了广泛的争议。

首先，这些工具的准确性存在问题，有时甚至会将历史文献、经典文学作品误判为 AI 内容。同一篇文章反复检测可能会得到截然不同的结果，让不少学生感到困惑和焦虑。此外，算法的透明度不足也是一大问题。大部分 AI 检测工具的算法缺乏公开透明的信息，师生们难以弄清楚检测的具体依据和标准，从而进一步加深了对其可信度的质疑。同时，检测成本的增加也给学生带来压力：每次检测费用在 20 到 38 元之间，多次检测的累计成本甚至可能高达数百元。

面对"AI 率"检测的挑战，学生和创作者提出了一些应对策略。首先是修改语言风格，尽可能采用更口语化、简洁的表达，减少长句和复杂连接词。其次，删除不必要的冗余内容，突出实际、有针对性的内容。此外，也可以通过人工逆向修改，对文章进行重新编辑和再创作，以降低文章被 AI 检测误判的概率。

然而，更根本的问题还在于，即便通过了"AI 率"检测，一些文章仍然存在一种明显的"AI 味儿"。所谓"AI 味儿"，指的是 AI 生成内容中特有的表达风格。这种风格通常语言抽象，喜欢使用华丽但模糊的修饰语，比如"卓越的生产效果""高度灵活的自适应能力""极大程度地满足用户需求"等。此外，AI 生成内容还容易过度使用雷同的术语和表达方式，缺乏鲜活、生动的细节和真实情感，让人一读便感觉内容缺乏人类的温度与真实感。

那么，我们如何有效地去掉"AI 味儿"，让内容更真实、生动，更接近人类的表达呢？要让 AI 生成的内容真正打动人心，关键在于实现人机之间的深度协同——既要充分发挥 AI 的高效生产力，更要注入人类独有的情感温度。这本质上是一场人机优势的完美融合：我们要善用生成式 AI 强大的处理能力，更要依靠人类创作者的情感洞察和审美判断，唯有如此才能打造出既有专业深度，又富有人情味的优质内容。这种协同不是简单的分工合作，而是人机能力的相互赋能——AI 拓展了人类的创作边界，而人类则赋予 AI 内容以灵魂。

A.3   教育领域的提示词工程

A.3.1   提示词优化的九大策略

提示词是指用户输入给人工智能模型的文本指令或问题，用于引导模型生成所需内容的"对话起点"。在与大模型交互时，提示词扮演着至关重要的角色——其设计和使用直接影响大模型生成内容的质量和相关性。

精心设计的提示词有潜力改变教育中人与生成式 AI 的互动模式，提升教学与学习效果。对于教师而言，好的提示词可以让大模型成为智能教辅，用于备课、出题、批改和个性化教学；对于学生而言，提示词技巧则是高效写作和自主学习的利器。总之，提示词优化已经成为提高教育写作质量与效果的一项关键技能。

高质量的 AI 输出源自高质量的提示词。以下我们围绕 9 条提示词优化策略，逐一进行通俗讲解，每条策略均配有教育场景中的实践案例，帮助你理解如何将这些技巧运用于教学与写作之中。

1. 明确目标

策略详解：编写提示词前，先明确你想让 AI 完成什么任务、生成什么内容。这意味着指令要清晰具体，让模型"不用猜测你的意图"。明确的目标包括内容主题、预期涵盖要点、篇幅要求、读者对象、输出形式等。直接告诉 AI 你需要的具体结果，可以避免模型输出偏离主题或不得要领。

> **实践案例**
>
> 某高中历史老师希望学生写一篇关于工业革命影响的议论文。老师准备借助 DeepSeek 生成一个范文提纲。他首先尝试了含糊的提示："列举工业革命的一些影响。"结果 AI 给出的要点过于宽泛杂乱，包括正面影响和负面影响混在一起，没有聚焦论点。于是老师重新设计提示词，明确写作目标如下。

提示示例：请提供一篇关于工业革命对 19 世纪欧洲社会积极影响的议论文大纲。文章需涵盖工业革命在经济增长、城市化和科技进步方面的正面作用，每部分都给出具体例证。希望行文逻辑清晰、有引言和结论，篇幅约 800 字。

这样的提示词清楚限定了主题范围（积极影响）、列出了三个主要方面（经济、城市化、科技），并指定了结构和篇幅。DeepSeek 据此生成的提纲层次分明、紧扣主题，大大优于最初模糊的请求。这一案例说明：在提示词中明确任务目标和具体要求，能帮助模型聚焦于你真正关心的内容。

2. 精确简洁

策略详解：提示词应尽量简洁明了，直截了当地表达你的需求。冗长繁复的表达不仅增加模型理解难度，还可能引入歧义；而简明的措辞则能减少误解，提升响应速度和准确性。精炼语言、避免赘词可以降低模型处理负担，使其更容易抓住指令核心。同时，要避免使用过多修饰或复杂长句——语言越朴实清楚，模型越能准确解读你的意图。

> **实践案例**
>
> 一位大学生向 DeepSeek 求助写作文灵感，他的初始提示词是："我想写一篇文章，你能给我一些建议吗？就是那种关于环境保护的，有趣一点，不要太无聊，也不要太长。"这个请求存在诸多模糊和冗余之处：主题"环境保护"笼统含糊，"有趣一点"定义不明确，"不要太无聊"属于主观判断。DeepSeek 对如此模糊的提示难以把握重点，给出的建议泛泛而谈，不够深入。

学生随后在导师指导下优化了提示词，删掉了多余成分，改为具体明确的请求。

提示示例：请给我三个关于环境保护的创意写作思路，每个思路用一句话概括主题，并简要说明写作角度。

优化后的提示词精炼直接：指定了主题"环境保护"，要求产出三个思路，并明确每个思路的形式和内容。这样的提示词会让输出的结果比起之前含糊的请求要有针对性。这个例子表明：避免模糊表达、用简洁精准的语言描述需求，能防止 AI 产生不着边际的回应。正如一篇指导所言，不理想的提示词如"告诉我关于狗的一些事情"过于笼统，而改成"请告诉我三种常见的犬种及其特征"就明确得多，模型回复也会更切题。

3. 尽可能提供更多上下文信息

策略详解：为模型提供充足的背景上下文信息，有助于它深入理解用户问题的意图，进而产出更精准、更具针对性的回答。背景上下文可以包括具体的任务描述、引文原文、课本内容、教学场景或学生的具体需求。清晰而详尽的上下文信息能有效减少提示词的歧义，让指令更为明确，使模型更容易"领会"用户想要达到的目标。与简单而笼统的提问相比，详细提供上下文的方式会显著提高模型回答的准确性与实用性。

实践案例

一位初中教师希望利用 DeepSeek 为学生设计一道数学应用题，初步提示是："设计一道适合初中生的比例应用题。"由于没有提供具体的场景背景或难易程度的信息，模型只能生成一个泛泛的、难以契合老师教学进度和学生实际情况的练习题。这位教师提供了具体的上下文信息，输入提示词如下："目前，我们正在学习初二数学第 6 章《比例与应用》，学生刚刚掌握了直接比例的定义和公式，生活场景以购物、调配饮料为主。请基于这一背景，设计一道难度适中、贴近学生生活的直接比例应用题。"

提供了明确的教学进度和学生所处的学习阶段后，DeepSeek 便迅速地根据这些上下文生成了更具针对性的题目。

在这个案例中，教师提供了充足而详细的上下文信息，包括具体教学内容、学生的知识水平，以及适用的生活场景，这样模型就能够精准地产出适合课堂教学需求的高质量练习题。这凸显了充分提供上下文信息的重要性，在教育中尤其有效，它不仅使生成的内容更符合教学目标，也有助于提升学生的学习体验与效果。

4. 量化表达

策略详解：量化你的要求，即对输出的数量、长度或范围作出明确规定。这包括指定字数上限或下限、要点数量、段落数量等。例如，"将下文概括成 3 条要点"或"用 100 字以内的语言回答"。通过这种量化的表达，模型更清楚预期回答的规模，能够在生成时有所取舍，从而确保输出既不过简也不过长。指定输出长度在很多情况下都非常有用——无论是需要一个简短回答、一段概述，还是一篇详细文章，提前说明篇幅可以让 AI 的回应更符合你心目中的"尺寸"。同样，指出需要几条建议、几个例子等，也能让模型给出恰当数量的信息点，而不会泛泛地列举太多或太少。

实践案例

某中学语文老师希望学生练习写作提纲。他打算让 DeepSeek 生成五个关于传统节日的作文立意供学生选择。如果提示词未加量化限制，如只是说"请给出一些关于传统节日的作文题目思路"，DeepSeek 可能会给出数量不定的点子，有时三四条，有时十条，长短不一，不利于学生挑选。于是老师优化提示，在提问时明确要求列出五项。

提示示例：列出五个创意题目或立意，每一个都围绕中国传统节日，并附一句话说明该题目的写作角度。

这一定量要求使 DeepSeek 严格产出了五条创意题目。可以看到，经量化后的输出针对性更强，既满足了数量要求，又没有冗余内容。不仅教师出题如此，学生在写作时也能应用这一策略：比如在让 AI 检查文章时，可以要求"找出文章中 3 处最需要改进的句子并重写"，这样 AI 会精挑细选出三处给出修改建议，而不是漫无重点地全文逐字批改。

总之，明确数量和长度等量化指标，是提示词优化的一个简单但高效的技巧。当然，需要注意的是，有时模型对长度的遵守并不是百分之百准确。若对字数要求非常严格，可以结合提示增加约束，如同时限制句数和字数，或者在得到初稿后请求模型进一步截短或扩展到合适长度。

5. 层次化引导

策略详解：将复杂任务分解为有层次的子任务，引导模型逐步完成，是提升回答质量的有效策略。也就是说，不要让 AI 一次性解决过于庞杂的问题，而是按一定层次或步骤来提问。你可以在单个提示词中使用分步骤的指示，或者通过多轮对话逐步引导。前者例如："首先列出××的主要特点，然后对每一点分别展开说明"；后者则体现为先问第一个小问题，获得答案后，再据此提出下一步请求。在提示词中明确这种层次结构，能让模型理清思路，逐步给出完整解答。正如 OpenAI 官方指南所建议的："如果你有一个复杂主题，尝试把它拆分成几个小部分。"这一策略利用了模型逐步推理的能力，使其在每一步都更聚焦，从而避免一次性回答时可能出现的遗漏或混乱。

> **实践案例**
>
> 　　一位高校文学教师希望 DeepSeek 协助生成一份关于《红楼梦》人物关系的分析报告提纲。直接要求"分析《红楼梦》中主要人物的关系并写成提纲"可能会让 AI 无从下手，因为涉及人物众多、关系网复杂，模型一条提示很难面面俱到。于是教师采取层次化引导策略，分步与 DeepSeek 交流。

　　首先，他提示："请列出《红楼梦》中五个核心人物，并用一句话概括每个人物的重要性。"模型输出了宝玉、黛玉、宝钗、王熙凤、贾母 5 个名字及各自地位概述。

　　接着，他继续提示："针对以上每个人物，各用 2～3 句话说明他们之间的关系或互动。"DeepSeek 随后逐一描述了宝玉与黛玉的爱情、宝玉与宝钗的婚姻安排、王熙凤与贾母的关系等要点。

　　最后，教师要求："根据上述内容，整理一个人物关系分析的提纲。"模型据此生成了分层次的大纲结构：先总述家族背景，然后分板块详述几个人物的互动关系。

　　通过三轮对话，教师引导 AI 逐层深入地完成了提纲。这种将任务分解的过程，使得每一步输出都清晰有序，最终结果逻辑分明且要点齐全。如果一开始就要求模型给出完整提纲，可能会因信息杂乱而难以得到满意答案。这也凸显了"逐步细化提示"的价值：从简单到复杂，循序渐进地驱动 AI 产出内容。即使在一条提示词中，你也可以用序号或步骤词语提示模型分段完成任务，模型通常会按照列出的步骤逐项回答，从而形成清晰的层次结构。

6. 引用来源

　　策略详解：在学术和调研类写作中，要求 AI 引用来源或依据给定资料作答，可以提升生成内容的可信度和专业性。一方面，你可以提供参考资料给 AI，让它以此为依据回答问题。例如，在提示词中说明"根据以下教材节选回答问题：……（教材内容）……"。模型会利用你提供的材料来作答，确保信息与资料一致。另一方面，你也可以在提示中直接要求模型给出参考文献或数据来源。例如，"请在答案中列举出典型例子并注明出处"，这样模型会在回答中包含来源信息。不过需要注意，当前大模型，如 DeepSeek 并不连接实时互联网，它提供的参考可能来自其训练记忆，有时会出现捏造文献的情况。因此，要么你提供素材，要么对模型产出来源持审慎态度并自行核实。

一位大学生在撰写有关人工智能伦理的论文提纲时，他想让 DeepSeek 帮忙找出几点论据并给出相应出处。他的提示词是："人工智能可能带来哪些伦理问题？请给出三点并引用学术来源。"DeepSeek 很快罗列了三点（偏见与歧视、隐私泄露、责任归属）并各自附带了来源。但是细心检查后发现，这些"引用"其实是 AI 编造的文章标题和作者，并非真实文献。该同学意识到直接让 DeepSeek 找引用并不可靠，于是改变策略：先自行查找了两篇相关论文摘要，然后把其中关键数据提供给 DeepSeek。

提示示例：如果希望 AI 答案中带有来源依据，最稳妥的方法是将参考资料融入提示供其调用。当无法提供资料时，也应对 AI 输出的文献心存警惕，必要时使用专门工具，如一些文献检索插件来避免模型编造来源。

7. 避免偏差与歧义

策略详解：撰写提示词时，应尽量使用中立客观的措辞，避免潜在的偏见暗示和歧义不清的表述。这既包括价值倾向上的偏颇，也包括语言含义上的模棱两可。含糊或带有倾向性的提示可能导致模型输出偏离公正或误解本意。例如，问题"为什么 A 比 B 好？"在未给定客观条件下就暗含了 A 优于 B 的立场，可能诱导 AI 找偏向 A 的理由。相反，更中性的问法是："请比较 A 和 B 的优缺点。"这样模型会给出平衡的分析，而非单方面的论证。同样，在描述人或群体时，应避免使用刻板或歧视性语言，否则模型可能延续这种偏见。总之，要清晰表达需求又不丢失公允性，关键是用词精准并保持中立立场。

某教师希望引导学生探讨电子游戏对青少年的影响。他打算用 DeepSeek 生成正反两方面观点供课堂讨论。然而，初始提示词"电子游戏对青少年有害吗？"就有些含糊且带暗示性。模型可能直接倾向于讨论负面影响，忽视正面作用。教师意识到这个提问方式的问题，于是修改提示词以避免偏向和不明确之处。

提示示例：从积极影响和消极影响两个方面，分析电子游戏对青少年的影响，请分别给出至少两点论述。

修改后的提问明确要求了"两方面"且分别提供论点，不再以简单的是非题形式出现，消除了导向性。DeepSeek 据此产出时，列出了积极影响（如提高反应速度、培养团队协作）和消极影响（如沉迷影响学业、可能导致暴力倾向）各两点，每点都有简短阐述，信息平衡且全面。这个案例表明，通过避免含糊和偏颇，重新表述提示词，能使 AI 给出更公允和完善的答案。

8. 多轮迭代

策略详解：迭代优化提示词是与 AI 交互的一种常见且高效的做法。不要指望一次提示就得到完美答案，灵活运用多轮对话逐步逼近理想结果更为实际。每一轮你都可以根据上一次 AI 的回答进行追问、澄清或要求改进。事实上，编写有效提示词本身就是一个动态调整的过程——就像任何技能一样，需要反复练习和完善。OpenAI 的建议之一也是"尝试不同的指令和方法，看看哪种效果最好，然后根据结果进行调整。"具体来说，可以先让模型给出初步结果，然后检查其中的不足，再通过追加提示让模型补充细节、纠正错误或改变风格。这种对话式迭代能够充分利用模型的交互能力，使最终答案更贴合你的需求。

实践案例

一名学生准备英语演讲稿，他用 DeepSeek 草拟了一段开场白。首次提示词是："用英语写一个关于环境保护的演讲开场白，大约 100 词。"模型产出了一段文字，但学生觉得语气不够有感染力。于是进入第二轮迭代，学生提示："请以更有激情的语调重写上面的演讲开场白，并加入一个引人入胜的修辞问句。"DeepSeek 很快根据要求调整了措辞，开篇增加了一句发人深省的提问，整体语调也更热烈。接着学生又进行了第三轮迭代："再把开场白最后一句改成呼吁听众行动的句子。"模型随即修改了结尾句，变成号召大家参与环保的呼吁语。通过三次对话，学生不断细化需求，每一步都针对上一版本中不满意的部分提出改进要求，最终得到了满意的演讲稿开头。

这个例子很好地诠释了多轮迭代的价值。在教学中，教师也可以采用类似方式指导 AI 改进答案。例如，先让 AI 对一道数学题给出解题思路草稿，再要求它检查并完善步骤；或者让 AI 先产出作文提纲，再逐段展开成文。每一步的反馈都能引导模型朝着更正确或更优质的方向前进。实际上，不要犹豫尝试不同的提示词，通过不断试验和调整提示词，你能找到最适合当前任务的提问方式。迭代的过程也是学习的过程，经过几轮打磨，提示词的效果会越来越好，最终收获理想的输出内容。

9. 风格模仿

策略详解：DeepSeek 擅长根据提示来模仿特定风格或语气写作。你可以明确要求模型采用某种文体、角色口吻或模仿某位作者的风格。这在教学写作中非常有用：例如，要求 AI "用鲁迅的风格写一段描写"，或 "以新闻报道的口吻阐述……"。为了实现风格模仿，有两种常见方法：其一，在提示词中提供风格示例，让模型参照例子的调性行文；其二，直接指定所需的语气或风格。比如说明 "语气要正式/幽默/庄重"，或者 "模仿某作家的写作风格"等。模型会据此调整用词和句式，使输出与所需风格保持一致。需要注意的是，如果让模型模仿具体作者的风格，尽量选择知名作家或已有明确风格特征的文本风格，这样模型更容易把握。

> **实践案例**
>
> 初中语文课上，老师想通过趣味练习让学生体会不同写作风格的特点。他让 DeepSeek 先后生成两段描述冬天景色的短文：一段要求古典诗意风格，另一段要求现代白话风格。提示词分别如下：
>
> - 提示 A："请以古典诗词的意境，描写冬天雪景，语言优美含蓄，仿若一首散文诗。"
>
> - 提示 B："请用简洁清新的现代白话文风格，描写冬天的雪景，语言生动易懂。"

学生对比这两段文字，直观感受到文风差异。这个练习归功于提示词中明确的风格指示。

风格模仿策略还可以用于学生写作辅导中。例如，学生写了一篇文章但语气不够正式，可以让 DeepSeek "以正式学术风格重写此段"，模型会替换口语化措辞，变得更郑重。此外，如果学生想学习某作家的写作手法，也可以要求 AI "模仿 XX 作家的风格续写一个故事情节"。需要提醒的是，模型模仿风格是基于其训练语料的模式，并非真正具有人格。但这种功能在教学中已足够用于文体练习和风格转换，为师生提供了极大的便利。

以上 9 条策略相互关联、灵活运用，可以全面提升提示词驱动 AI 写作的质量。从明确目标到风格模仿，这些方法为教师、学生、家长在教育场景中使用 DeepSeek 等工具提供了具体指引。接下来，我们将结合实际教学和写作场景，探讨如何利用这些提示词技巧，最大化发挥 AI 辅助写作的作用。

A.3.2 提示词编写模板

掌握了提示词优化策略后，教师和学生还可以借鉴一些通用模板，以进一步提高撰写提示词的效率和效果。下面介绍一个被广泛采用的万能提示词模板，包含多个要素，使用时可以根据需要填充相关信息。

- 角色（Role）：指定 AI 要扮演的身份或专家领域，使回答更符合该角色的知识和语气。例如，"你是一名具有十年教学经验的高中英语教师"或"你现在是历史学家"。

- 任务（Task）：明确告诉 AI 需要完成的具体任务。例如，"解释……""设计……""撰写……"等。如果任务复杂，可以在任务描述中要求其"分步骤完成"或"分别列出……"等。

- 要求（Demand）：对任务输出的具体要求或约束。包括内容范围（要涵盖哪些要点或案例）、深度广度（需要理论分析还是简单说明）、避开哪些内容等。写得越具体，AI 输出就越贴合预期。

- 格式（Format）：期望的输出形式或结构。如果需要特定格式（如表格、清单、代码块、Markdown 格式等），一定要在此说明。例如，"以表格形式给出比较"或"答案请分条列出"。

- 示例（Example）：如有可能，提供一个输出示例或模板，让 AI 参照学习格式和风格。

- 语气（Tone）：指定所需的语气风格。如"语气友好而专业""以幽默诙谐的口吻回答"等，使 AI 在措辞和风格上符合预期。

- 思路提示（Tips）：（可选）一些特殊指示来增强输出质量的提示词。例如，"请一步步思考后再给出答案"，让模型先内部推理，再输出结果，以减少逻辑错误；或者提示"考虑可能出现的错误并检验答案"，以提高回答准确性。

根据以上要素，一个完整的提示词可能如下所示：

> 角色：你是一名具有十年教学经验的高中化学老师。
>
> 任务：请设计一个关于"氧化还原反应"的微课教学方案。
>
> 要求：方案需包括实验演示环节、生活应用实例，并注意突出该概念的重难点。避免使用过多专业术语，尽量通俗易懂。
>
> 格式：以分条的形式列出教学方案的步骤，每一步都单独成段。
>
> 示例：
>
> 1. 导入 – 提出日常生活中的铁生锈现象，引出氧化还原概念。
>
> 2. 概念讲解 – 定义氧化剂和还原剂……
>
> ……
>
> 语气：语气专业且亲切，面向高中生。
>
> 思路提示：请一步步给出方案的各环节，并在最后一步进行总结。

使用这样的模板填写信息后发送给 DeepSeek，往往可以得到结构清晰、要点齐全的回答。该模板之所以有效，是因为它遵循了我们前面讲的多项策略：明确目标（角色+任务）、具体要求、格式指示、语气风格等，甚至加入了分步思考的提示。实践证明，经过模板引导，AI 对需求的理解会更加准确，输出内容的条理性和完整度也更有保障。

需要注意的是，无论采用什么工具和提示词，在具体使用时仍需根据自己的需求进行调整。提示词的效果与场景、对象都有关系，盲目套用不一定达到预期。因此，把工具资源当作灵感来源，通过理解其原理来定制属于自己的高质量提示词，才是最好的做法。

最后，我们还建议教师可以将一些经实践检验有效的提示词汇总成册，作为"教师提示词参考表"供日后反复使用或分享给同事。这份表格可以按照用途分类（如备课、出题、批改、辅导等），每条提示词都附上适用情景说明。这样做不仅方便自己，也能在教研中推广 AI 辅助教学的经验，实现资源共建共享。

在人工智能深入校园的今天，"提示词"之于 AI 写作，正如钥匙之于宝库。掌握了提示词优化的策略和技巧，教师、学生和家长就能更好地开启 AI 潜能的宝库，为教育写作注入新活力。通过明确目标、精确简洁地描述需求，AI 可以更准确地领会我们的意图；提供上下文、使用恰当的语言标记和量化表达，AI 能够输出更相关且格式规范的内容；运用层次化引导、要求引用可靠来源并避免偏差和歧义，AI 的回答会更加严谨客观；灵活进行多轮迭代，不断完善提示，最终获得理想结果；巧妙地让 AI 风格模仿，又能为课堂带来丰富多样的文本体验。

当然，正如任何工具的使用一样，在享受 AI 带来的便利时，我们也应保持思考和监督的习惯。提示词可以引导 AI，但人始终是目标和价值的把关者：教师决定哪些 AI 产出可用于教学，学生需要将 AI 建议内化为自己的知识。只有将提示词优化技巧与教育专业判断相结合，才能真正实现人工智能对教学写作质量与效果的提升。希望本文的系统介绍和大量实例，能够帮助您掌握提示词优化的基本方法，并灵活应用到日常教学或写作任务中。让我们拥抱这一高效实用的新技能，在教育之路上与 AI 协作前行，获得更精彩的写作成果和更好的学习体验！

政府视角：如何利用生成式 AI 赋能教育治理与服务

B.1　政策分析八步法

美国知名政治科学家尤金·巴达克教授在其著作《政策分析八步法》中提出的政策分析框架，为政策制定者和分析者提供了一种系统化的方法论。这个框架将政策分析细化为八个关键步骤：定义问题、收集资料、构建选项、选择标准、预测结果、权衡得失、作出决定和总结陈述。这些步骤在为政策制定提供流程性思路的同时，强调非线性的反复思考和不断反馈，以逐步修正和完善决策。

政府在制定、执行、调整教育政策时，需要准确识别教育需求和挑战，收集相关数据和信息，构建多种可能的政策选项，根据既定标准评估这些选项的优劣，并预测不同选项可能带来的影响和结果。通过权衡不同选项的利弊，政府能够做出更加明智的决策，并在实施过程中不断总结和调整，以确保政策的有效性和适应性。这一框架还强调了决策过程中的全面性和清晰性，要求政策制定者在优化资源配置、促进教育公平、提升教育服务效率和增强公众参与等方面进行全面考虑。通过这种系统化的政策分析方法，政府能够更有效地响应社会变化，满足公民的教育需求，推动教育领域的持续发展和创新。因此，这一分析框架整体上可以用于政府在教育领域的治理和服务。

B.2　生成式 AI 赋能政策分析流程

政策分析是一个复杂的过程，在时间和空间维度都涉及跨模态、跨部门、跨行业的数据获取、分析、可视化、解读和呈现。传统业务场景依托人的精力、经验和智慧，需要投入大量资源和时间，同时受到人员能力、经验和倾向等主观因素的影响，这不仅对相关人员的综合素质提出高要求，也带来沉重的工作负担。

随着政务数字化的推进，数字资源管理系统实现了资料存储和调用的数字化，逐渐从纸质、光盘、硬盘等传统形式转变为电子、音频、视频等数字形式，为人们提供了一定程度的便利。 然而，问题依然存在。封闭和独立的系统导致了资源壁垒和孤岛现象，数据分析的基础可能存在片面性和局限性；数字资料的积压和多模态数据间的融通困难，阻碍了数据的充分解读和使用，削弱了数据资料的效用；数据质量和标准的模糊、数据收集和使用场景错配等问题，给工作人员带来诸多困扰。

在信息数据爆炸的 VUCA[1]时代，教育治理在稳中求进总基调中不断提升适应性和敏捷性，以处理和回应具有公共属性的巨量数据和复杂需求。依托于人工智能的核心技术，生成式 AI 为应对或解决这些问题提供了新的途径，如对政务大数据进行深度挖掘、自然语言处理、神经网络分析和机器学习，从海量、多变的数据中提炼关键信息，有助于提高政策分析的效率、准确性和客观性，降低人力成本，产生教育治理和服务洞见，优化政务服务的运作方式和流程。在不久的将来，很有可能重塑教育领域治理与服务的生态和路径。

在政策分析的各个阶段，人工智能技术的应用可以极大地提高效率和准确性。

- 在定义问题阶段，人工智能辅助建立教育数据仓库，整合政策和多模态数据，帮助发现、分析并定义问题。

- 在收集资料阶段，人工智能根据定义的问题，从多个来源和维度收集、筛选

---

[1] VUCA 时代是指一个充满易变性（Volatility）、不确定性（Uncertainty）、复杂性（Complexity）和模糊性（Ambiguity）的时代。

和扩展数据，建立全面的教育数据库，并根据分析需求动态调整数据。

- 在构建选项阶段，人工智能利用自然语言处理技术分析非结构化数据，提取关键信息，预测教育需求，优化选项组合。

- 在选择标准阶段，人工智能结合现有标准和规则，生成选择标准建议，提升标准的科学性、完整性和时效性。

- 在预测结果和权衡得失阶段，利用机器学习算法进行模式识别和预测分析。使用生成对抗网络或变分自编码器，生成新的数据模式或模拟政策影响。开发交互式模拟工具，允许政策制定者实时观察政策变量的潜在影响。利用可视化工具将复杂数据和分析结果转化为易于理解的图表和图形。

- 在作出决定阶段，政策制定者结合专家调研、政策分析和整体政策形势研判，提高政策设计的目标精准性、服务有效性、前瞻性和预判性。

- 在总结陈述阶段，建立实时监测系统跟踪政策实施效果，构建反馈循环，整合和分类政策反馈信息，帮助决策者了解公众诉求，及时调整和改进服务供给。根据政策实施情况完成总结陈述，并推进政策分析与政策的持续优化改进。

通过这一流程，人工智能不仅提高了政策分析的效率，还增强了政策分析的深度和广度。生成式 AI 的引入，为政策分析提供了新的视角和工具，使得政府能够更加精准地识别问题、预测趋势、制定和优化政策，最终实现教育领域的有效治理和服务。

B.3　生成式 AI 赋能政策分析升维

生成式 AI 在赋能政策分析的"八步法"流程中，不仅可以在流程方面发挥独特优势，还在非流程方面提供了空间。

生成式 AI 的应用可以为多维度分析方法提供可能，提升政策的包容性。生成式 AI 可以为建立跨部门的信息收集平台和智能化的教育服务需求识别系统提供技术支撑，有助于打破信息共享、数据挖掘、服务供给的壁垒，使碎片化的传统结构逐步向扁平化、协同化、一体化的治理结构转变，使得政策制定者在进行政策分析和优化过程中，充分且便捷地考虑社会经济背景、地区差异、文化差异等因素。

生成式 AI 可以促进协作平台的形成和运行。以生成式 AI 赋能的协作平台，使得政策制定者、教育工作者、社会团体、家长和学生可以共同参与需求分析、问题定义、选项构建、标准选择等环节，促进多方沟通和协作，避免传统"单向投入型"的公共服务供给模式导致的自上而下向公众输出模式引发的政府服务供给与公众需求失衡的问题。协作平台的形成和运行，使得人、物、事、系统在数字空间中互联互通，形成了多元协同的生态系统，以需求汇集和政策反馈实现了公共服务的实时性优化，不断推动以政府为本位的"串联性服务供给模式"转向政民交互的"网状式智能化服务供给模式"，不断拓展政民交互由"特定领域、有限时间服务"向"一站式服务、持续在线"的时空升级。

生成式 AI 推动"人工智能"和"人类智慧"的协同发展。生成式 AI 通过深度学习对庞大体量的复杂数据进行精练，从而演化出超越人类的信息处理能力，将政策分析者从庞大的数据中解放出来，一定程度上有望克服疲劳和操作失误带来的挑战，使其聚焦专业领域和复杂问题，不断发现问题，拆解需求，并通过优化提示词、指令和反馈等形式，通过使用生成式 AI 提升人类智慧和机器智能的协同，生成政策建议和行动方案文本等，极大地提高了信息整合速度，实现人工智能与人类智慧的更好结合。

生成式 AI 为交互式咨询和个性化服务奠定基础。以生成式 AI 为基础的智能聊天机器人为例，全天候待机提升了教育公共服务的可获得性，具有实时、高效、便捷等特点；依托深度学习和自然语言处理等能力，生成式 AI 在处理复杂问题、理解上下文情景、按顺序推进任务等方面有了显著提升，能够显性化分析和思考过程、给出满足用户个性化需求的智能回答，拆解复杂化需求，降低服务沟通成本。

生成式 AI 提高了政府教育治理和公共服务的主动性和有效性。依托智能技术精准识别服务对象，通过自动登记信息和数据、自动推进流程，自动筛查标准和匹配资源等，及时发现、预警、预测政策漏洞和风险，生成风险缓解策略，实现主动、高质量的教育治理和公共服务。

生成式 AI 持续学习、快速迭代，不断实现优化和提升。生成式 AI 不断从数据和反馈中学习，并在人类专家的提示词和指令中不断优化和迭代，通过持续学习，优化分析模型，提升预测准确性和专业性。

人工智能技术有利于保证公共服务程序的一致性和公正性。智能知识管理和数字决策树能减少主观因素介入，一定程度上有利于提高决策和服务供给的公平性和可信度。

生成式 AI 在政府教育治理和服务中的应用正逐渐成为政务和教育领域的重要议题。生成式 AI 的应用为政策分析和政府治理带来了深远的影响，技术赋能不仅提高了政策制定的效率和质量，还促进了公共服务的个性化、主动性和公正性，为政府在教育领域的治理和服务提供了强有力的支持。尽管目前政府对这项技术的运用与研究仍处于探索阶段，但生成式 AI 已显示出其在教育政策制定和执行中的巨大潜力。多国政府正在尝试将生成式 AI 集成到教育治理环节中，以提高决策质量、优化资源配置，并促进教育公平。通过具体案例分析，我们可以深入了解这项技术在实际应用中的效果，包括成功案例和遇到的挑战，以及如何克服这些挑战。

B.4 政府如何利用生成式 AI 赋能教育治理与服务

在人工智能技术加速渗透各领域的当下，教育治理与服务的智能化转型已成为提升教育质量、促进公平发展的重要路径。生成式 AI 作为人工智能领域的突破性技术，以其强大的数据处理、内容生成和智能分析能力，为政府优化教育决策、提升行政效能、完善政策支持体系提供了全新可能。

1. 优化教育决策：数据驱动的智能分析

在教育治理过程中，政府需要面对大量复杂的决策。例如，如何分配教育经费、配置师资力量、改进教学方案等。基于传统方法，这些决策主要依赖管理者的经验和有限的数据分析，而生成式 AI 的引入为决策优化提供了全新的可能。借助生成式 AI 强大的数据处理和模式识别能力，教育管理者可以更充分地利用"大数据"来支撑决策。例如，AI 可以快速汇总分析各地区学生的学业表现、师生比、辍学率等海量信息，找出隐藏的趋势和问题。通过这种智能分析，政府能够更科学地识别哪些地区或学校最需要资源投入，提前预测潜在的教育问题。举例来说，如果模型预测出某些学校的辍学风险在上升，管理者就能及时采取干预措施，如增加心理辅导或学业支持，防患于未然。总之，在教育决策中引入生成式 AI，相当于为管理者配备了一位"超级分析师"，帮助他们在广泛的信息基础上做出更加明智的选择，从而提升决策的精准性和前瞻性。

2. 提升行政效率：智能辅助减负增效

在教育行政管理中，大量日常事务和文书工作往往占用了工作人员宝贵的时间。生成式 AI 的运用可以帮助自动化处理这些烦琐的任务，从而显著提升行政效率。例如，教育部门可以部署智能聊天机器人，24 小时回答家长和学生的常见问题（如入学流程、奖学金申请等），工作人员无需反复答复同样的问题。又如，生成式 AI 助手能够根据既有模板自动起草通知、公文或汇报材料，工作人员只需稍加审阅修改即可，大大节省了撰写时间。此外，生成式 AI 还可以对海量数据进行整理归纳，快速生成各类统计报告和分析简报，让管理者实时掌握教育系统的运行情况。设想在未来，一位学校管理者只需在系统中提出请求。例如，"生成本季度各年级学业成绩分析报告"，生成式 AI 便能在几秒钟内汇总出结果，找出值得关注的趋势。这种智能辅助不仅减少了人工重复劳动，也降低了出错率，使教育行政部门能够将更多精力投入到决策制定和策略规划等更有价值的工作上。对于公众来说，行政效率的提升意味着他们能更快地获取所需服务。例如，更迅速地办理入学手续或得到政策咨询答复，切实体会到智慧教育服务带来的便利。

3. 政策支持：辅助决策与方案制定

教育政策的制定与优化需要扎实依据和深入研究。传统上，政策制定者往往要查阅大量报告、调查数据和专家意见，耗时耗力。现在，生成式 AI 能够充当政策制定过程中的"智囊助手"。它可以在短时间内阅读并汇总海量相关资料，从教育科研论文到基层调研反馈，提炼出对决策有价值的见解。例如，当政府准备推出一项新的教育改革措施时，生成式 AI 可以快速整理出国内外类似改革的成功经验和教训，供决策者参考。再比如，对于一份公开征求意见的教育政策草案，生成式 AI 能够分析成千上万条来自教师、家长和学生的反馈建议，自动归纳出主要关注点，使政策制定者更清晰地了解民意。生成式 AI 甚至可以根据设定的目标和条件，起草政策文件的初步框架或提供多个方案选项，让决策者有一个起点进行讨论和修改。当然，最终的政策选择仍需由人类结合实际情况和价值判断来确定。生成式 AI 的价值在于为人们提供更充分的信息和多样化的思路，减少烦琐的信息收集整理时间。通过让生成式 AI 参与政策研究支持工作，政府能够更快地拿出有据可依、兼顾多方需求的教育政策方案。

4. 坚持以人为本：技术服务于人文关怀

无论技术如何发展，教育的核心始终是人。政府在推进生成式 AI 赋能教育时，必须牢牢坚持"以人为本"的理念，让技术应用服务于师生的发展需求，而不能喧宾夺主。首先，生成式 AI 应被视为辅助工具，帮助教师更好地教学、帮助学生更好地学习，但不能取代教师的责任和温度。一位经验丰富的老师给予学生的关爱和引导，是任何算法都无法替代的。理想的状态是让生成式 AI 承担烦琐重复的工作，使教师有更多时间关注学生的个性发展和心理需求，从而增强师生之间的互动与信任。其次，在使用生成式 AI 过程中要保障公平与包容，避免因数字鸿沟而加剧教育不平等。政府需要确保无论城市还是乡村，所有学校都能获得必要的技术支持，让偏远地区的学生也能享受到生成式 AI 带来的优质资源。例如，可以利用生成式 AI 自动生成符合本地课程标准的教学内容，甚至通过"数字老师"为师资不足的学校提供远程辅导，从技术层面弥补资源差距。再次，必须高度重视数据隐私和伦理安全。学生和教师的个人信息需受到严格保护，生成式 AI 的决策过程也应保持透明、可解释，以赢得公众的信任。最后，还要引导学生正确使用生成式 AI 工具，培养他们的数字素养和独立思考能力，防止出现过度依赖 AI 完成作业的现象。以人为本意味着无论采用多么先进的技术，教育改革的出发点和落脚点都应是促进人的全面发展。生成式 AI 只有在尊重教育规律和人文关怀的前提下运用，才能真正发挥积极作用，为每一位受教育者创造更美好的未来。

未来，随着生成式 AI 的不断成熟和应用场景的拓展，政府将能够更好地应对教育领域的复杂挑战，推动教育公平、提升教育质量，并为全球教育治理提供新的思路和解决方案。在这一过程中，技术的创新与伦理的平衡将成为关键，唯有如此，生成式 AI 才能真正成为推动教育现代化和社会进步的重要力量。

反侵权盗版声明

电子工业出版社依法对本作品享有专有出版权。任何未经权利人书面许可，复制、销售或通过信息网络传播本作品的行为；歪曲、篡改、剽窃本作品的行为，均违反《中华人民共和国著作权法》，其行为人应承担相应的民事责任和行政责任，构成犯罪的，将被依法追究刑事责任。

为了维护市场秩序，保护权利人的合法权益，我社将依法查处和打击侵权盗版的单位和个人。欢迎社会各界人士积极举报侵权盗版行为，本社将奖励举报有功人员，并保证举报人的信息不被泄露。

举报电话：（010）88254396；（010）88258888

传　　真：（010）88254397

E-mail：　dbqq@phei.com.cn

通信地址：北京市万寿路 173 信箱

　　　　　电子工业出版社总编办公室

邮　　编：100036